Prentice Hall LITERATURE

PENGUIN EDITION

Reader's Notebook

Spanish Version

The British Tradition

PEARSON

Upper Saddle River, New Jersey
Boston, Massachusetts
Chandler, Arizona
Glenview, Illinois

ISBN-13: 978-0-13-369388-1
ISBN-10: 0-13-369388-0

1 2 3 4 5 6 7 8 9 10   12 11 10 09

RECONOCIMIENTOS

Se hace un reconocimiento especial por la concesión de derechos de autor a:

Jonathan Clowes Ltd.
"No Witchcraft for Sale," from *African Short Stories* by Doris Lessing. Copyright © 1981 Doris Lessing.

Dutton Signet
From *Beowulf* by Burton Raffel, translator. Translation copyright © 1963, renewed © 1991 by Burton Raffel.

Harcourt, Inc.
"Journey of the Magi" from *Collected Poems 1909–1962* by T. S. Eliot, copyright 1936 by Harcourt Brace & Company, copyright © 1964, 1963 by T. S. Eliot.

A.M. Heath & Company Limited
"Shooting an Elephant" from *Shooting an Elephant and Other Essays* by George Orwell. Copyright © George Orwell, 1936.

Penguin Books Ltd., London
"Prologue" from *The Canterbury Tales* by Geoffrey Chaucer, translated by Nevill Coghill (Penguin Classics 1951, Fourth revised edition 1977). Copyright 1951 by Nevill Coghill. Copyright © the Estate of Nevill Coghill, 1958, 1960, 1975, 1977.

Viking Penguin, Inc.
"Araby", from *Dubliners* by James Joyce, copyright 1916 by B. W. Heubsch. Definitive text Copyright © 1967 by The Estate of James Joyce.

Note: Every effort has been made to locate the copyright owner of material reproduced on this component. Omissions brought to our attention will be corrected in subsequent editions.

UNIDAD 1: De la leyenda a la historia: La Era Gótica y la Edad Media (d. C. 449 a 1485) / UNIT 1 From Legend to History: The Old English and Medieval Periods (A.D. 449–1485)

UNIDAD 2: Celebrar la humanidad: El Renacimiento inglés (1485 a 1625) / UNIT 2 Celebrating Humanity: The English Renaissance Period (1485–1625)

CONTENIDO
Contents

CONTENIDO
Contents

UNIDAD 3: Tiempos turbulentos: Los siglos XVII y XVIII (1625 a 1798) / UNIT 3 A Turbulent Time: The Seventeeth and Eighteenth Centuries (1625–1798)

CONTENIDO
Contents

CONTENIDO
Contents

UNIDAD 4: Los rebeldes y los soñadores: El Romanticismo (1798 a 1832) / UNIT 4 Rebels and Dreamers: The Romantic Period (1798–1832)

CONTENIDO
Contents

UNIDAD 6: Época de muchos cambios: La Era Moderna y Posmoderna (1901 al presente) / UNIT 6 A Time of Rapid Change: The Modern and Postmodern Periods (1901–Present)

CONTENIDO
Contents

CONTENIDO
Contents

de Nunca conquistaremos el espacio / *from* We'll Never Conquer Space
by Arthur C. Clarke

"Soy como un ave" *de* Cancionero / "I'm Like a Bird" *from* Songbook
by Nick Hornby

Apéndices / Appendices   319

La **versión en español del *Reader's Notebook*** viene en un formato interactivo. Hay notas e instrucciones para que desarrolles tu vocabulario y para que pienses sobre la literatura y comentes. En estas páginas aparecen ejemplos de varias selecciones y se explica cómo usarlos como apoyo mientras lees.

The format of the ***Reader's Notebook: Spanish Version*** is interactive. The notes and instructions will help you build your vocabulary and think and talk about the literature. These pages present examples of some of the features and show you how to use them as a companion when you read.

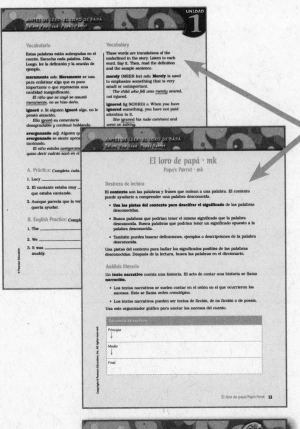

Antes de leer

En la primera página de *Antes de leer,* dale un vistazo a las destrezas de lectura y análisis literario que aprenderás al leer la selección. En la segunda, practica el vocabulario de la selección tanto en inglés como en español.

Before You Read

On the first *Before You Read* page, preview the reading and literary skills that you will learn about as you read the selection. On the second, practice the selection vocabulary in both Spanish and English.

Conexiones

La página *Conexiones* te ofrece un resumen de la selección. En ciertos grados, también te da la oportunidad de considerar cómo es que se relaciona la Gran pregunta con la selección

Making Connections

The *Making Connections* page presents a selection summary. In some grades, it also gives you an opportunity to consider how the Big Question may relate to the selection.

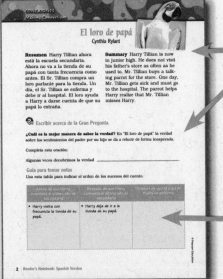

Sé un lector activo

La *Guía para tomar* notas te ayuda a organizar las ideas principales de la selección. Completa la guía mientras lees para repasar tu comprensión.

Be an Active Reader

A *Note-taking Guide* helps you organize the main ideas of the selection. Complete the guide as you read to track your understanding.

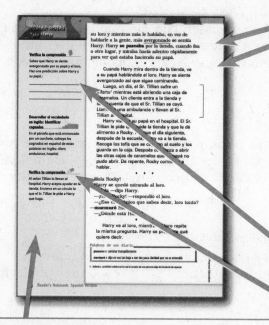

Lee el texto

El texto en los renglones más largos incluye las palabras originales del autor.

El texto en los renglones más cortos ofrece un resumen o detalles de la selección.

Read the Text

Text set on a wider measure provides the author's actual words.

Text set on a narrow measure provides a summary of selection events or details.

Responde a las preguntas y marca el texto

Usa las líneas en blanco para responder a las preguntas de la columna del margen. También puedes escribir ahí tus propias notas.

Cuando veas un lápiz, debes subrayar, encerrar en un círculo o marcar el texto como se te indica.

Answer Questions and Mark the Text

Use write-on lines to answer questions in the side column. You may also want to use the lines for your own notes.

When you see a pencil, you should underline, circle, or mark the text as indicated.

Toma notas

Las preguntas de la columna del margen actúan como un instructor particular que te ayuda a comprender la lectura.

Take Notes

Side-column questions serve as a built-in tutor to help you understand what you read.

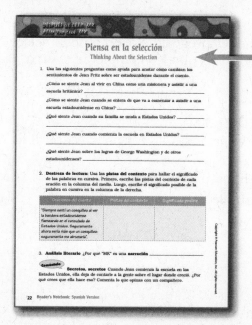

Piensa en la selección

Hacer preguntas después de cada selección te ayuda a pensar en lo que leíste. Luego, comenta tus ideas con un grupo o por medio de actividades de escritura.

Thinking About the Selection

Questions after every selection help you think about the selection. Then, share your ideas in discussions or writing activities.

Materiales de apoyo para las selecciones y las destrezas

Las páginas de tu *Cuaderno de lectura* corresponden con las páginas de la edición de tapa dura del estudiante. Las páginas del *Cuaderno de lectura* te permiten participar en la instrucción de la clase y tomar notas sobre los conceptos y las selecciones.

Antes de leer

Antes de leer Usa la página de **Vocabulario** para estudiar las palabras clave que te ayudarán a entender la selección y mejorar tu vocabulario en inglés. Completa las oraciones de **Práctica de vocabulario** al escribir directamente en el *Cuaderno de lectura.*

Conexiones
- El **Resumen** te brinda un bosquejo de la selección.
- Usa la **Guía para tomar notas** al leer la selección. La Guía te ayudará a organizar y recordar la información que necesitarás para responder preguntas sobre la selección más adelante.

Al leer

Texto de la selección y notas marginales Puedes leer el texto de varias selecciones de cada unidad en tu *Cuaderno de lectura.*
- Escribe en tu *Cuaderno de lectura.* Subraya los detalles importantes para que los puedas encontrar más tarde.
- Usa la columna de **Tomar notas** para apuntar tus reacciones, ideas y respuestas a las preguntas acerca del texto. Si tu selección asignada es una de las que no están incluidas en el *Cuaderno de lectura,* usa notas adhesivas para hacer tu propia sección de **Tomar notas** en la columna lateral a medida que lees la selección en la edición de tapa dura del estudiante.

Después de leer

Después de leer Usa esta página para responder preguntas acerca de la selección directamente en tu *Cuaderno de lectura.* También puedes completar el organizador gráfico directamente en la página.

Otros componentes del Cuaderno de lectura

- Glosario en español, Manual de lectura y términos literarios, y Manual de gramática, estilo y uso del lenguaje
- Ejemplos de criterios de evaluación analítica para la escritura
- Páginas para ampliar el vocabulario en inglés

Selections and Skills Support

The pages in your **Reader's Notebook** go with the pages in the hardcover student edition. The pages in the **Reader's Notebook** allow you to participate in class instruction and take notes on the concepts and selections.

Before You Read

Before You Read Use the **Vocabulary Page** to study words important to your understanding of the selection and to help build your English vocabulary. Complete the **Vocabulary Practice** sentences by writing directly in your **Reader's Notebook.**

Making Connections

- The **Summary** gives you an outline of the selection.
- Use the **Note-taking Guide** while you read the selection. The Guide will help you organize and remember information you will need to answer questions about the story later.

While You Read

Selection Text and Sidenotes In your **Reader's Notebook,** you can read the text of several selections from each unit.

- Write in your **Reader's Notebook.** Underline important details to help you find them later.
- Use the **Take Notes** column to jot down your reactions, ideas, and answers to questions about the text. If your assigned selection is not included in the **Reader's Notebook,** use sticky notes to make your own **Take Notes** section in the side column as you read the selection in the hardcover student edition.

After You Read

After You Read Use this page to answer questions about the selection right in your **Reader's Notebook.** You can also complete the graphic organizer on the page in your **Reader's Notebook.**

Other Features in the Reader's Notebook

- A Spanish Glossary, a Reading and Literary Terms Handbook, and a Grammar Handbook
- Examples of Writing Rubrics
- English Vocabulary Builder pages

Vocabulario

Escucha cada palabra. Dila. Luego, lee la definición y la oración de ejemplo.

amonestar *v.* Cuando **amonestas** a alguien, le dices severamente que él o ella ha hecho algo malo.

La mamá de Harry lo va a amonestar si se queda afuera después de la hora indicada.

ferviente *adj.* **Ferviente** describe una creencia o un sentimiento fuerte.

El abuelo de Amanda siente una ferviente aversión a las computadoras.

compasivo(a) *adj.* Una persona **compasiva** simpatiza con los que sufren.

El niño compasivo pasó todos los sábados dando de comer a las personas hambrientas.

Vocabulary

Listen to each word. Say it. Then, read the definition and sample sentence.

admonish *(uhd MON ish) v.* When you **admonish** someone, you tell that person severely that he or she has done something wrong.

Harry's mother will admonish him if he stays out after curfew.

fervent *(FER vent) adj.* **Fervent** describes a strong belief or feeling.

Amanda's grandfather has a fervent dislike for computers.

compassionate *(kuhm PASH uhn it) adj.* A **compassionate** person feels sympathy for others who are suffering.

The compassionate boy spent every Saturday feeding the hungry.

A. Práctica: Completa cada oración con la palabra de vocabulario correcta.

1. Mi padre me va a _____ si no hago mi tarea.

2. Sara tiene un _____ deseo de aprender a cocinar.

3. El niño _____ ayudó a su abuelita a subir las escaleras.

B. English Practice: Complete each sentence with the correct vocabulary word.

1. Juan's mother would _____ him about lying.

2. Martha has a _____ desire to visit Alaska.

3. David shows his _____ nature by helping others.

El marinero
traducido por Burton Raffel

El caminante
traducido por Charles W. Kennedy

Resúmenes En **"El marinero"**, un navegante vuelve una y otra vez al mar. Describe el miedo y la soledad de esa vida. Llega a la conclusión de que el único hogar que tiene es el "hogar celestial".

    "El caminante" relata el triste viaje de un hombre que ya no tiene amo. Desea las comodidades y la compañía de la sala de celebraciones, el lugar donde los hombres disfrutan de banquetes y conversan. Llega a la conclusión de que la Tierra es un lugar terrible.

Summaries In **"The Seafarer,"** a sailor returns again and again to the sea. He describes the fear and loneliness of such life. He concludes that the only home he has is the "heavenly home."

    "The Wanderer" tells of the sad journeying of a man who no longer has a lord. He wants the comforts and companionship of the mead-hall, the place where the men feast and talk. He concludes that the Earth is a horrible place.

Guía para tomar notas

Usa esta tabla como ayuda para recordar las cosas que perdieron o extrañaron las personas de estos dos poemas. Anota ejemplos de personas, cosas o experiencias que se perdieron en cada poema. Escribe el número de la línea entre paréntesis después de cada ejemplo que encuentres.

"El marinero"	"El caminante"
el refugio y la quietud de la tierra (línea 13)	su amo (línea 21)

Vocabulario

Escucha cada palabra. Dila. Luego, lee la definición y la oración de ejemplo.

miserablemente *adv.* Alguien que se comporta **miserablemente** actúa de forma desagradable y egoísta.

Él se comportó tan miserablemente que nadie quiso estar con él.

despreocupado(a) *adj.* A una persona **despreocupada** no parece importarle el efecto que tiene lo que hace.

Kayla mostraba una despreocupada indiferencia hacia la ley.

deprimente *adj.* Algo **deprimente** es tedioso y te hace sentir triste o aburrido.

El tiempo parecía especialmente deprimente.

Vocabulary

Listen to each word. Say it. Then, read the definition and sample sentence.

wretchedly *(RECH id lee) adv.* Someone who behaves **wretchedly** acts in an unpleasant and miserable manner.

He behaved so wretchedly that no one wanted to be around him.

blithe *(BLYTH) adj.* Someone who is **blithe** seems not to care about the effects of what he or she does.

Kayla showed a blithe disregard for the law.

dreary *(DRIR ee) adj.* Something that is **dreary** is dull and makes you feel sad or bored.

The weather seemed especially dreary.

A. Práctica: Completa cada oración con la palabra de vocabulario correcta.

1. Javier se comportó _____ al hablar de su amigo.

2. El niño que tomó el juguete sin permiso tenía una actitud _____.

3. Para Elena, ver la destrucción del huracán resultó muy _____.

B. English Practice: Complete each sentence with the correct vocabulary word.

1. Dad scolded Bill because he behaved so _____.

2. Joanie had a _____ attitude about paying back the loan.

3. The long, _____ presentation bored everyone.

El lamento de la esposa
traducido por Ann Stanford

Resumen En **"El lamento de la esposa"**, una mujer habla sobre su vida en el oscuro y boscoso lugar donde su esposo la mandó a vivir. Ella está sola y sin amigos. Ella desea que él experimente el mismo dolor.

Summary In **"The Wife's Lament,"** a woman talks about her life in the dark, overgrown place where her husband has sent her to live. She is all alone and friendless. She wishes he would experience the same grief.

Guía para tomar notas

Usa esta tabla como ayuda para recordar las cosas que perdió o extraña la narradora de este poema. Anota ejemplos de personas, cosas o experiencias que se perdieron en el poema. Escribe el número de la línea entre paréntesis después de cada ejemplo que encuentres.

"El lamento de la esposa"
la amistad y el amor de su esposo (líneas 21 a 25)

Piensa en las selecciones
Thinking About the Selections

1. Los personajes principales de "El marinero" y "El caminante" tienen fuertes sentimientos acerca de la vida y de pasar largos períodos de tiempo en el mar. Completa la siguiente tabla con palabras y frases de los poemas para comparar y contrastar qué piensan el marinero y el caminante acerca del mar, de sí mismos y de sus vidas.

	"El marinero"	"El caminante"
Palabras que usa para describir el mar		
Palabras que usa para describirse a sí mismo		
Qué piensa sobre la vida		

2. Tanto el marinero como el caminante son pesimistas ante la vida porque

_____

_____.

 Una fuerza de la naturaleza

En "El lamento de la esposa", el mar ha jugado un papel en la vida de la narradora. ¿Crees que el mar ha afectado la vida de la narradora con la misma intensidad que ha afectado las vidas del marinero y del caminante?

Yo [estoy / no estoy] de acuerdo con la idea de que el mar ha afectado la vida de

la narradora con la misma intensidad porque _____.

 Escribir acerca de la Pregunta esencial

¿Cuál es la relación entre el lugar y la literatura? ¿En qué se parece el sentido de hogar anglosajón al nuestro?

_____

_____

_____

Vocabulario

Estas palabras están subrayadas en el texto. Escucha cada palabra. Dila. Luego, lee la definición y la oración de ejemplo.

compañeros(as) *s.* Los **compañeros** son las personas con quienes pasas mucho tiempo, especialmente los amigos.

Él iba a todas partes con sus viejos compañeros.

masivo(a) *adj.* Algo **masivo** es extraordinariamente grande, poderoso o peligroso.

Las apisonadoras son vehículos masivos.

negar *v.* Cuando **niegas** algo, dices que no es verdad.

Julio negó que se había quedado en casa ayer por la tarde.

Vocabulary

These words are translations of the words that are underlined in the text. Listen to each word. Say it. Then, read the definition and sample sentence.

companions *(kuhm PAN yuhnz)* n. **Companions** are people with whom you spend a great deal of time, especially friends.

He went everywhere with his longtime companions.

massive *(MAS iv)* adj. A **massive** thing is unusually large, powerful, or damaging.

Steamrollers are massive vehicles.

denied *(di NYD)* v. When you have **denied** something, you have said that it is not true.

Julio denied that he stayed home yesterday afternoon.

A. Práctica: Completa cada oración con la palabra de vocabulario correcta.

1. Mis _____ de clases y yo hicimos una presentación.

2. Un elefante es un animal _____.

3. María _____ que había llegado tarde a la escuela.

B. English Practice: Complete each sentence with the correct vocabulary word.

1. Malik's _____ are his basketball teammates.

2. The _____ storm resulted in flooding and wind damage.

3. She _____ that she took the book without asking.

de Beowulf

traducido por Burton Raffel

Resumen Los daneses son asesinados por un monstruo llamado Grendel. Beowulf y sus hombres, los godos, deciden liberar a los daneses de este monstruo. Beowulf coloca una trampa para cazar al monstruo y lo hiere mortalmente. Grendel escapa a su guarida debajo del lago. Beowulf se dirige a la guarida de Grendel y lucha contra la madre de Grendel. Beowulf gana cuando toma la espada del monstruo y corta las cabezas de Grendel y su madre. Beowulf gobierna el país de los godos durante cincuenta años. En su última batalla, enfrenta a un dragón feroz. Wiglaf ayuda a Beowulf. Matan al dragón, pero Beowulf resulta herido de muerte. En sus últimas palabras antes de morir, pide a Wiglaf que cuide a su gente y construya una torre para alojar allí sus cenizas.

Summary The Danes are plagued by a monster named Grendel (GREN dul). Beowulf and his men, the Geats (GAY atz), set out to rid the Danes of this monster. Beowulf sets a trap for the monster, and he mortally wounds him. Grendel escapes to his lair beneath a lake. Beowulf travels to Grendel's lair and battles his mother. He wins by seizing the monster's sword and cutting off both Grendel's and his mother's heads. Beowulf rules Geatland for fifty years. In his final battle, he faces a fierce dragon. Beowulf is aided by Wiglaf. The dragon is slain, but Beowulf is mortally wounded. With his dying words, he asks Wiglaf to care for his people and to build a tower to house his ashes.

Guía para tomar notas

La épica de *Beowulf* tiene mucha acción. Usa el siguiente mapa del cuento para anotar lo que pasa.

Escenario:

Problema:

Meta:

    Suceso 1:

    Suceso 2:

    Suceso 3:

    Suceso 4:

Clímax:

Resolución:

Comprensión cultural

En el banquete en Herot, probablemente los daneses acostumbraban escuchar poemas como *Beowulf*, los cuales eran épicas sobre héroes y sus hazañas. Piensa en alguna leyenda que hayas escuchado.

Desarrollar el vocabulario en inglés: Identificar cognados

Los cognados son palabras que comparten el mismo origen o raíz. En el párrafo que está enmarcado por un corchete, subraya los cognados en español de las siguientes palabras en inglés: *celebrating, banquets*.

Verifica tu comprensión ✏

Encierra en un círculo por lo menos un detalle que te indique que Grendel es malo.

de Beowulf
traducido por Burton Raffel

Beowulf es una leyenda que se transmite desde el origen de la tradición anglosajona. La historia se inicia cuando los daneses están celebrando en Herot, la sala de banquetes del rey danés Hrothgar[1] y se desarrolla en lo que hoy son los países de Dinamarca y Suecia. Ellos comen, beben y escuchan a poetas cantar sobre los grandes héroes. Lo que no se imaginan es que afuera, en la oscuridad, hay un monstruo malvado llamado Grendel. Molesto por el canto de los daneses y celoso por su alegría, desea eliminarlos.

◆ ◆ ◆

Al caer la noche, Grendel se dirigió a Herot, imaginando lo que harían los guerreros una vez que hubieran terminado de beber. Los halló tendidos y durmiendo, sin sospechar nada, en absoluta serenidad. Los pensamientos del monstruo se deslizaban tan rápido como su avaricia y sus garras.

Se escurrió por la puerta y allí, en silencio, se apoderó de treinta hombres. Los hizo pedazos en sus propias camas y huyó con sus cuerpos, dejando atrás un rastro de sangre. De regreso en su **guarida,** se sintió encantado con la masacre de esa noche.

Palabras de uso diario

guarida *s.* refugio, madriguera

---

1. **Hrothgar** (ROTH gar) nombre del rey de Dinamarca

Al amanecer, con los primeros rayos del sol, los demás vieron lo que había hecho Grendel. Interrumpieron sus festejos con lágrimas y lamentos por los que habían muerto. Hrothgar, su rey y señor, se sentó en su trono en Herot, sin alegría alguna. El gran príncipe llevaba luto por el destino de sus amigos y <u>compañeros</u> perdidos. Por las huellas, sabía que algún demonio había despedazado a sus seguidores. <u>Lloró amargamente, temiendo que esta masacre no hubiera llegado a su fin.</u> Y esa noche, Grendel regresó.

◆ ◆ ◆

Por doce largos años, Grendel continúa atacando a los daneses. Cuentos del dolor de los daneses atraviesan el mar y llegan hasta la tierra de los godos[2], donde Beowulf, sobrino del rey de los godos, escucha sobre la masacre. Beowulf ya ha ganado fama y gloria por sus poderosas destrezas en la lucha. Esperanzado en ganar una gloria más, se embarca a la tierra de los daneses para ayudar a Hrothgar y a su pueblo. Esa noche, Grendel ataca de nuevo Herot.

◆ ◆ ◆

Grendel se apoderó del primer godo que encontró, lo hizo añicos, cortó su cuerpo en pedacitos con sus poderosas mandíbulas, bebió la sangre de las venas y se lo **engulló** entero, de pies a manos. La muerte y los dientes de Grendel se hicieron uno, acabando por completo con la vida del godo. Luego se dirigió a otro cuerpo inerte, acercó sus garras hacia Beowulf, trató de tomar ansiosamente al de corazón valiente que se hacía el dormido, e inmediatamente se detuvo. Retiró sus garras en el momento en que Beowulf se levantó, apoyado en un brazo.

Palabras de uso diario

engulló *v.* tragó de un bocado

---

2. godos *s.* personas de ascendencia alemana que vivían en lo que hoy es el norte de Europa y Suecia

Estrategia de lectura

Parafrasear significa usar tus propias palabras para volver a contar algo. Encierra en un círculo la oración que mejor parafrasea el texto subrayado:

a. Lloró porque había perdido el ataque y no pudo hacer nada.

b. Lloró porque tenía miedo de que vinieran más ataques.

c. Lloró porque tenía miedo de que viniera un monstruo diferente.

d. Lloró porque su reinado iba a terminar.

Verifica tu comprensión

¿Por qué se embarca Beowulf a la tierra de los daneses? Subraya la oración del texto que te lo indica.

Desarrollar el vocabulario en inglés: Identificar cognados

En el párrafo que está enmarcado con un corchete, subraya los cognados en español de las siguientes palabras en inglés: *attacking, fame, glory, massacre.*

Verifica tu comprensión

1. ¿Quién es el "pastor del mal" y el "guardián del crimen"? Escribe el nombre del personaje.

_____

2. ¿Qué quieren dar a entender acerca del personaje las frases: "pastor del mal" y "guardián del crimen"? Encierra en un círculo la letra de la respuesta correcta:

a. Es poderoso y malo.

b. Es un cobarde, pero es bueno.

c. Vive en un área rural.

d. No vivirá por mucho tiempo.

Verifica tu comprensión

¿Qué pasó en la oración subrayada? Encierra en un círculo la letra que tenga la respuesta correcta:

a. Beowulf no puede matar a Grendel, el cual se esconde para pelear otro día.

b. Al recibir una herida mortal, Grendel se esconde para ir a morir.

c. Beowulf mata a Grendel ahí mismo y después va a la madriguera de Grendel.

d. Beowulf y Grendel luchan hasta cierto punto y después hacen las paces.

Verifica tu comprensión

¿Cuáles fueron las dos cosas que le fallaron a Beowulf en la batalla con la madre de Grendel?

1. _____

2. _____

Aquel pastor del mal, guardián del crimen, sabía que en ninguna parte de la Tierra había conocido a un hombre con manos más fuertes. Su mente se llenó de terror, pero nada hubiera podido apartar sus **garfios** ni a sí mismo de esa presa tan fuerte...

El odio del monstruo aumentó aún más, pero su poder se había desvanecido. Se retorció de dolor y las **fibras** ensangrentadas en lo profundo de su hombro se partieron, músculo y hueso se separaron y quebraron. La batalla llegó a su fin. Se le había concedido a Beowulf una nueva victoria: Grendel escapó, pero como estaba tan herido, fue a esconderse a su madriguera, a ese hoyo miserable al fondo del lago, a morir...

◆ ◆ ◆

Los daneses están encantados con la muerte de Grendel y esa noche honran a Beowulf con celebraciones. Pero otro monstruo todavía los amenaza: la madre de Grendel. Enfurecida por la muerte de su hijo, ataca Herot esa misma noche. Mata a un amigo de Hrothgar y regresa a su guarida al fondo del lago. Beowulf la sigue valerosamente.

◆ ◆ ◆

En ese momento, él vio a la suprema bruja de las aguas y blandió su espada, su sable afilado, dirigiéndolo a su cabeza...

Pero su huésped descubrió que no existía espada que pudiera cortar su piel malvada, que Hrunting[3] no podía herirla, que era inútil ahora que la necesitaba. Lucharon. Ella lo desgarró, lo rasgó y lo arañó. Perforó su casco con mordiscos. El casco también le falló a Beowulf. Por primera vez en años de usarlo en batallas, no iba a ganar ninguna gloria. Sería la última vez que alguien lo utilizaría.

Palabras de uso diario

garfios s. garras

fibras s. tendones, músculos

---

3. **Hrunting** nombre de la espada de Beowulf; se acostumbraba dar nombres a las espadas de mucho valor

Pero Beowulf solo deseaba fama y de un salto, la enfrentó de nuevo. Tiró su espada hacia un lado con furia. La espada cayó y se clavó donde él la había lanzado. Si las armas no le servían, él pelearía con sus manos, con la fuerza de sus dedos. Es por eso que la fama llega a los hombres que la desean, ¡a los que no les importa nada más!...

En eso, vio, colgando en la pared, una espada muy pesada, esculpida por gigantes, fuerte y bendecida por su magia, la mejor de todas las armas. Pero era tan <u>masiva</u> que un hombre normal no podía levantar su esculpida y decorada longitud. La sacó de su vaina, rompió la cadena de su **empuñadura** y entonces, salvaje, enfurecido y desesperado, la levantó por encima de su cabeza, la blandió con toda la fuerza que le quedaba y degolló al monstruo, partiendo sus huesos, todo. El cuerpo cayó al suelo, sin vida. La espada se empapó con su sangre y Beowulf **se regocijó** al ver aquella escena.

◆　◆　◆

Después de haber sido honrado por Hrothgar, Beowulf y los otros godos regresan a casa. Finalmente, Beowulf se convierte en rey y gobierna con éxito durante cincuenta años. Luego, un godo roba una copa del tesoro de una torre custodiada por un dragón lanzallamas. Cuando el dragón enfurecido ataca su reino, Beowulf, a pesar de su avanzada edad, entra en combate con la criatura.

◆　◆　◆

Palabras de uso diario

empuñadura *s.* la parte superior de una espada, donde hay un mango para sostenerla

se regocijó *v.* se llenó de alegría

Análisis literario

Una **épica** es un poema largo que cuenta las hazañas de un **héroe legendario.** Encierra en un círculo dos detalles del primer párrafo que muestran que Beowulf desea ser un héroe legendario.

Desarrollar el vocabulario en inglés: Identificar cognados

En el primer párrafo que está enmarcado por un corchete, subraya los cognados en español de estas palabras en inglés: *massive, decorated, savage, desperate.*

Desarrollar el vocabulario en inglés: Identificar cognados

En el último párrafo que está enmarcado por un corchete, subraya los cognados en español de estas palabras en inglés: *combat, creature, dragon.*

Verifica tu comprensión

Menciona dos cualidades que muestran que Beowulf es un **héroe legendario.**

1. _____

2. _____

Verifica tu comprensión

¿Qué le pasó al escudo de Beowulf? ¿Qué fue lo que lo causó? Encierra la causa en un círculo y rotúlala con la palabra *causa*. Luego encierra en un círculo lo que pasó y rotúlalo con la palabra *efecto*.

Desarrollar el vocabulario en inglés: Identificar cognados

En el párrafo que está enmarcado por un corchete, subraya los cognados en español de estas palabras en inglés: *prince, prepared, monster, armor, famous.*

Entonces, Beowulf se levantó, aún valiente, aún fuerte. Y con su escudo a su lado y su cota de malla[4] sobre su pecho, **caminó a zancadas** tranquilamente y muy seguro, hacia la torre debajo del peñasco rocoso. ¡Ningún cobarde se hubiera atrevido a caminar hacia allí!...

La bestia se levantó, furiosa, sabiendo que un hombre había venido y que la guerra lo seguiría. Primero se sintió su aliento, una nube de vapor que se derramaba desde la piedra. Luego, la tierra misma tembló. Beowulf giró su escudo en posición...

El gran príncipe de los godos estaba de pie, firme, sin moverse, preparado detrás de su alto escudo, esperando con su armadura brillante. El monstruo se abalanzó hacia él rápidamente, destilando fuego y humo, apresurando su destino. Las llamas golpearon el escudo de hierro y por unos instantes se mantuvo fuerte, protegiendo a Beowulf como este lo había planeado. Luego empezó a derretirse y por primera vez en su vida, ese famoso príncipe peleó con el destino en su contra, negándole la gloria. Él lo sabía. Pero levantó la espada y golpeó el cuero escamoso del dragón. La antigua espada se quebró, perforó la piel del monstruo, le sacó sangre, pero se resquebrajó y le falló antes de penetrar lo suficientemente profundo. Lo ayudó menos de lo que necesitaba.

Palabras de uso diario

caminó a zancadas *v.* caminó a pasos grandes

---

4. **cota de malla** *s.* camisa tejida de metal que usaban los guerreros para protegerse en las batallas

El dragón saltó adolorido. **Sacudiéndose** violentamente, golpeó a Beowulf y lanzó llamas asesinas, desparramándolas por todos lados.

◆　◆　◆

Todos los súbditos de Beowulf han huido aterrorizados, excepto Wiglaf, quien lucha al lado de Beowulf. Pero a pesar de que Beowulf logra matar el dragón, recibe una herida mortal. Dando su último suspiro, le recuerda a Wiglaf que recupere el tesoro del dragón para los godos. Luego, da sus últimas instrucciones.

◆　◆　◆

—...Wiglaf, dirige a mi pueblo, ayúdalos; mi fin ha llegado. Pide a los valientes godos que me construyan una tumba cuando las llamas del funeral me hayan consumido. Constrúyela aquí, alta, a la orilla del agua, en esta **lengüeta de tierra**, para que los marineros puedan ver esta torre y recuerden mi nombre. Llámala la Torre de Beowulf...

Entonces, los godos construyeron la torre, como Beowulf lo había pedido, fuerte y alta para que los marineros pudieran verla desde lejos. Trabajaron durante diez largos días para construir su monumento, sellaron sus cenizas en paredes tan derechas y altas como sabias y dispuestas manos pudieron levantarlas. Y las riquezas que él y Wiglaf habían recuperado del dragón —antiguos anillos, collares, armaduras esculpidas— todos los tesoros que habían tomado también los dejaron allí. Enterraron plata y joyas en la arena, las regresaron a la tierra, por siempre escondidas, inservibles a los hombres. Luego, doce de los godos más valientes cabalgaron alrededor de la torre, contando su dolor, contando historias de su rey fallecido, de su grandeza y su gloria. Lo alabaron por sus hazañas heroicas, por una vida tan noble como su nombre... Exclamaron que ningún rey se había asemejado a él, ningún príncipe había sido tan bondadoso, ningún hombre tan abierto a su pueblo, tan merecedor de alabanza.

Palabras de uso diario

sacudiéndose *v.* moviéndose con violencia

lengüeta de tierra *s.* punta estrecha de tierra

TOMAR NOTAS
Take Notes

Verifica tu comprensión

¿Cuál es la reacción del dragón después de que Beowulf lo atraviesa con la espada? Cuéntalo con tus propias palabras.

_____

_____

_____

Comprensión cultural

Igual a la épica, la torre nombrada en honor a Beowulf asegura que su fama perdure aun después de su muerte. ¿Conoces algún monumento que haya sido erigido en honor a una persona?

Verifica tu comprensión

¿Qué quería Beowulf que pasara con el tesoro del dragón? ¿Qué pasó en realidad con el tesoro? Encierra el párrafo que lo describe. Luego, explica por qué crees que el tesoro es enterrado con Beowulf.

Desarrollar el vocabulario en inglés: Identificar cognados

En el párrafo que está enmarcado por un corchete, subraya los cognados en español de estas palabras en inglés: *monument, heroic, noble.*

Piensa en la selección
Thinking About the Selection

1. Para completar la tabla, agrega tres descripciones de la selección que te ayuden a imaginar cómo es Grendel, el monstruo.

> Grendel
>
> corta el cuerpo de un godo en pedazos con sus _____.
>
> acaba con la vida de sus víctimas con sus _____.
>
> trata de agarrar a Beowulf con sus _____.

2. **Análisis literario:** Las **épicas** suelen contar sobre una batalla entre el Bien y el Mal. ¿Quién representa "el Bien" en esta épica? ¿Quién representa "el Mal"? Explica cómo lo sabes.

_____

_____

3. **Estrategia de lectura:** Lee el último párrafo de *Beowulf*, empezando por la oración —...*Wiglaf, dirige a mi pueblo*. **Parafrasea** las oraciones. Usa tus propias palabras para explicar qué significan.

_____

_____

_____

Coméntalo **Los actos de bondad**

Beowulf demostró su bondad cuando ayudó a los daneses a matar a Grendel. Los daneses honraron y recompensaron a Beowulf por su buen trabajo. ¿Debería una persona esperar una recompensa por sus actos de bondad?

Yo pienso que [es / no es] importante recibir reconocimiento o una recompensa

por hacer un acto de bondad porque _____.

Vocabulario

Escucha cada palabra. Dila. Luego, lee la definición y la oración de ejemplo.

cultivar *v.* **Cultivar** significa sembrar y cuidar de un cultivo en particular.

El granjero cultivó uvas para hacer vino.

innumerable *adj.* **Innumerable** se usa cuando hay muchísimas o demasiadas cosas para contar.

Las estrellas en el cielo son innumerables.

emigrar *v.* Las personas que **emigran** se van a vivir a un área o país nuevo.

La familia de Belinda emigró al medio oeste en busca de trabajo.

Vocabulary

Listen to each word. Say it. Then, read the definition and sample sentence.

cultivated *(KUL tuh vayt id) v.* **Cultivated** means planted and took care of a particular crop.

The farmer cultivated grapes to make wine.

innumerable *(i NOO muh ruh buhl) adj.* **Innumerable** is used when there are very many or too many of something to be counted.

There are an innumerable number of stars in the sky.

migrated *(MY gray tid) v.* People who have **migrated** have gone to live in another area or country.

Belinda's family migrated to the Midwest in search of work.

A. Práctica: Completa cada oración con la palabra de vocabulario correcta.

1. Comemos el maíz y el arroz que _____ los granjeros.

2. Los peces del mar son _____.

3. Mi amiga _____ de Rusia cuando tenía nueve años.

B. English Practice: Complete each sentence with the correct vocabulary word.

1. For our science project, we _____ bean seeds.

2. Under the microscope, we could see _____ organisms.

3. Our family _____ to the United States many years ago.

de Una historia de la iglesia y el pueblo anglosajón

Bede
traducido por Leo Sherley-Price

Resumen Bede describe la geografía y los recursos naturales de Gran Bretaña. Luego se focaliza en sus cuatro naciones diferentes. Cada nación habla su propio idioma. Bede relata por qué cada grupo se estableció en cada una de las áreas. Bede también describe a Irlanda.

Summary Bede describes Britain's geography and natural resources. He then focuses on its four different nations. Each nation speaks its own language. He tells why each group settled in the area it did. Bede also describes Ireland.

Guía para tomar notas

Usa el siguiente diagrama para comparar y contrastar Inglaterra e Irlanda. En los círculos exteriores, anota en qué se diferencian Inglaterra e Irlanda. En el centro, donde los círculos se superponen, anota en qué se parecen.

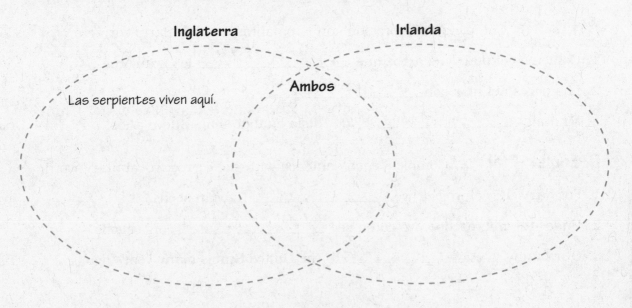

Inglaterra   Irlanda

Ambos

Las serpientes viven aquí.

Piensa en la selección
Thinking About the Selection

1. Completa la tabla con información sobre Gran Bretaña de *Una historia de la iglesia y el pueblo anglosajón.*

Declaración	Evidencia de la selección
Los mejillones de Gran Bretaña producen perlas coloridas.	
Gran Bretaña tiene cuatro naciones.	
Gran Bretaña está unida por un quinto idioma.	

2. El clima de Gran Bretaña es fresco porque _____

_____.

Coméntalo **¿De camino a Gran Bretaña?**

Si hubieras vivido fuera de Gran Bretaña durante los tiempos de Bede, ¿te hubiera animado su *Historia* a visitar Gran Bretaña? ¿Describe Bede a Gran Bretaña como un lugar atractivo para vivir o visitar? Conversa con un compañero o una compañera.

La obra de Bede [me hubiera animado / no me hubiera animado] a visitar Gran

Bretaña porque _____.

? **Escribir acerca de la Pregunta esencial**

¿Cuál es la relación entre el lugar y la literatura? ¿Qué influencia tiene la ubicación aislada de Gran Bretaña sobre la descripción de Bede?

_____

_____

_____

Vocabulario

Estas palabras están subrayadas en el texto. Escucha cada palabra. Dila. Luego, lee la definición y la oración de ejemplo.

delicado(a) *adj.* Algo refinado es **delicado.**

  Ella caminaba de una manera muy delicada.

virtud *s.* La **virtud** es el espíritu de bondad y moralidad.

  Su honestidad indicaba que era una persona de gran virtud.

engaño *s.* El **engaño** es el hecho de ocultar la verdad al no contestar preguntas directas.

  El niño usó el engaño para evadir las preguntas de su madre.

Vocabulary

These words are translations of the words that are underlined in the text. Listen to each word. Say it. Then, read the definition and sample sentence.

dainty *(DAYN tee) adj.* Something refined is **dainty.**

  She had a dainty way of walking.

virtue *(VER choo) n.* **Virtue** is moral goodness of character.

  Her honesty indicated that she was a person of great virtue.

prevarication *(pri var uh KAY shuhn) n.* **Prevarication** is the attempt to hide the truth by not answering questions directly.

  The boy avoided his mother's questions through prevarication.

A. Práctica: Completa cada oración con la palabra de vocabulario correcta.

1. La bailarina tenía un atuendo _____.

2. Una persona de gran _____ no toma lo que no le pertenece.

3. Carla usó el _____ para no decirle la verdad a su hermana.

B. English Practice: Complete each sentence with the correct vocabulary word.

1. The _____ cat sat quietly on a chair at the edge of the garden.

2. His reputation for _____ made him a trusted official.

3. He used _____ to avoid the subject.

de Los cuentos de Canterbury: El prólogo

Geoffrey Chaucer
traducido por Nevill Coghill

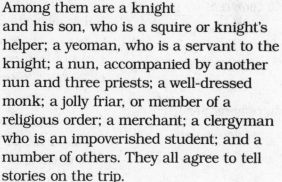

Resumen El autor se une a un grupo de peregrinos que viajan hacia el santuario de Canterbury. Describe en detalle a las personas que lo acompañan en el viaje. Los personajes constituyen una muestra representativa de la sociedad. Entre ellos se encuentran un caballero y su hijo, que es un escudero o ayudante del caballero; un vasallo, que es un sirviente del caballero; una monja, acompañada de otra monja y tres sacerdotes; un monje bien vestido; un fraile divertido, o miembro de una orden religiosa; un mercader; un clérigo que es un estudiante empobrecido y otros. Todos acuerdan que contarán historias durante el viaje.

Summary The author joins a group of pilgrims traveling toward the shrine at Canterbury. He describes in detail the people making the trip with him. The characters represent a cross-section of society. Among them are a knight and his son, who is a squire or knight's helper; a yeoman, who is a servant to the knight; a nun, accompanied by another nun and three priests; a well-dressed monk; a jolly friar, or member of a religious order; a merchant; a clergyman who is an impoverished student; and a number of others. They all agree to tell stories on the trip.

Guía para tomar notas

Usa la siguiente tabla para hacer una lista de detalles acerca de los personajes.

Personajes	Características y apariencia
1. Caballero	
2. Escudero	
3. Vasallo	
4. Monja	
5. Monje	
6. Fraile	
7. Mercader	
8. Clérigo de Oxford	

Desarrollar el vocabulario en inglés: Identificar cognados

Los cognados son palabras que comparten el mismo origen o raíz. En el párrafo que está enmarcado con un corchete, subraya los cognados en español de las siguientes palabras en inglés: *distinguished, honor, courtesy, generosity.*

Verifica tu comprensión

¿A qué se parece el escudero?

_____

_____

Verifica tu comprensión

Enumera tres talentos del escudero:

1. _____

2. _____

3. _____

de Los cuentos de Canterbury: El prólogo
Geoffrey Chaucer

Las personas en la Edad Media acostumbraban a hacer viajes sagrados, o peregrinajes, a la ciudad de Canterbury en honor al Arzobispo Thomas à Becket, quien fue asesinado en 1170. En abril de 1300, un grupo de peregrinos, o viajeros, se encuentran en la Posada Tabard en las afueras de Londres. Chaucer describe a cada peregrino, empezando con un caballero.

◆ ◆ ◆

Había un caballero, un hombre muy distinguido, quien desde el día en que empezó a cabalgar hacia el extranjero, había seguido las reglas de la caballerosidad[1], la verdad, el honor, la generosidad y la cortesía. Se había conducido con nobleza en las guerras de su soberano[2] y batallado en ellas como ningún otro hombre.

◆ ◆ ◆

El caballero ha peleado en las Cruzadas, las guerras sagradas de los cristianos para obtener el control de Jerusalén. Hace su peregrinaje para dar gracias por haber sobrevivido. Con él va su hijo, un caballero en entrenamiento, o escudero, de unos 20 años. Al escudero le gustan las justas, o peleas en torneos, pero también la música, la poesía y la ropa lujosa.

◆ ◆ ◆

Llevaba bordados y parecía una pradera brillante llena de flores frescas, rojas y blancas. Cantaba o tocaba la flauta todo el día y era tan fresco como el mes de mayo. Su vestimenta era corta, las mangas largas y anchas. Sabía montar a caballo y cabalgar muy bien. Podía componer canciones y poemas y recitar. Sabía cómo intervenir en una justa y bailar, dibujar y escribir.

◆ ◆ ◆

El caballero también viaja con un vasallo vestido de cazador del bosque. El vasallo sirve como

1. **caballerosidad** *s.* el código de conducta de los caballeros, el cual les exige honestidad, honor, generosidad y cortesía
2. **soberano** *s.* el rey

asistente del caballero. Después, Chaucer describe a una monja, la cual es la priora, o la segunda a cargo del convento en donde vive.

◆ ◆ ◆

Y era conocida como Señora Eglantyne. Y qué bien cantaba el servicio[3], con una fina **entonación** que le salía de la nariz, lo que era muy **decoroso**. Hablaba un francés extremadamente delicado, el de la escuela de Strafford-atte-Bowe[4] porque desconocía el francés de París. Además[5] en las comidas[6], sus modales eran refinados; no permitía que ningún **bocado** cayera de sus labios. Nunca sumergía sus dedos muy profundo en la salsa. Pero sí podía llevar un trozo a la boca sin que la más mínima gota cayera en su pecho. Tenía un gusto especial por la **elegancia** y se limpiaba tan bien el labio superior que no quedaba ninguna traza de grasa.

◆ ◆ ◆

El grupo de la monja incluye otra monja y varios sacerdotes. Hay otros miembros del clero de camino a Canterbury.

◆ ◆ ◆

Había un monje —uno de los más distinguidos— que cabalgaba por el país; su deporte era la cacería. Era un hombre muy varonil que podía ser abad[7]. Tenía muchos caballos finos en su establo y cuando cabalgaba, se podía escuchar su brida tintineando como el silbido del viento; tan claro y tan alto como la campana de la capilla donde mi señor monje era prior de su celda[8]. Solía ignorar las viejas y estrictas normas del buen San Benet o San Maur[9]. Dejaba las cosas del pasado atrás y prefería tomar el camino ancho del mundo moderno.

◆ ◆ ◆

Palabras de uso diario

entonación s. cántico, tarareo

decoroso adj. decente, apropiado, educado, digno

bocado s. pedacito muy pequeño de comida

elegancia s. finura, delicadeza

3. **servicio** s. oración diaria hecha en los conventos

4. **Strafford-atte-Bowe** un convento cerca de Londres

5. **además** adv. también

6. **en las comidas** en las cenas

7. **abad** s. monje a cargo de un monasterio o comunidad de monjes

8. **prior de su celda** líder de un monasterio pequeño que es parte de uno más grande

9. **San Benet y San Maur** San Benedicto estableció las reglas de los monjes y San Mauricio fue su seguidor

Desarrollar el vocabulario en inglés: Identificar cognados

En el primer párrafo que está enmarcado con un corchete, subraya los cognados en español de las siguientes palabras en inglés: *intonation, elegance, trace, special.*

Estrategia de lectura

Puedes mejorar tu comprensión al **analizar oraciones difíciles**. Lee la oración subrayada. Encierra en un círculo las respuestas a las siguientes preguntas. Rotula cada respuesta en el texto con *¿Qué?, ¿Cuándo?* o *¿Quién?*

1. **¿Qué** se podía escuchar tintineando?
2. **¿Cuándo** se podía escuchar?
3. **¿Quién** era el prior de su celda?

Desarrollar el vocabulario en inglés: Identificar cognados

En el último párrafo que está enmarcado con un corchete, subraya los cognados en español de las siguientes palabras en inglés: *stable, monk, ignore, modern.*

Análisis literario

En la **caracterización directa** se usan declaraciones para describir un personaje. En la **caracterización indirecta** se usan las acciones, los pensamientos y las conversaciones del personaje para describir su carácter. Lee el primer párrafo enmarcado por un corchete y contesta estas preguntas:

1. ¿Es esta una caracterización directa o indirecta del clérigo de Oxford?

_____

_____

2. ¿Qué palabras se usan para describir al clérigo de Oxford?

_____

_____

_____

Verifica tu comprensión

Describe en tus propias palabras quiénes son y qué trabajo hacen los siguientes personajes: *feudo franco, comodoro.*

_____

_____

Desarrollar el vocabulario en inglés: Identificar cognados

En el último párrafo que está enmarcado por un corchete, subraya los cognados en español de estas palabras en inglés: *diet, superfluous, digestives, pestilences.*

El próximo es un fraile, o monje mendigo, que disfruta de la compañía de los posaderos y las taberneras mucho más que la de los pobres. También hay un mercader que parece tan exitoso que nadie sabe que está endeudado. Por contraste, está el clérigo de Oxford, un estudiante de religión de la Universidad de Oxford. A él solo le interesan sus estudios y su fe.

◆   ◆   ◆

Cualquier dinero que tomaba prestado de sus amigos lo gastaba en sus estudios u otro libro. Oraba por ellos **fervientemente,** y ese era su agradecimiento por costear su aprendizaje. Su único interés eran los estudios y verdaderamente nunca hablaba una palabra más de lo necesario. Era formal, al extremo respetuoso, cortante e **idealista.** Solo el pensamiento de la virtud moral llenaba su habla, y con gusto aprendía y con gusto enseñaba.

◆   ◆   ◆

También hay un sargento de la ley, un abogado de la corte del Rey; un feudo franco, o propietario rico de un terreno; un comodoro, o capitán de barco; un cocinero y varios comerciantes: un tejedor, un carpintero, un tapicero y otros. Luego, está el doctor, diestro en las prácticas de la medicina moderna.

◆   ◆   ◆

En su dieta seguía cierta medida; para él no habían placeres superfluos[10], solo alimentos nutritivos que usaba como digestivos[11] y cosas por el estilo. No leía mucho la Biblia. Cabalgaba vestido con trajes de color rojo vivo, con franjas grises y forros de tafetán[12]. Sin embargo, era un poco **mesquino** cuando se trataba de gastos y mantenía el oro que ganaba alejado de **pestilencias.** Según dicen, el oro estimula el corazón y él tenía un amor especial por el oro.

◆   ◆   ◆

Palabras de uso diario

fervientemente *adv.* de forma sincera, intensamente

idealista *adj.* elevado, de pensamientos superiores

mesquino *adj.* tacaño

pestilencias *s.* enfermedades contagiosas, plagas

10. **superfluos** *adj.* cosas que no son necesarias

11. **alimentos nutritivos, digestivos** *s.* comidas saludables; medicamentos que ayudan en la digestión

12. **tafetán** *s.* tela hecha de seda muy fina

También de camino a Canterbury hay una mujer de la ciudad inglesa llamada Bath y un párroco, o sacerdote de una villa. Conocida como la Esposa de Bath, la mujer había sido viuda cinco veces. Ahora pasa el tiempo haciendo peregrinajes por toda Europa y el Medio Oriente.

◆ ◆ ◆

Montaba con facilidad un caballo **de paso cansino** e iba bien cubierta por un griñón[13]. En su cabeza tenía un sombrero tan ancho como un broquel[14], o escudo. Un manto[15] suelto ocultaba sus anchas caderas y debajo del mismo, llevaba tacones afilados como espuelas. Le gustaba reír y conversar con sus acompañantes y sabía muy bien los remedios para los **infortunios** del amor, arte del que conocía las más antiguas danzas.

Había un hombre religioso de buen **renombre,** pero pobre. Era el párroco de un pueblo. Sin embargo, era rico en santidad y trabajo. Era también un hombre educado, un clérigo que verdaderamente conocía el evangelio[16] de Cristo y lo predicaba y enseñaba con mucha **devoción** a sus **feligreses.**

◆ ◆ ◆

Viajando con el párroco está su hermano, honesto y trabajador, un agricultor, o labrador. Un poco menos honesto es el molinero, un compatriota divertido de barba roja y con una verruga en la punta de la nariz.

◆ ◆ ◆

Sus fosas nasales eran tan negras como anchas. Tenía a su lado una espada y un broquel; su boca enorme era como la puerta de un horno. Ese bufón pendenciero[17] sabía una cantidad de cuentos de taberna, en su

Palabras de uso diario

de paso cansino *adj.* lento

infortunios *s.* mala suerte

renombre *s.* buena fama

devoción *s.* religiosidad, fervor

feligreses *s.* personas que asisten a la iglesia del distrito del sacerdote

13. **griñón** *s.* bufanda que cubre la cabeza, el cuello y la barbilla, que acostumbraban usar las mujeres casadas

14. **broquel** *s.* escudo pequeño y redondo

15. **manto** *s.* capa

16. **evangelio** *s.* sección de la Biblia que cuenta la vida y las enseñanzas de Jesucristo

17. **bufón pendenciero** alguien que siempre está peleando o haciendo chistes

Desarrollar el vocabulario en inglés: Identificar cognados

En el párrafo que está enmarcado por un corchete, subraya los cognados en español de estas palabras en inglés: *remedies, art, dances.*

Verifica tu comprensión

Debido a su experiencia en el amor, ¿qué sabía muy bien la Esposa de Bath?

_____

mayoría[18] asquerosos. Era un experto en robar grano. Lo tocaba con su pulgar y de inmediato conocía su calidad y se llevaba tres veces más de lo que le correspondía —un dedo de oro para **calibrar** la avena, ¡por Dios! Vestía con una capucha azul y un abrigo blanco. Le gustaba tocar la gaita en todas partes y con su música salimos del pueblo.

◆ ◆ ◆

El mayordomo, o proveedor de comida, trabaja en una de las escuelas de leyes de Londres. Aunque no es un hombre instruido, sabe engañar a los estudiantes de leyes más inteligentes. El magistrado, o el gerente de la hacienda, es muy hábil para manejar las riquezas de su amo y muy hábilmente ha almacenado bastante para sí mismo. El emplazador, quien hace las citaciones judiciales para que la gente se presente en la corte de la Iglesia, es un bebedor empedernido de mal aspecto físico. Su acompañante es un dispensador, un funcionario que vende dispensas papales a aquellos que han sido citados a la corte. El dispensador también dice que posee varias reliquias sagradas, o artículos asociados con Jesús, María y los santos.

◆ ◆ ◆

En su baúl tenía una funda de almohada, la cuál él aseguraba que era el velo de Nuestra Señora[19]. Decía que poseía un fragmento[20] del barco que San Pedro tenía en el momento en que valientemente caminó sobre las olas hasta que Jesucristo tomó su mano. Tenía una cruz de metal incrustada con piedras y en un vaso, un manojo de huesos de cerdo. Y con estas reliquias, asombraba a cualquier pobre párroco del campo que encontraba. En un día le sacaba al párroco lo que este ganaba en uno o dos meses. Y con sus adulaciones y su engaño, les tomaba el pelo al sacerdote y a sus feligreses.

◆ ◆ ◆

Verifica tu comprensión

¿Cómo describe el narrador al molinero?

_____

_____

_____

Verifica tu comprensión

¿Cuál era el instrumento musical que tocaba el molinero mientras los peregrinos salían del pueblo?

_____

Verifica tu comprensión

Describe las cosas que tenía el dispensador en su baúl.

_____

_____

_____

Palabras de uso diario

calibrar *v.* pesar, medir

---

18. **en su mayoría** por lo general, gran parte

19. **el velo de Nuestra Señora** velo usado por María, la madre de Jesús

20. **fragmento** *s.* pedazo pequeño

Habiendo descrito a todos, Chaucer cuenta sobre la cena tan alegre que tuvieron en la Posada Tabard antes de que se pusieran de camino hacia Canterbury. El posadero se une a la diversión y hace una oferta muy interesante.

◆ ◆ ◆

—Mis señores —dice—, les pido que escuchen por su bien y que por favor no acojan mi idea con **desdén.** He aquí el asunto; hablaré claro y al punto. Ustedes ayudarán a hacer que las cosas se aligeren[21]. Mi intención es que cada uno haga dos cuentos de ida a Canterbury y de regreso a casa, al final del viaje, otros dos cuentos de antaño. Y al hombre que mejor cuento haga, es decir, al que dé cuenta en buena medida de moral y placer en general, se le dará una cena, pagada por todos, aquí en la taberna, en este mismo salón, cuando regresemos de Canterbury. Y con la esperanza de mantenerlos alegres y contentos, yo pagaré mis propios gastos de viaje e iré con ustedes para servirles de guía. Yo seré el juez y aquellos que no obedezcan deberán pagar por lo que gastemos en el camino.

◆ ◆ ◆

Todos, muy contentos, están de acuerdo con la oferta del posadero. Los cuentos que hacen los peregrinos vienen a ser los cuentos individuales del resto de *Los cuentos de Canterbury*.

Verifica tu comprensión

Lee las oraciones subrayadas en voz alta. ¿Qué tono de voz utilizó el posadero? Encierra en un círculo la mejor respuesta:

a. enfadado   c. confundido

b. triste   d. educado

Verifica tu comprensión

Contesta estas preguntas:

1. ¿Qué les propone el posadero a los peregrinos?

_____

2. ¿Cuándo deben hacerlo los peregrinos?

_____

3. ¿Por qué deben hacerlo?

_____

Desarrollar el vocabulario en inglés: Identificar cognados

En el párrafo que está enmarcado por un corchete, subraya los cognados en español de estas palabras en inglés: *intention, point, general, tavern.*

Palabras de uso diario

desdén *s.* menosprecio, desaire, indiferencia

21. **hacer que las cosas se aligeren** hacer que vayan más rápido

Piensa en la selección
Thinking About the Selection

1. Describe al párroco, al doctor y al molinero para completar el siguiente organizador gráfico.

Párroco	Doctor	Molinero

2. **Análisis literario:** Elige un **personaje**. Explica qué muestran la apariencia y las acciones del personaje acerca de su carácter.

_____

_____

_____

3. **Estrategia de lectura: Analiza** las primeras dos oraciones que describen al caballero para contestar las preguntas: *¿Quién?, ¿Qué?, ¿Dónde?, ¿Cómo?*

_____

_____

_____

❓ Escribir acerca de la Pregunta esencial

¿Cómo la literatura influye y refleja la sociedad? Explica qué demuestra la descripción de la ropa sobre un personaje o sobre la sociedad medieval.

_____

_____

_____

Vocabulario

Escucha cada palabra. Dila. Luego, lee la definición y la oración de ejemplo.

aguardar *v.* **Aguardar** significa retrasar o ir lentamente a un lugar.

La maestra le pidió a los niños que no aguardaran.

diestramente *adv.* Algo que se hace **diestramente** se hace rápida y hábilmente.

La mujer anciana tejía diestramente con el hilo.

deambular *v.* Si **deambulas** hacia alguna parte, caminas de una manera lenta y relajada, especialmente para demostrar confianza y orgullo.

Eric deambuló por la escuela después de ser elegido presidente de su clase.

Vocabulary

Listen to each word. Say it. Then, read the definition and sample sentence.

tarry *(TAR ee) v.* To **tarry** is to delay or to be slow in going somewhere.

The teacher asked the students not to tarry.

deftly *(DEFT lee) adv.* Something done **deftly** is done in a quick and skillful way.

The elderly woman deftly knitted with the yarn.

sauntered *(SAWN terd) v.* If you **sauntered** somewhere, you walked in a slow relaxed way, especially so that you looked confident or proud.

Eric sauntered around the school after being elected class president.

A. Práctica: Completa cada oración con la palabra de vocabulario correcta.

1. Si quieres llegar a tiempo, no debes _____ mucho antes de salir.

2. El bailarín hizo una pirueta _____.

3. Durante la celebración, el rey y la reina del desfile _____ por la ruta.

B. English Practice: Complete each sentence with the correct vocabulary word.

1. Mother told us not to _____ on the way home from school.

2. The team captain _____ threw the basketball into the basket.

3. The prize winner _____ to the stage to receive her award.

de Los cuentos de Canterbury: El cuento del dispensador

Geoffrey Chaucer
traducido por Nevill Coghill

Resumen El dispensador relata un cuento sobre "La ambición es la raíz de toda maldad". Tres jóvenes buscan a la Muerte. Un anciano les indica que miren debajo de un árbol. Hallan mucho dinero. Los tres hombres intentan engañarse unos a otros para obtener la mayor cantidad de dinero. Su ambición causa un mal resultado para todos ellos.

Summary The Pardoner tells a tale about "Greed is the root of all evil." Three young people search for Death. An old man directs them to look under a tree. They find a lot of money. The three men try to cheat each other to get more money. Their greed brings a bad result for all of them.

Guía para tomar notas

Usa este diagrama para recordar los sucesos del cuento.

Primer suceso

Tres hombres buscan a la Muerte.

Último suceso

Piensa en la selección
Thinking About the Selection

1. Completa el siguiente organizador gráfico para describir al dispensador.

El dispensador	
descripción de su trabajo	Él predica cuentos y luego vende _____ y _____ .
veracidad de los cuentos	Sus cuentos son _____ .
el efecto de los cuentos en los lectores	La gente se siente _____ , y por eso _____
semejanzas con los tres alborotadores	Los cuatro son _____

2. No se puede confiar en los alborotadores porque ellos _____

_____ .

Coméntalo

Recibir lo que se desea

La meta original de los alborotadores es encontrar a la Muerte debajo del árbol en el bosque. En cambio, encuentran oro debajo del árbol. ¿Encuentran a la Muerte también? Conversa sobre tu respuesta con un compañero o una compañera.

Yo [pienso / no pienso] que los alborotadores encontraron a la Muerte debajo del

árbol porque _____ .

Escribir acerca de la Pregunta esencial

¿Cómo la literatura influye y refleja la sociedad? ¿Qué puedes aprender acerca de la vida durante la Edad Media a través de "El cuento del dispensador"?

_____

_____

_____

Vocabulario

Escucha cada palabra. Dila. Luego, lee la definición y la oración de ejemplo.

implorar *v.* **Implorar** significa pedir algo de una manera emotiva.

La joven le imploró a su madre que la dejara tomar prestado el carro durante el fin de semana.

legar *v.* **Legar** significa dar algo en herencia.

Adam legará su guante de béisbol a su hermano menor.

proeza *s.* La **proeza** es una gran habilidad para hacer algo.

Los atletas de las Olimpíadas realizan grandes proezas físicas.

Vocabulary

Listen to each word. Say it. Then, read the definition and sample sentence.

implored *(im PLAWRD) v.* To have **implored** is to have asked for something in an emotional way.

The girl implored her mother to let her borrow the car for the weekend.

bequeath *(bi KWEETH) v.* To **bequeath** is to hand something down as an inheritance.

Adam will bequeath his baseball mitt to his younger brother.

prowess *(PROW uhs) n.* **Prowess** is a great skill at doing something.

Athletes at the Olympics display great physical prowess.

A. Práctica: Completa cada oración con la palabra de vocabulario correcta.

1. Lina me _____ que le leyera su libro favorito.

2. El señor Dávila le _____ la casa a su nieto.

3. El atleta que hizo la gran _____ está en la pista de atletismo.

B. English Practice: Complete each sentence with the correct vocabulary word.

1. He _____ the crowd to help hurricane victims.

2. I plan to _____ my stamp collection to my sister.

3. His _____ at hunting alligators earned him much fame.

de Los cuentos de Canterbury: El cuento de la esposa de Bath

Geoffrey Chaucer
traducido por Nevill Coghill

Resumen Un caballero inicia una cruzada para hallar la respuesta a la pregunta de qué es lo que más desean las mujeres. Conoce a una anciana. Ella le dará la respuesta si el caballero promete casarse con ella. La anciana sermonea al caballero sobre las objeciones que tenía de tomarla como esposa. Un final sorprendente se produce luego de que el caballero acepta hacer lo que dice su esposa.

Summary A knight goes on a quest to find an answer to the question of what women most want. He meets an old woman. She will give him the answer if the knight promises to marry her. The old woman lectures the knight about all his objections to her as a wife. A surprise ending happens after the knight agrees to do what his wife says.

Guía para tomar notas

En este cuento, los hombres a veces dominan a las mujeres y las mujeres reaccionan. Explica qué ocurre en el primer diagrama. A veces las mujeres dominan a los hombres también y los hombres reaccionan. Explica qué ocurre en el segundo diagrama.

La acción del hombre	La reacción de la mujer	Resultado

La acción de la mujer	La reacción del hombre	Resultado

Piensa en la selección
Thinking About the Selection

1. Anota los sucesos más importantes del cuento en el orden en que ocurrieron. Usa el siguiente organizador gráfico.

Sucesos	
1.	5.
2.	6.
3.	7.
4.	

2. Para tener una vida feliz con su esposa, el caballero tuvo que

_____

_____.

 Aprender de los cuentos

La esposa le dio al caballero una opción: podría verse "vieja y fea" pero ser completamente leal a él, o podría verse "joven y bella". El caballero dejó que su esposa eligiera. Conversa con un compañero o una compañera sobre por qué crees que el caballero hizo eso.

El caballero dejó que su esposa eligiera porque _____.

 Escribir acerca de la Pregunta esencial

¿Cómo la literatura influye y refleja la sociedad? Al Chaucer hablar sobre la autosoberanía, ¿estaba reflejando o tratando de influenciar las normas sociales?

_____

_____

_____

Vocabulario

Escucha cada palabra. Dila. Luego, lee la definición y la oración de ejemplo.

solicitar *v.* **Solicitar** significa ordenar o tratar de persuadir a alguien a hacer algo.

El niño le solicitó a su amigo que intercambiara su almuerzo con él.

hábilmente *adv.* Algo que se hace **hábilmente** se logra de manera ingeniosa y habilidosa.

El abogado argumentó hábilmente en la sala de justicia.

generosidad *s.* La **generosidad** es la nobleza de espíritu.

Tamara demostró su generosidad al ayudar a otros durante su tiempo libre.

Vocabulary

Listen to each word. Say it. Then, read the definition and sample sentence.

adjure *(uh JOOR)* *v.* To **adjure** is to order or to try to persuade someone to do something.

The boy tried to adjure his friend to trade lunches.

adroitly *(uh DROYT lee)* *adv.* Something done **adroitly** is done in a clever and skillful way.

The lawyer argued adroitly in the courtroom.

largesse *(lar JES)* *n.* **Largesse** is a nobility of spirit.

Tamara showed largesse by spending her free time helping others.

A. Práctica: Completa cada oración con la palabra de vocabulario correcta.

1. Cristina le _____ a su amiga que fuera con ella al restaurante en vez de regresar a casa.

2. El chef mezcló _____ los ingredientes.

3. El niño demostró su _____ al compartir su merienda.

B. English Practice: Complete each sentence with the correct vocabulary word.

1. Governor Ortiz tried to _____ Senator Jones to vote for lower taxes.

2. The skaters moved _____ as they did their spins.

3. The business owner's _____ benefited his community.

de El caballero Gawain y el Caballero Verde
traducido por Marie Borroff

Resumen Un enorme caballero verde desafía a los caballeros de Arturo a que le corten la cabeza. En un año se debe decapitar al caballero que le corte la cabeza. El caballero Gawain acepta el desafío del Caballero Verde. Gawain corta la cabeza del Caballero Verde. El caballero sin cabeza sobrevive. Un año después, Gawain comienza a buscar al caballero para cumplir su promesa. Su lealtad y honestidad se someten a diferentes pruebas.

Summary A huge green knight dares Arthur's knights to cut off his head. The knight who beheads him must have his own head cut off in a year. Sir Gawain accepts the Green Knight's challenge. He cuts off the Green Knight's head. The headless knight survives. A year later, Gawain sets off to find the knight and fulfill his promise. His loyalty and honesty undergo different tests.

Guía para tomar notas

Usa este diagrama para resumir los sucesos clave en el cuento de *El caballero Gawain y el Caballero Verde*.

El rey Arturo y sus caballeros están celebrando la víspera de año nuevo.

Vocabulario

Estas palabras están subrayadas en el texto. Escucha cada palabra. Dila. Luego, lee la definición y la oración de ejemplo.

ferozmente *adv.* Algo que se hace **ferozmente** se lleva a cabo con mucha energía, fuertes sentimientos y a veces con violencia.

Los soldados atacaron ferozmente las posiciones del enemigo.

horrorizado(a) *adj.* Alguien que está horrorizado se siente estupefacto, alterado o atemorizado.

La multitud horrorizada huyó de la escena del disturbio.

sepultar *v.* Alguien que ha sido **sepultado** está enterrado.

Muchos de los ancestros de Rebeca fueron sepultados en el mismo cementerio.

Vocabulary

These words are translations of the words that are underlined in the text. Listen to each word. Say it. Then, read the definition and sample sentence.

fiercely *(FEER slee) adv.* Something done **fiercely** is done with great energy, strong feelings, and sometimes with violence.

The soldiers fiercely attacked enemy positions.

horrified *(HOR uh fyd) adj.* Someone who is **horrified** feels shocked, upset or afraid.

The horrified crowd fled the scene of the riot.

interred *(in TERD) v.* If someone has been **interred,** he or she has been buried.

Many of Becca's ancestors are interred in the same graveyard.

A. Práctica: Completa cada oración con la palabra de vocabulario correcta.

1. José luchó _____ cuando se inició la batalla.

2. Los padres de Manuel quedaron _____ al ver sus notas.

3. Nosotros _____ a nuestro gatito en un cementerio para mascotas.

B. English Practice: Complete each sentence with the correct vocabulary word.

1. They rowed the boat _____, hoping to finish the race first.

2. The _____ woman looked away from the accident.

3. The soldiers were _____ at a cemetery in Washington, D.C.

de La muerte de Arturo

Sir Thomas Malory

Resumen El rey Arturo tiene un sueño. En su sueño, Gawain le advierte que no debe luchar contra Mordred. Arturo combate con Mordred y recibe una herida mortal. Sabe que va a morir. Le pide a su caballero Bedivere que arroje su espada mágica a un lago. Bedivere coloca a Arturo en una misteriosa barcaza. La barcaza se aleja. Al día siguiente, Bedivere encuentra una nueva tumba. Nadie sabe si Arturo regresará para reinar.

Summary King Arthur has a dream. In his dream, Gawain warns him not to fight Mordred. Arthur does fight Mordred, and he receives a mortal wound. He knows he is going to die. He asks his knight Bedivere to throw his magic sword into a lake. Bedivere places Arthur in a mysterious barge. The barge sails away. The next day, Bedivere finds a new grave. No one knows if Arthur will return to be king.

Guía para tomar notas

Usa este diagrama para resumir los sucesos clave del cuento sobre la muerte del rey Arturo.

En un sueño, Gawain le advierte a Arturo que no debe luchar contra Mordred.

de La muerte de Arturo
Sir Thomas Malory

El rey Arturo establece un reino ideal llamado Camelot, donde talentosos caballeros se sientan a la Mesa Redonda y todos son iguales. Pero los celos y otras debilidades humanas destruyen finalmente Camelot. Arturo se ve obligado a luchar contra su amigo, el caballero Lancelot, en Francia. Mientras Arturo está fuera del reino, su hijo ilegítimo, Mordred, trata de robarse el trono inglés. Mientras Arturo se apresura a regresar a casa para luchar contra Mordred, su sobrino, el caballero Gawain, es asesinado. Gawain se le aparece a Arturo en un sueño, rodeado por damas bellísimas, a las que había ayudado en vida. Este le advierte a Arturo que no debe luchar contra Mordred al día siguiente. Si lo hace, ambos lados sufrirán pérdidas enormes y Arturo morirá. Así que Arturo propone un tratado de un mes. Cada lado lleva catorce hombres al lugar donde se firmará el tratado.

◆ ◆ ◆

A la hora de partir, el rey Arturo le advirtió a toda su **hueste:** —Si ven cualquier espada desenvainarse[1], asegúrense de atacar ferozmente y **aniquilar** a ese traidor de Mordred, ya que de ninguna manera[2] confío en él.

Así mismo, Mordred advirtió a su hueste: —Si ven alguna espada desenvainarse, asegúrense de atacar ferozmente a todo el que esté delante porque de ninguna manera confío en este tratado. —Y continuó—: Porque sé muy bien que mi padre **se vengará** de mí.

Palabras de uso diario

hueste *s.* ejército, tropas

aniquilar *v.* matar, asesinar

se vengará *v.* se desquitará, buscará venganza

---

1. **desenvainarse** *v.* sacar la espada de la vaina en posición de ataque
2. **de ninguna manera** nada en lo absoluto

TOMAR NOTAS
Take Notes

Comprensión cultural

El reino ficticio de Camelot se establece en Inglaterra durante la Edad Media. En esos tiempos, los caballeros juraban lealtad al rey. Romper el juramento de lealtad era una gran ofensa.

Desarrollar el vocabulario en inglés: Identificar cognados

Los cognados son palabras que comparten el mismo origen o raíz. En el párrafo enmarcado con un corchete, subraya los cognados en español de estas palabras en inglés: *ideal, talented, destroy.*

Análisis literario

Los **romances medievales** son historias de aventuras que tratan temas como el amor y las batallas entre caballeros. ¿Qué regla de la caballerosidad no ha cumplido Mordred?

a. amor   c. fe

b. lealtad   d. valentía

Estrategia de lectura

Cuando **resumes** algo, cuentas la **idea principal** y los **detalles** clave. Lee el último párrafo. Encierra en un círculo las ideas y los detalles clave sobre los sentimientos de Arturo y de Mordred. Usa tus propias palabras para resumir lo que piensa el uno del otro.

_____

_____

Verifica tu comprensión

¿Qué causa el inicio de la batalla entre los ejércitos del rey Arturo y Mordred?

_____

_____

_____

Desarrollar el vocabulario en inglés: Identificar cognados

En el párrafo que está enmarcado con un corchete, subraya los cognados en español de las siguientes palabras en inglés: *battle, horrible, horrified, noble.*

Y he aquí que se encontraron tal cual lo acordado[3] y **concordaron** en todo. Se sirvió vino y bebieron juntos. Pero de repente, una **víbora** salió de un brezo pequeño y mordió en el pie a uno de los caballeros. Cuando el caballero sintió la mordida, miró hacia abajo y vio la víbora. Desenvainó raudamente[4] su espada para matarla. No pensaba causar daño a nadie más. Cuando las huestes de ambos lados vieron la espada desenvainada, tocaron serpentones[5], trompetas y cornetas, y gritaron furiosamente. Ambas huestes se prepararon para el ataque. El rey Arturo montó su caballo, diciendo:

—¡Ay, qué día nefasto[6]!

Cabalgó hacia sus tropas y Mordred hizo lo mismo.

◆　◆　◆

La batalla es horrible. Cien mil soldados mueren. Arturo se siente horrorizado al ver a tantos de sus nobles caballeros caídos en combate.

◆　◆　◆

Luego, el rey Arturo miró y se percató[7] dónde se encontraba Mordred, quien estaba inclinado sobre su espada, entre un montón de soldados muertos.

—Dame mi lanza —le dijo el rey Arturo al caballero Lucan—, porque allá he **avistado** al traidor que ha provocado tanta aflicción[8].

◆　◆　◆

Lucan, uno de los caballeros de Arturo, le aconseja que no luche. Le dice que ya ha ganado la batalla de ese día y le recuerda el sueño que tuvo. Pero Arturo insiste en pelear con Mordred.

◆　◆　◆

Palabras de uso diario

concordaron *v.* estuvieron de acuerdo

víbora *s.* serpiente venenosa, culebra

avistado *v.* visto desde la distancia

---

3. **tal cual lo acordado** como habían decidido

4. **raudamente** *adv.* inmediatamente

5. **serpentones** *s.* tipo de trompeta

6. **nefasto** *adj.* infeliz, triste

7. **se percató** *v.* notó, se dio cuenta

8. **aflicción** *s.* tristeza, tragedia

Entonces el Rey tomó su lanza con ambas manos y corrió hacia Mordred, exclamando: —¡Traidor, ha llegado la hora de tu muerte!

Y cuando Mordred vio al rey Arturo, corrió hacia él con la espada desenvainada. Allí, el rey Arturo **abatió** a Mordred, quien estaba protegido con el escudo, con toda la fuerza de su lanza. Le atravesó el cuerpo más de una braza[9]. Y cuando Mordred vio que había recibido el golpe mortal, se empujó con la fuerza que le quedaba hacia la virola[10] de la lanza del rey Arturo. Y sosteniendo su espada con ambas manos, golpeó a su padre, el rey Arturo, en un lado de la cabeza. La espada perforó el casco y el cráneo. En ese mismo instante, Mordred cayó muerto en el suelo.

Nuestro noble rey Arturo sufrió un vahído[11] y **se desvaneció.** Los caballeros Lucan y Bedivere lo levantaron. Y tan desfallecido[12] estaba en medio de ellos, que lo llevaron a una pequeña capilla cerca la costa.

◆   ◆   ◆

Lucan y su hermano Bedivere deciden llevar al herido Arturo a un pueblo seguro. Intentan levantarlo de nuevo, pero Lucan, quien ha sido herido durante la batalla, colapsa y muere. Bedivere llora por su hermano muerto y por la posible muerte de su rey.

◆   ◆   ◆

Verifica tu comprensión

Piensa en la conducta y las actitudes de los caballeros Lucan y Bedivere hacia su Rey. ¿En qué se diferencia su conducta de la de Mordred? Explica:

_____

_____

_____

Desarrollar el vocabulario en inglés: Identificar cognados

En el párrafo que está enmarcado por un corchete, subraya los cognados en español de estas palabras en inglés: *decide, possible, collapses.*

Palabras de uso diario

abatió *v.* golpeó

se desvaneció *v.* se desmayó

---

9. **braza** *s.* medida de seis pies

10. **virola** *s.* abrazadera de metal que se pone como remate o adorno a algunos instrumentos, como la espada

11. **vahído** *s.* mareo repentino

12. **desfallecido** *adj.* débil

Verifica tu comprensión

¿Qué le pide el rey Arturo a Bedivere?

_____

_____

_____

Verifica tu comprensión

¿Por qué Bedivere no puede lanzar la espada al lago? Lee el texto y encierra en un círculo la respuesta.

Verifica tu comprensión

¿Cómo crees que Arturo se da cuenta de que Bedivere está mintiendo?

_____

_____

_____

—Deja el luto y el llanto, caballero bueno y gentil —dijo Arturo—, porque nada de eso me beneficia[13]. Bien sabes que si he de vivir, la muerte de Lucan me apesadumbraría[14] aún más. Pero mi tiempo se acaba pronto —dijo el Rey—. Así que toma a Excalibur, mi buena espada, y ve allá a la orilla del lago; y cuando llegues, te ordeno que lances mi espada al agua y regreses y me digas lo que has visto.

—Mi señor —dijo el caballero Bedivere—, tu **mandato** cumpliré y regresaré al instante[15] con la información.

◆　◆　◆

El caballero Bedivere lleva la espada al lago. Pero no puede tirar la espada. Le parece muy valiosa. Hasta tiene joyas en la empuñadura, o mango. Así que Bedivere esconde la espada debajo de un árbol y regresa adonde está Arturo.

◆　◆　◆

—¿Qué viste allí? —pregunta el Rey.

—Señor —le responde—, no vi nada más que olas y viento.

—Lo que has dicho no es cierto —dice el Rey—. Así que anda inmediatamente y cumple con mi mandato. Por más que me ames y me quieras, debes prescindir de ella; lánzala al agua.

◆　◆　◆

El caballero Bedivere regresa al lago. Aún no puede lanzar la espada al agua. De nuevo regresa a Arturo y aparenta[16] como si la hubiera lanzado. Otra vez, Arturo sabe que está mintiendo. Le implora[17] entonces a Bedivere que lo obedezca.

◆　◆　◆

Palabras de uso diario
mandato s. orden

13. **beneficia** v. ayuda
14. **apesadumbraría** v. entristecería
15. **al instante** adv. rápidamente, con ligereza
16. **aparenta** v. finge
17. **implora** v. suplica, pide

Entonces Bedivere salió, fue a donde estaba la espada y la levantó cuidadosamente. Se acercó a la orilla del agua y allí amarró el ceñidor[18] a la empuñadura. Tiró la espada en el agua lo más lejos que pudo. De repente apareció entre las aguas un brazo con una mano que agarró la espada, la agitó[19] tres veces y la **blandió** amenazadoramente. Luego, la mano con la espada desapareció debajo del agua. Bedivere regresó a su rey y le contó lo que había visto.

—¡Ay! —dijo el Rey—, ayúdame a salir de aquí porque temo que me he **demorado** demasiado.

Bedivere cargó al Rey sobre su espalda y lo llevó a la orilla del agua. Y al avecinarse[20] a la orilla, vieron pasar, flotando en la **ribera,** una **barcaza** con muchas damas muy **agraciadas.** Entre ellas había una reina. Todas llevaban capuchas negras y todas lloraron y gritaron al ver al rey Arturo.

—Ahora colócame en esa barcaza —dijo el rey Arturo, y Bedivere lo hizo con cuidado. Allí lo recibieron tres damas de luto, lo acostaron y el rey Arturo reclinó su cabeza en uno de sus regazos…

◆　◆　◆

El caballero Bedivere llora mientras Arturo le explica que debe partir hacia la legendaria isla de Avilion. Le pide a Bedivere que ore por él. A la mañana siguiente, Bedivere se encuentra con un ermitaño que había sido el Arzobispo de Canterbury. El ermitaño le explica que unas mujeres le han traído un cadáver. Le pidieron que lo sepultara. Así que el ermitaño lo enterró en la capilla pequeña.

◆　◆　◆

TOMAR NOTAS
Take Notes

Verifica tu comprensión

Haz un resumen con tus propias palabras de lo que el rey Arturo y el caballero Bedivere vieron en el lago.

_____

_____

_____

Desarrollar el vocabulario en inglés: Identificar cognados

En los primeros dos párrafos que están enmarcados por un corchete, subraya los cognados en español de estas palabras en inglés: *floating, reclined*.

Desarrollar el vocabulario en inglés: Identificar cognados

En el último párrafo que está enmarcado por un corchete, subraya los cognados en español de estas palabras en inglés: *legendary, island, cadaver, hermit*.

Palabras de uso diario

blandió *v.* movió en forma de amenaza

demorado *v.* tardado, esperado por mucho tiempo

ribera *s.* orilla de un lago o río

barcaza *s.* lancha

agraciadas *adj.* hermosas, bellas

---

18. ceñidor *s.* correa, cinturón

19. agitó *v.* sacudió

20. avecinarse *v.* acercarse

Comprensión cultural

El Arzobispo de Canterbury es el líder más importante de la Iglesia de Inglaterra. La Iglesia de Inglaterra data desde los tiempos del rey Enrique VIII. En Gran Bretaña, la reina o el rey es la cabeza de la Iglesia de Inglaterra y es quien escoge a todos los obispos, incluso al Arzobispo de Canterbury. En los Estados Unidos, el gobierno no tiene conexión con ninguna iglesia.

Verifica tu comprensión

Según el final, ¿qué crees que le pasó o le va a pasar a Arturo? Completa las siguientes oraciones para responder a la pregunta:

Tal vez él _____

o él _____

Nunca pude averiguar nada más acerca de la muerte del rey Arturo, excepto que estas damas lo llevaron hasta su sepultura y que fue sepultado allí, con el ermitaño, que fue el Arzobispo de Canterbury, como testigo. Sin embargo, el ermitaño no pudo decir con certeza[21] que ese era el cuerpo del rey Arturo, ya que fue Bedivere, caballero de la Mesa Redonda, el que pidió que se escribiera este cuento.

Sin embargo, en muchas regiones de Inglaterra se asegura que el rey Arturo no está muerto, sino que fue llevado a otro lugar por la voluntad del Señor Jesús. Y dicen que él regresará y ganará la Santa Cruz. Yo no digo que esto va a suceder. Lo que digo es que en esta vida, él cambió su vida. Y muchos hombres dicen que en su tumba se lee lo siguiente:

HIC IACET ARTHURUS, REX QUONDAM, REXQUE FUTURUS[22]

---

21. certeza s. seguridad

22. HIC...FUTURUS Aquí yace Arturo, quien fue una vez rey y será rey otra vez.

Piensa en la selección
Thinking About the Selection

1. La opinión que tiene el Caballero Verde del caballero Gawain cambia a través del cuento. Completa la siguiente tabla para describir cómo cambia su opinión del caballero Gawain.

Antes del primer reto	Gawain en la capilla verde	El primer golpe que le da el Caballero Verde a Gawain	El final

2. **Análisis literario:** En los **romances medievales** suelen haber muchas batallas. ¿Cómo se enfatiza el tema de la traición con la batalla entre el rey Arturo y su hijo, Mordred?

_____

_____

_____

3. **Estrategia de lectura:** Imagina que eres el caballero Bedivere y que un extraño llega de visita. **Resume** los sucesos principales que causaron la muerte de Arturo.

_____

_____

_____

¿La dulce venganza?

Conversa sobre la siguiente declaración: La venganza causó la muerte del rey Arturo.

Yo [creo / no creo] que la venganza causó la muerte del rey Arturo porque

_____.

Vocabulario

Escucha cada palabra. Dila. Luego, lee la definición y la oración de ejemplo.

idear *v.* Cuando **ideas** algo, planificas o inventas una forma nueva de hacerlo.

Amando tuvo que idear una solución al problema en la clase de ciencias.

pálido(a) *adj.* Una persona **pálida** parece que no tiene color y se ve débil o cansada.

Peter se puso pálido por la gripe.

languidecer *v.* **Languidecer** significa no mejorar ni desarrollar.

La memoria del estudiante acerca de la geometría languideció durante el verano.

Vocabulary

Listen to each word. Say it. Then, read the definition and sample sentence.

devise *(di VYZ) v.* When you **devise** something, you plan or invent a new way of doing it.

Amanda had to devise a solution to a problem in science class.

wan *(WAHN) adj.* A **wan** person looks pale, weak, or tired.

Peter's flu left him looking wan.

languished *(LANG gwishd) v.* To have **languished** is to have failed to improve and develop.

The student's memory of geometry languished during the summer.

A. Práctica: Completa cada oración con la palabra de vocabulario correcta.

1. Rebeca es buena para las matemáticas porque puede _____ soluciones a los problemas.

2. Esteban se puso _____ al ver la sangre.

3. Las flores _____ por falta de agua.

B. English Practice: Complete each sentence with the correct vocabulary word.

1. Kerry could _____ a solution to any problem.

2. Allison looked so _____ that we urged her to see a doctor.

3. Sean was smart, but he _____ in a low-level job.

Sonetos 1, 35, 75
Edmund Spenser

Sonetos 31, 39
Sir Philip Sidney

Resúmenes En el **"Soneto 1"**, Spenser le pide a sus páginas, a sus versos y a sus rimas que complazcan a su amada. En el **"Soneto 35"**, el poeta dice que no puede contemplar a su amada sin sentir dolor por el deseo resignado. En el **"Soneto 75"** escribe el nombre de su amada en la arena. Pero las olas lo borran.

En el **"Soneto 31"**, Sidney contempla la pálida Luna. El poeta pregunta si la Luna es pálida porque, al igual que él, es desdichada en el amor. Sidney reclama la paz y la cura que proviene del sueño en el **"Soneto 39"**. Dormido, puede soñar con Stella, su amada.

Summaries In **"Sonnet 1,"** Spenser asks his pages, lines, and rhymes to please his beloved. In **"Sonnet 35,"** he says that he cannot gaze upon his beloved without feeling the pain of hopeless desire. In **"Sonnet 75,"** he writes his beloved's name in the sand. However, the waves wash it away.

In **"Sonnet 31,"** Sidney sees the pale Moon. He asks if the Moon is pale because, like him, it is unhappy in love. Sidney asks for the peace and healing of sleep in **"Sonnet 39."** Asleep, he may dream of Stella, his beloved.

Guía para tomar notas

Una de las formas en que un autor trata de describir algo al lector es a través de la comparación. Mientras lees estos sonetos, explica la comparación que hace el poeta en cada una de las frases en la lista.

Soneto	La comparación en las palabras del autor	¿Qué se compara?
1	"manos como lirios"	Las manos de la amada se comparan con
35	"ojos hambrientos"	El deseo en los ojos del poeta se compara con
75	"Mi verso… en los cielos… escribirá tu nombre glorioso".	El verso del poeta se compara con
31	"Tú subes, oh Luna, con pasos tan tristes".	La Luna se compara con
39	"sueño, el nudo seguro de la paz"	El sueño se compara con

Piensa en las selecciones
Thinking About the Selections

1. En el "Soneto 31", el narrador se dirige a la Luna. En el "Soneto 39", se dirige al sueño. Completa la siguiente tabla con las descripciones que usa el narrador para la Luna y el sueño.

Luna	Sueño

2. En los tres sonetos de Spenser (1, 35, 75), el sujeto del poeta es _____

_____.

 Hablar del amor

Cada escritor de sonetos escribe con gran sentimiento sobre su amada. Con un compañero o una compañera, conversa sobre las diferentes maneras en que esos sentimientos se expresan. ¿Escribirías con tanto sentimiento sobre alguien que amas? ¿Quisieras que otras personas leyeran tu poema?

Creo que los sentimientos expresados por el poeta son _____

_____.

Escribir acerca de la Pregunta esencial

¿Cuál es la relación entre el escritor y la tradición? ¿De qué manera se enriquece la expresión de amor de los poetas a través de la rima y la brevedad de sus sonetos? Explica.

_____

_____

_____

Vocabulario

Escucha cada palabra. Dila. Luego, lee la definición y la oración de ejemplo.

melodioso(a) *adj.* **Melodioso** describe algo que suena como música o tiene una tonada placentera.

El canto del ruiseñor es melodioso.

cálculo aproximado *s.* Un **cálculo aproximado** es una cuenta basada en un estimado en vez de un número exacto.

Según el cálculo aproximado del vaquero, tomaría dos días más en llegar al rancho.

amargura *s.* **Amargura** es enojo u odio que no desaparece.

¡No puedo creer que la amargura de Beverly la haya incitado a decir eso!

Vocabulary

Listen to each word. Say it. Then, read the definition and sample sentence.

melodious *(muh LOH dee uhs) adj.* **Melodious** describes something that sounds like music or has a pleasant tune.

The song of the nightingale is melodious.

reckoning *(REK uhn ing) n.* A **reckoning** is a calculation based on a guess rather than an exact number.

According to the cowboy's best reckoning, it would take two more days to reach the ranch.

gall *(GAWL) n.* **Gall** is anger or hate that will not go away.

I can't believe that Beverly had the gall to say that!

A. Práctica: Completa cada oración con la palabra de vocabulario correcta.

1. El cantante tiene una voz _____.

2. Según mis _____, llegaremos a la fiesta alrededor de las nueve.

3. Su corazón se llenó de _____ al ver cómo la trataban injustamente.

B. English Practice: Complete each sentence with the correct vocabulary word.

1. The _____ sound of a flute drifted through the air.

2. By Sarah's _____, the trip will take four days.

3. Angie had the _____ to criticize my friend.

El pastor apasionado a su amada
Christopher Marlowe

La respuesta de la ninfa al pastor
Sir Walter Raleigh

Resúmenes En **"El pastor apasionado a su amada"**, un pastor invita a su amada a vivir con él. Vivirán en la naturaleza, rodeados de valles y colinas. El pastor describe todas las bellezas que verán y podrán disfrutar.

En **"La respuesta de la ninfa al pastor"**, la amada responde al apasionado pedido del pastor. Ella lo rechaza porque todo cambia y envejece. Toda la belleza que él describe se desvanecerá. Ni la juventud ni el amor perdurarán.

Summaries In **"The Passionate Shepherd to His Love,"** a shepherd invites his love to live with him. They will live in nature, surrounded by valleys and hills. The shepherd describes al the beauties they will see and enjoy.

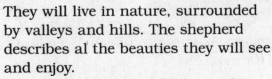

In **"The Nymph's Reply to the Shepherd,"** the shepherd's love answers his passionate request. She turns him down because everything changes and ages. All the beauties he describes will fade. Neither youth nor love will last.

Guía para tomar notas

Mientras lees estos dos poemas, anota las promesas del pastor y las respuestas de la ninfa en esta tabla. También explica quién, en tu opinión, es el más convincente.

¿Qué promete el pastor?	¿Qué responde la ninfa?	¿Quién es el más convincente? ¿Por qué?

Piensa en las selecciones
Thinking About the Selections

1. Usa la tabla para comparar la opinión del pastor acerca de la naturaleza con la opinión de la ninfa. En la segunda columna, completa las respuestas de la ninfa al pastor.

La opinión del pastor acerca de la naturaleza	La opinión de la ninfa acerca de la naturaleza
El pastor dice que ellos disfrutarán de la belleza de los valles, las arboledas, las colinas, los campos y las flores.	La ninfa responde que
El pastor dice que ellos disfrutarán de los animales: darán de comer a las bandadas de aves y escucharán sus bellos cantos.	La ninfa responde que

2. Las opiniones del pastor y de la ninfa son _____.

Buenos amigos

En los poemas, el pastor y la ninfa reflexionan sobre las mismas cosas, pero tienen diferentes puntos de vista. ¿Pueden dos personas ver el mundo de maneras distintas, pero llevarse bien y ser amigos? ¿Sueles estar de acuerdo o en desacuerdo con tus amigos cuando hablan de ciertos temas? ¿Afectan los desacuerdos la amistad? Con un compañero o una compañera, comenta cuándo estás de acuerdo o en desacuerdo con tus amigos.

Para las personas que no están de acuerdo es [fácil / difícil] ser amigos porque

_____.

❓ Escribir acerca de la Pregunta esencial

¿Cuál es la relación entre el lugar y la literatura? ¿Por qué es bueno, si lo es, usar la literatura para imaginarse el escenario ideal?

_____

_____

_____

Vocabulario

Escucha cada palabra. Dila. Luego, lee la definición y la oración de ejemplo.

crónica *s.* Una **crónica** es una serie de sucesos, especialmente eventos históricos, que están escritos en el orden en que ocurrieron.

Los libros de textos históricos nos proveen una crónica de la Primera Guerra Mundial.

impedimentos *s.* Los **impedimentos** son obstáculos que dificultan el progreso.

El pantano está lleno de impedimentos como el fango y las raíces de los árboles.

alterar *v.* Cuando algo se **altera,** se cambia.

Un camaleón altera su color para confundirse con su entorno.

Vocabulary

Listen to each word. Say it. Then, read the definition and sample sentence.

chronicle *(KRAHN I kuhl) n.* A **chronicle** is a written series of events, especially historical events, written in the order in which they happened.

The history textbooks provide a chronicle of World War I.

impediments *(im PED uh muhnts) n.* **Impediments** are obstacles that make it difficult to make progress.

The swamp is full of impediments such as mud and tree roots.

alters *(AWL terz) v.* When something **alters,** it changes.

A chameleon alters its color to blend with its surroundings.

A. Práctica: Completa cada oración con la palabra de vocabulario correcta.

1. Leí una _____ sobre la historia norteamericana.

2. Los niños discapacitados enfrentan muchos _____ en su vida.

3. No debes _____ tu forma de ser solo para complacer a alguien.

B. English Practice: Complete each sentence with the correct vocabulary word.

1. The historian wrote a _____ of the decade.

2. The _____ kept us from completing the project on time.

3. My brother _____ the rules every time he plays a game.

Soneto 29 · Soneto 106 · Soneto 116 · Soneto 130

William Shakespeare

Resúmenes El narrador del **"Soneto 29"** se encuentra sumido en su propia desdicha y desearía ser otra persona. Sin embargo, pensar en su amada le provoca tal alegría que se siente afortunado de ser quien es. En el **"Soneto 106",** el narrador dice que hasta los mejores escritores del pasado carecían de la destreza y las palabras necesarias para elogiar a su amada. El **"Soneto 116"** trata sobre el amor verdadero y cómo este se mantiene invariable a través del tiempo. En el **"Soneto 130",** el narrador dice que su amada no es la típica mujer bella que se describe en numerosos poemas.

Summaries The speaker in **"Sonnet 29"** wallows in his own misfortune and wishes he were someone else. However, thinking about his loved one brings him such joy that he is happy to be himself. In **"Sonnet 106,"** the speaker says that even the best writers of the past lacked the words and skill to praise his love. **"Sonnet 116"** is about true love and how it never changes. In **"Sonnet 130,"** the speaker says that his beloved is not the typical beauty described in many poems.

Guía para tomar notas

En algunos de los sonetos, el narrador se dirige a una persona específica. En otros, el narrador se dirige al público en general. Para cada soneto, usa la tabla para anotar a quién se dirige el narrador y la idea principal de la copla al final del poema.

	A quién se dirige el narrador	La idea principal de la copla
"Soneto 29"		
"Soneto 106"		
"Soneto 116"		
"Soneto 130"		

DESPUÉS DE LEER: LA POESÍA DE SHAKESPEARE

After You Read: Poetry of Shakespeare

Piensa en las selecciones
Thinking About the Selections

1. Parafrasea la idea principal de cada uno de los sonetos de Shakespeare.

Tema
"Soneto 29"
"Soneto 106"
"Soneto 116"
"Soneto 130"

2. El "Soneto 130" tiene un mensaje que es un poco diferente a los demás porque

_____

_____.

Coméntalo   **Formar una opinión**

En grupos pequeños, túrnense para leer el "Soneto 116" en voz alta. Luego, conversen acerca del punto de vista del amor que se expresa a través del soneto. ¿Es un punto de vista realista? Usa detalles del poema para respaldar tu opinión.

En el "Soneto 116", el punto de vista del amor [es / no es] realista porque

_____.

? **Escribir acerca de la Pregunta esencial**

¿Cuál es la relación entre el escritor y la tradición? La amada del "Soneto 130" no tiene la belleza típica que se describe en otros poemas. ¿Crees que Shakespeare era un poeta tradicional? Explica.

_____

_____

_____

52 Reader's Notebook: Spanish Version

Copyright © Pearson Education, Inc. All rights reserved.

Vocabulario

Escucha cada palabra. Dila. Luego, lee la definición y la oración de ejemplo.

rectitud *s.* La **rectitud** es la característica de ser ético y justo.

El juez honorable se conocía por su rectitud en la sala de justicia.

bien *s.* Cuando haces algo por el **bien** de alguien o una cosa, lo haces para ayudar, mejorar o complacer a esa persona o cosa.

Regresó a casa durante sus vacaciones de la universidad por el bien de su madre.

presencia *s.* Cuando estás en **presencia** de algo o alguien, te encuentras en un lugar específico.

Él recitó el poema en presencia de sus compañeros de clases.

Vocabulary

Listen to each word. Say it. Then, read the definition and sample sentence.

righteousness *(RYT shuhs nis) n.* **Righteousness** is the state of being morally good and fair.

The honorable judge was renowned for his righteousness in the courtroom.

sake *(SAYK) n.* When you do something for someone's or something's **sake,** you do it to help, improve, or please the person or thing.

He went home during his college vacation for the sake of his mother.

presence *(PREZ uhns) n.* Someone or something that is present in a particular place has a **presence** there.

He recited the poem in the presence of his classmates.

A. Práctica: Completa cada oración con la palabra de vocabulario correcta.

1. Lola mostró su _____ al decir la verdad a su maestra.

2. Debes llamar a casa por el _____ de tus padres.

3. Daniel se cayó al suelo en _____ de sus amigos.

B. English Practice: Complete each sentence with the correct vocabulary word.

1. His sense of _____ compelled him to repay the loan.

2. The longtime rivals met for the _____ of achieving peace.

3. Her _____ at the family reunion made all of us happy.

Salmos 23 y 137

Resúmenes El **"Salmo 23"** es una canción sagrada o poema lírico que alaba a Dios. El narrador compara a Dios con un pastor que cuida su rebaño, tanto durante su vida como después de ella. Algunas de las palabras no están dirigidas directamente a Dios. Sin embargo, este salmo se utiliza para pedirle a Dios que siga brindando su afectuoso cuidado a la persona que lo reza. En el **"Salmo 137"**, el narrador está sentado a la ribera del río, recordando a Sión, una de las ciudades sagradas de la Biblia. Cuando se le pide que entone una canción de la ciudad, el narrador comparte su incertidumbre sobre sus habilidades para cantar.

Summaries
"Psalm 23" is a sacred song or lyric poem that praises God. The speaker compares God to a shepherd who cares for his flock both during and after life. Some of the words do not address God directly. However, this psalm is often used as a prayer to God to continue providing loving care for the person praying. In **"Psalm 137,"** the narrator is sitting on a riverbank remembering Zion, a sacred city in the Bible. When asked to sing a song of the city, the narrator shares his uncertainty about singing.

Guía para tomar notas

El "Salmo 23" alaba a Dios por ser el pastor de su pueblo. Mientras lees, usa esta tabla para anotar qué hace Dios en la columna a la izquierda. Luego, en la columna a la derecha, usa tus propias palabras para volver a contar la acción. La primera nota ya aparece en la tabla.

Hechos del texto	Cómo Dios nos conforta y protege
En lugares de delicados pastos me hará descansar; junto a aguas de reposo me pastoreará.	Nos provee un lugar donde podemos descansar y beber.

Vocabulario

Escucha cada palabra. Dila. Luego, lee la definición y la oración de ejemplo.

despreciar *v.* **Despreciar** significa tener una mala opinión de alguien o algo.

Después de robarles el dinero, sus amigas la despreciaron.

estatura *s.* La **estatura** de una persona es su nivel de logro.

Hacerse presidente aumenta la estatura moral de una persona.

laborar *v.* **Laborar** significa trabajar fuertemente durante un largo período de tiempo.

Padma tuvo que laborar durante años para ahorrar suficiente dinero para comprar su casa.

Vocabulary

Listen to each word. Say it. Then, read the definition and sample sentence.

despise *(di SPYZ) v.* To **despise** is to dislike and have a low opinion of someone or something.

After she stole their money, her friends began to despise her.

stature *(STAT cher) n.* A person's **stature** is his or her level of achievement.

Becoming president greatly increases a person's moral stature.

toil *(TOYL) v.* To **toil** is to work very hard for a long period of time.

Padma had to toil for years to save enough money to buy her house.

A. Práctica: Completa cada oración con la palabra de vocabulario correcta.

1. Patricia comenzó a _____ a la persona que le mintió.

2. El acalde de nuestra ciudad alcanzó una gran _____ moral durante su último mandato.

3. Para cosechar frutos, los granjeros deben _____ durante todo el año.

B. English Practice: Complete each sentence with the correct vocabulary word.

1. Harry began to _____ his coach for yelling at the team.

2. Ms. Patel's _____ increased when she became mayor.

3. He will _____ for many weeks until the whole house is finally painted.

de El sermón en la montaña

Resumen Según se cree, **"El sermón en la montaña"** es un discurso que dio Jesús. El sermón incluye muchos principios básicos de la religión cristiana. Este fragmento del discurso nos enseña que las personas no pueden servir a Dios y al dinero al mismo tiempo. Además, enseña que nadie debería preocuparse por sus necesidades físicas porque Dios lo proveerá todo, al igual que lo hace con las aves y las plantas.

Summary "The Sermon on the Mount" is a speech thought to have been made by Jesus. The sermon includes many basic principles of the Christian religion. This section of the longer speech teaches that people cannot serve both God and money. Also, no one should worry about physical needs because God will provide everything, just as He does for birds and plants.

Guía para tomar notas

Usa la siguiente tabla para anotar detalles importantes de "El sermón en la montaña".

Título: "El sermón en la montaña"
Audiencia:
Propósito:
Consejo que se da:

Vocabulario

Escucha cada palabra. Dila. Luego, lee la definición y la oración de ejemplo.

pródigo(a) *adj.* Una persona **pródiga** despilfarra sus pertenencias de manera imprudente.

> Los padres del niño *pródigo* tuvieron que enseñarle cómo ahorrar su dinero.

suplicar *v.* Si alguien ha **suplicado,** él o ella ha pedido algo de una manera muy emocionante.

> Sue le *suplicó* a su padre que extendiera la hora en que debía regresar a casa.

transgredir *v.* Si has **transgredido,** has hecho algo que va en contra de las reglas de comportamiento o de un principio moral.

> El discurso rudo e inapropiado del comediante *transgredió* las normas sociales.

Vocabulary

Listen to each word. Say it. Then, read the definition and sample sentence.

prodigal *(PRAH di guhl) adj.* A **prodigal** person is recklessly wasteful.

> The *prodigal* boy's parents had to teach him how to save his money.

entreated *(in TREET uhd) v.* If someone has **entreated,** he or she has asked for something in a very emotional way.

> Sue *entreated* her father to extend her curfew.

transgressed *(trans GRESD) v.* If you have **transgressed,** you have done something that is against the rules of social behavior or against moral principle.

> The comedian's crude and inappropriate speech *transgressed* social norms.

A. Práctica: Completa cada oración con la palabra de vocabulario correcta.

1. Los padres obligaron a la niña _____ a abrir una cuenta de ahorros.

2. Ayer le _____ al Prof. Mansilla que no me diera más tareas.

3. Una persona que roba ha _____ las leyes morales y religiosas.

B. English Practice: Complete each sentence with the correct vocabulary word.

1. The _____ young man spent his entire paycheck on DVDs.

2. The girls _____ their mother to allow them to go swimming.

3. His rude behavior at dinner _____ good manners.

La parábola del hijo pródigo

Resumen "La parábola del hijo pródigo" es la historia de un hombre que tiene dos hijos. Uno de ellos se queda en la casa y se dedica a trabajar. El otro hijo abandona el hogar, vive una vida alocada y gasta todo lo que tiene. Él es el hijo pródigo, una persona que derrocha imprudentemente. Cuando ese hijo comienza a sentirse hambriento, vuelve al hogar y pide perdón. Su padre se regocija y ofrece un banquete. Esto enfurece al hermano que se había quedado en la casa y había trabajado. El padre le explica que vale la pena celebrar cuando alguien que se ha desviado del buen camino vuelve a encontrarlo.

Summary "The Parable of the Prodigal Son" is the story of a man with two sons. One son stays home and works. The other son leaves home, lives wildly, and spends everything. He is described as prodigal (PRAH di guhl), a person who is recklessly wasteful. When that son becomes hungry, he returns home and apologizes. His father is delighted and holds a feast. This angers the brother who stayed home and worked. The father explains that it is worth celebrating when someone who goes astray is found again.

Guía para tomar notas

Mientras lees la parábola, completa la siguiente tabla con información sobre los dos hijos. Luego, escribe el mensaje principal en la caja que aparece al final.

Hijo menor	Hijo mayor
Cómo vive su vida:	Cómo vive su vida:
Qué hace al final:	Cómo se siente al final:
Mensaje del cuento:	

Piensa en las selecciones
Thinking About the Selections

1. El "Salmo 23" menciona varias cosas que Dios hace, de acuerdo al escritor. En la segunda columna de la siguiente tabla, parafrasea cada una de las cosas.

Texto del "Salmo 23"	Qué provee Dios al escritor
"…me guiará por sendas de justicia…"	
"…aunque ande en valles de sombra de muerte, no temeré mal alguno porque Tú estarás conmigo…"	
"Ciertamente el bien y la misericordia me seguirán todos los días de mi vida…"	
"…y en la casa de Jehová moraré por largos días".	

2. En "El sermón en la montaña", Jesús sugiere que las personas no deben preocuparse por las cosas terrenales, como la comida y la ropa porque

_____.

Coméntalo **Aprender lecciones de vida**

Se dice que las personas deben aprender de sus errores. ¿Qué lecciones crees que aprendieron de sus experiencias el padre y el hijo? Conversen sobre sus ideas en grupos pequeños.

Creo que el [padre / hijo] aprendió _____ porque

_____.

 Escribir acerca de la Pregunta esencial

¿Cómo la literatura influye y refleja la sociedad? ¿Por qué ha tenido la Biblia tanta influencia?

_____

_____

_____

Vocabulario

Escucha cada palabra. Dila. Luego, lee la definición y la oración de ejemplo.

traiciones *s.* Las **traiciones** son crímenes de deslealtad hacia un país o su gobierno.

> *Los rebeldes fueron expulsados por cometer varias traiciones.*

imperial *adj.* Las cosas **imperiales** están relacionadas con un imperio o la persona que lo gobierna.

> *El emperador marcó la carta con el sello imperial.*

soberano(a) *adj.* Una persona **soberana** es la más poderosa en el país.

> *El rey es el soberano de la nación.*

Vocabulary

Listen to each word. Say it. Then, read the definition and sample sentence.

treasons *(TREE zuhnz) n.* **Treasons** are crimes of disloyalty to a country or its government.

> *The rebels were exiled for committing a number of treasons.*

imperial *(im PI ri uhl) adj.* **Imperial** things are related to an empire or to the person who rules it.

> *The emperor marked the letter with the imperial seal.*

sovereign *(SAHV rin) adj.* A **sovereign** person has the highest power in a country.

> *The king is the sovereign leader of the nation.*

A. Práctica: Completa cada oración con la palabra de vocabulario correcta.

1. El agente secreto fue encarcelado por sus _____ al país.

2. Nadie podía entrar a la cámara _____ sin el permiso del rey.

3. El _____ estableció una nueva ley en su reino.

B. English Practice: Complete each sentence with the correct vocabulary word.

1. The rebels were hanged for _____ against the state.

2. The _____ throne was painted with gold.

3. The king was the _____ ruler of his country.

La tragedia de Macbeth, Acto I
William Shakespeare

Resumen Macbeth y Banquo, uno de sus camaradas de la nobleza, han ayudado al rey Duncan de Escocia a ganar una importante batalla. Mientras regresan de la batalla, se encuentran con tres brujas. Las brujas aclaman a Macbeth con los títulos de Señor de Glamis, Señor de Cawdor y Rey. En ese momento, sin embargo, Macbeth solo es Señor de Glamis. Las brujas también dicen que Banquo será el padre de una larga descendencia de reyes.

Luego el rey Duncan honra a Macbeth, nombrándolo Señor de Cawdor. Macbeth cree que también será rey. Sin embargo, Duncan también designa a su hijo, Malcolm, como su sucesor. Macbeth comienza a pensar en asesinar al rey. La señora Macbeth teme que Macbeth no pueda llevar a cabo la conspiración que han planeado. Lo presiona para que siga adelante.

Summary Macbeth and Banquo (BANK wo), a fellow noble, have helped win an important battle for King Duncan of Scotland. Returning from the battle, they encounter three witches. The witches hail Macbeth as the Thane of Glamis, the Thane of Cawdor, and King. At the time, however, Macbeth is only Thane of Glamis. The witches also say that Banquo shall father a long line of kings.

Then, King Duncan honors Macbeth by making him Thane of Cawdor. Macbeth imagines he will be king as well. However, Duncan also names his own son, Malcolm, as his successor. Macbeth begins to think of murdering the king. Lady Macbeth thinks Macbeth will not carry out their plot. She urges him on.

Guía para tomar notas

Mientras lees, usa esta tabla para anotar información importante del Acto I.

Información sobre los antecedentes:

La predicción de las brujas:

El plan de Macbeth:

Piensa en la selección
Thinking About the Selection

1. Completa el organizador gráfico para describir a Macbeth durante varias partes de *Macbeth, Acto I*.

Antes de la predicción de las brujas	Inmediatamente después de la predicción de las brujas	Al final del Acto I

2. La vida de Duncan está en peligro por culpa de _____

_____.

 **Hacer una predicción**

Macbeth es un hombre ambicioso. Él quiere ser rey y hará cualquier cosa para obtener su meta. En un grupo pequeño, haz una predicción sobre los resultados que tendrá la ambición de Macbeth. ¿Crees que sus planes tendrán éxito? ¿Por qué?

Creo que los planes de Macbeth [van / no van] a tener éxito porque _____

_____

 Escribir acerca de la Pregunta esencial

¿Cuál es la relación entre el escritor y la tradición? A diferencia de las tragedias clásicas, *Macbeth* incluye humor en su descripción de la caída del personaje noble. Explica.

_____

_____

_____

Vocabulario

Escucha cada palabra. Dila. Luego, lee la definición y la oración de ejemplo.

furtivo(a) *adj.* **Furtivo** describe algo callado y secreto.

El gato furtivo se deslizó silenciosamente en la noche.

emplear lenguaje ambiguo *v.* Cuando **empleas un lenguaje ambiguo,** evitas dar una respuesta clara y directa a una pregunta.

Finalmente contestó sus preguntas, a pesar de emplear lenguaje ambiguo.

predominio *s.* Alguien o algo con **predominio** tiene el mayor poder o importancia en un grupo o área.

Hollywood es conocido por el predominio de sus películas.

Vocabulary

Listen to each word. Say it. Then, read the definition and sample sentence.

stealthy *(STELTH ee) adj.* **Stealthy** describes something quiet and secret.

The stealthy cat crept silently through the night.

equivocate *(i KWIV uh kayt) v.* When you **equivocate,** you avoid giving a clear or direct answer to a question.

At last she answered the questions, despite her attempts to equivocate.

predominance *(pri DAHM un nuhns) n.* Someone or something with **predominance** has the most power or importance in a group or area.

Hollywood is known for the predominance of its films.

A. Práctica: Completa cada oración con la palabra de vocabulario correcta.

1. El submarino _____ sorprendió al enemigo.

2. Durante el juicio, el culpable _____ para evitar que lo encarcelaran.

3. Nadie puede refutar el _____ de Nadia en el campo de fútbol.

B. English Practice: Complete each sentence with the correct vocabulary word.

1. The _____ thief moved quickly through the house.

2. The suspect tried to _____ by mumbling.

3. The senator's political _____ led to his election.

La tragedia de Macbeth, Acto II
William Shakespeare

Resumen Macbeth quiere asesinar al rey Duncan. Imagina que ve una daga frente a él, pero no puede tomarla en sus manos. Luego Macbeth ejecuta a Duncan mientras este duerme. La señora Macbeth ha ayudado, administrando drogas a los sirvientes de Duncan para que Macbeth no los despierte. Luego ella cubre a los sirvientes con la sangre de Duncan para que parezca que ellos lo han asesinado. Macduff, un noble, descubre el cuerpo del rey. Por temor a ser los próximos asesinados, los hijos de Duncan huyen lejos de Escocia. Una vez que el rey ha muerto y sus hijos se han marchado, Macbeth tiene el camino libre para apoderarse del trono.

Summary Macbeth wants to murder King Duncan. He imagines that he sees a dagger before him, yet he cannot seize it. Then Macbeth kills Duncan when the king sleeps. Lady Macbeth has helped by drugging Duncan's servants so Macbeth will not wake them. Then, she covers the servants with Duncan's blood to make it seem as if they have killed him. Macduff, a nobleman, discovers the king's body. Afraid that they will be murdered next, Duncan's sons flee Scotland. With the king dead and his sons gone, Macbeth is free to seize the throne.

Guía para tomar notas

Usa la siguiente tabla para anotar la información más importante del Acto II.

La visión de Macbeth:
Quién es asesinado:
Cómo reaccionan Malcolm y Donalbain:

Piensa en la selección
Thinking About the Selection

1. Escribe los números del 1 al 5 en las líneas que aparecen más abajo para poner los siguientes sucesos de *Macbeth, Acto II* en el orden correcto.

_____ Los hijos de Duncan, Malcolm y Donalbain, huyen de Escocia, atemorizados.

_____ La señora Macbeth toma la daga y le dice a Macbeth que ella embarrará las espadas de los sirvientes con la sangre del rey.

_____ Macbeth se convierte en rey de Escocia.

_____ Macduff descubre el cuerpo ensangrentado de Duncan.

_____ Macbeth asesina a Duncan, el rey.

2. La señora Macbeth embarra las espadas de los sirvientes con la sangre porque

_____

_____.

Coméntalo

El papel de la esposa

Con un compañero o una compañera, conversa sobre el papel que jugó la señora Macbeth en el asesinato de Duncan. ¿Hubiera ocurrido el asesinato sin su influencia? Explica.

El papel más importante que jugó la señora Macbeth en el asesinato fue

_____

_____.

Escribir acerca de la Pregunta esencial

¿Cómo la literatura influye y refleja la sociedad? ¿Quién es el culpable por el asesinato del rey Duncan: Macbeth o la señora Macbeth? Explica.

_____

_____

_____

Vocabulario

Escucha cada palabra. Dila. Luego, lee la definición y la oración de ejemplo.

indisoluble *adj.* Una relación **indisoluble** no puede ser destruida.

Los lazos entre la madre y su hijo eran indisolubles.

intrépido(a) *adj.* Una persona **intrépida** confía en sí misma y no se asusta fácilmente.

El bombero intrépido corrió hacia el edificio.

malevolencia *s.* La **malevolencia** es el deseo de causar daño a alguien.

Los ojos del villano estaban llenos de malevolencia.

Vocabulary

Listen to each word. Say it. Then, read the definition and sample sentence.

indissoluble *(in di SAHL yuh buhl) adj.* An **indissoluble** relationship cannot be destroyed.

The bond between the mother and her child was indissoluble.

dauntless *(DAWNT luhs) adj.* A **dauntless** person is confident and not easily frightened.

The dauntless firefighter rushed to the building.

malevolence *(muh LEV uh luhns) n.* **Malevolence** is the desire to hurt another person.

The villain's eyes were full of malevolence.

A. Práctica: Completa cada oración con la palabra de vocabulario correcta.

1. La relación entre Tina y Beto es _____.

2. El acróbata _____ se balanceó sobre una soga que estaba a treinta pies de altura.

3. El corazón del asesino está lleno de _____.

B. English Practice: Complete each sentence with the correct vocabulary word.

1. Their _____ friendship lasted throughout their lives.

2. The _____ lifeguard swam toward the drowning boy.

3. The two enemies felt _____ toward each other.

La tragedia de Macbeth, Acto III
William Shakespeare

Resumen Por temor a la predicción de las brujas de que Banquo sería padre de reyes, Macbeth planea una conspiración para ejecutar a Banquo y a su hijo, Fleance. Banquo es asesinado, pero Fleance logra escapar. En un banquete, el fantasma de Banquo aparece y se sienta en el lugar de Macbeth. El fantasma se hace visible solo a los ojos de Macbeth, quien se siente perturbado. Macbeth promete matar a cualquiera que se interponga en su camino. Y quiere visitar a las brujas nuevamente. Entretanto, Malcolm, el hijo de Duncan, vive en la corte inglesa. Está formando un ejército para luchar contra Macbeth. Macduff ha viajado a Inglaterra para ayudar a Malcolm.

Summary Fearing the witches prediction that Banquo will be the father of kings, Macbeth plots to have Banquo and his son, Fleance, killed. Banquo is killed, but Fleance escapes. At a banquet, Banquo's ghost appears, sitting at Macbeth's place. The ghost is visible only to Macbeth, who becomes very upset. Macbeth pledges to kill anyone who stands in his way. Also, he wants to visit the witches again. Meanwhile, Duncan's son Malcolm is living in the English court. Malcolm is raising an army to fight against Macbeth. Macduff has gone to England in order to help Malcolm.

Guía para tomar notas

La acción llega a un clímax en el Acto III. Usa esta tabla para resumir lo que pasa en el Acto III y hacer predicciones sobre lo que pasará a continuación.

Suceso	Causa	Efecto	Predicción
Macbeth planifica el asesinato de Banquo.			
Macbeth jura que seguirá matando hasta asegurar su lugar en el trono.			
Macduff parte hacia Inglaterra para ayudar a formar un ejército que luchará contra Macbeth.			

Piensa en la selección
Thinking About the Selection

1. Usa esta tabla para anotar algunos de los sucesos importantes de *Macbeth*, *Acto III*.

_____ es asesinado.	Macbeth se siente perturbado cuando ve _____ sentado a la mesa de banquetes.	Macbeth quiere visitar _____ nuevamente.

2. Los señores y amigos de Macbeth se vuelven en su contra cuando _____
_____.

Coméntalo   **Hacer tu punto**

Los seguidores y amigos de Macbeth se están volviendo en su contra por causa de sus acciones. ¿Cuál es el error más grande que cometió Macbeth? Piensa en la respuesta. Luego reúnete con otros estudiantes. Trata de persuadir a los miembros del grupo de que tu respuesta es la correcta.

Pienso que el error más grande que cometió Macbeth fue _____

porque _____.

? **Escribir acerca de la Pregunta esencial**

¿Cómo la literatura influye y refleja la sociedad? ¿Qué sugiere el asesinato de Banquo acerca del efecto del Mal en los malhechores? Explica.

_____

_____

_____

Vocabulario

Escucha cada palabra. Dila. Luego, lee la definición y la oración de ejemplo.

diversos(as) *adj.* Las cosas que son **diversas** no son lo suficientemente parecidas para formar un grupo.

Para el viaje, él empacó comida, ropa y diversos artículos en el carro.

intemperancia *s.* La **intemperancia** es la falta de control que es inaceptable para otras personas.

El hombre demostró su intemperancia al gritarle a otros conductores.

crédulo(a) *adj.* Las personas **crédulas** son fáciles de engañar porque siempre creen lo que se les dice.

Al mago le encantaba tener personas crédulas en su audiencia.

Vocabulary

Listen to each word. Say it. Then, read the definition and sample sentence.

sundry *(SUN dree) adj.* When things are **sundry,** they are not similar enough to form a group.

He packed the car with food, clothes, and sundry items for the trip.

intemperance *(in TEM puhr uhns) n.* **Intemperance** is a lack of control that other people think is unacceptable.

The man showed intemperance by shouting at other drivers.

credulous *(KREJ oo luhs) adj.* **Credulous** people are easy to deceive because they always believe what they are told.

The magician loved to have credulous people in his audience.

A. Práctica: Completa cada oración con la palabra de vocabulario correcta.

1. La madre llevaba juguetes, crayones y _____ artículos para entretener a su niño durante el viaje.

2. La _____ de la joven no le permitía tener una discusión sin que terminara en una pelea.

3. Fernando es muy _____ porque piensa que hay un cocodrilo en las alcantarillas.

B. English Practice: Complete each sentence with the correct vocabulary word.

1. Tim bought _____ snacks to give the hikers variety.

2. The angry coach's display of _____ shocked us.

3. Hugo enjoys pulling pranks on his _____ friends.

La tragedia de Macbeth, Acto IV

William Shakespeare

Resumen Macbeth visita a las brujas y ellas le muestran tres espíritus. El primero le advierte que tenga cuidado con Macduff. El segundo espíritu dice que ningún hombre "nacido de mujer podrá hacerle daño a Macbeth". El tercero dice que Macbeth no será derrotado hasta que los bosques mismos lleguen a la Loma de Dunsinane para luchar contra él. Cuando Macbeth pregunta sobre los descendientes de Banquo, las brujas le muestran una imagen de "ocho reyes y Banquo". Esta visión inquieta a Macbeth, pero las brujas desaparecen antes de que Macbeth pueda descubrir su significado. Macbeth se entera de que Macduff se ha marchado a Inglaterra para unirse a Malcolm. Para vengarse, manda a matar a la familia de Macduff. En Inglaterra, Malcolm y Macduff conversan sobre Macbeth. Malcolm acepta liderar un ejército contra Macbeth.

Summary Macbeth visits the witches, who show him three spirits. The first warns him to be aware of Macduff. The second says that no man "of woman born shall harm Macbeth." The third says that Macbeth will not be defeated until the woods themselves come to Dunsinane Hill to fight against him. When Macbeth asks about Banquo's descendants, he is shown "eight Kings and Banquo." This vision disturbs Macbeth, but the witches vanish before he can learn what the vision means. Macbeth learns that Macduff has gone to England to join Malcolm. In revenge, Macbeth has Macduff's family killed. In England, Malcolm and Macduff discuss Macbeth. Malcolm agrees to lead a force against Macbeth.

Guía para tomar notas

En el Acto IV, Macbeth ve a cuatro espíritus cuando visita a las brujas. Cada espíritu le da a Macbeth un mensaje. Describe cada espíritu en la siguiente tabla, y anota su mensaje y la reacción de Macbeth.

Descripción del espíritu	Mensaje	Reacción de Macbeth

Piensa en la selección
Thinking About the Selection

1. Escribe los números del 1 al 5 en las líneas que aparecen más abajo para poner los siguientes sucesos de *Macbeth, Acto IV* en el orden correcto.

   _____ Malcolm y Macduff hacen un plan para pedir la ayuda del rey inglés y derrocar a Macbeth.

   _____ Malcolm pone a prueba su compromiso por derrocar a Macbeth.

   _____ Macbeth visita a las brujas y recibe cuatro mensajes.

   _____ Macbeth manda a matar a la esposa y a los hijos de Macduff.

   _____ Malcolm y Macduff descubren que toda la familia de Macduff ha sido asesinada.

2. En Inglaterra, Macduff se entera de que todos los miembros de su familia han sido asesinados. Malcolm le sugiere a Macduff que _____

   _____

   _____.

Coméntalo **Explica por qué**

Macbeth ve muchos fantasmas y espíritus durante el drama. En un grupo pequeño, conversa sobre la razón por la que estas visiones tienen tanto poder sobre Macbeth. Por ejemplo, ¿por qué no ignora las imágenes de los ocho reyes?

Escribir acerca de la Pregunta esencial

¿Cómo la literatura influye y refleja la sociedad? Si Shakespeare estuviera vivo hoy en día, ¿argumentaría que la mayor influencia sobre los malhechores proviene de la genética, la crianza o sus propias decisiones?

_____

_____

_____

Vocabulario

Estas palabras están subrayadas en el texto. Escucha cada palabra. Dila. Luego, lee la definición y la oración de ejemplo.

antídoto *s.* Un **antídoto** es una sustancia que detiene los efectos de un veneno.

> *Gracias al antídoto, la mordida de la serpiente no fue mortal.*

peligroso(a) *adj.* Algo **peligroso** es amenazador.

> *Un bombero tiene el peligroso trabajo de rescatar a las personas de los incendios.*

vulnerable *adj.* Un lugar, una cosa o una idea **vulnerable** es fácil de atacar o criticar.

> *Ella no logró proveer evidencia sobre su opinión, dejándola vulnerable.*

Vocabulary

These words are translations of the words that are underlined in the text. Listen to each word. Say it. Then, read the definition and sample sentence.

antidote *(AN ti doht) n.* An **antidote** is a substance that stops the effects of a poison.

> *Thanks to the antidote, the snake's bite was not fatal.*

perilous *(PAYR uhl uhs) adj.* Something **perilous** is dangerous.

> *A firefighter has the perilous job of rescuing people from fires.*

vulnerable *(VUL nuh ruh bul) adj.* A **vulnerable** place, thing, or idea is easy to attack or criticize.

> *She failed to provide evidence for her opinion, leaving it vulnerable.*

A. Práctica: Completa cada oración con la palabra de vocabulario correcta.

1. El doctor administró el _____ al paciente envenenado.

2. Saltar en paracaídas de un avión es una actividad _____.

3. El banco era _____ hasta que instalaron un sistema de alarmas de seguridad.

B. English Practice: Complete each sentence with the correct vocabulary word.

1. The _____ enabled him to recover from the poison's effects.

2. She arrived home safely after her _____ sea voyage.

3. The army was _____ because its guards were asleep.

La tragedia de Macbeth, Acto V
William Shakespeare

Resumen Macbeth se prepara para la batalla contra las fuerzas de Malcolm y Macduff. Debido a las predicciones de las brujas, se siente confiado. Entretanto, la señora Macbeth ha estado sufriendo de sonambulismo. Se siente culpable por los asesinatos. Poco antes de la batalla, la señora Macbeth muere. Los soldados de Malcolm cortan ramas de árboles para ocultarse. Escondidos de esta manera, se acercan hasta Dunsinane. El ejército de Malcolm derrota al ejército de Macbeth. Luego Macduff asesina a Macbeth. Malcolm se convierte en el nuevo rey de Escocia.

Summary Macbeth prepares for battle with the forces of Malcolm and Macduff. Because of the witches' predictions, he feels confident. Meanwhile, Lady Macbeth has been sleepwalking. She feels guilty about the murders. Just before the battle, she dies. Malcolm's soldiers cut down tree branches to hide their numbers. Disguised in this way, they approach Dunsinane. Malcolm's army defeats Macbeth's army. Then, Macduff kills Macbeth. Malcolm becomes the new king of Scotland.

Guía para tomar notas

El drama termina, o se resuelve, en el Acto V. En la tabla siguiente, anota el final de cada personaje.

Personaje	Final
Macbeth →	
Señora Macbeth →	
Macduff →	
Malcolm →	

Desarrollar el vocabulario en inglés: Identificar cognados

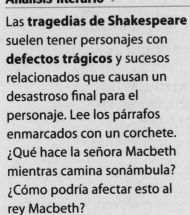

Los cognados son palabras que comparten el mismo origen o raíz. En los párrafos que están enmarcados con un corchete, subraya los cognados en español de las siguientes palabras en inglés: *doctor, imagine, clarity*.

Análisis literario

Las **tragedias de Shakespeare** suelen tener personajes con **defectos trágicos** y sucesos relacionados que causan un desastroso final para el personaje. Lee los párrafos enmarcados con un corchete. ¿Qué hace la señora Macbeth mientras camina sonámbula? ¿Cómo podría afectar esto al rey Macbeth?

_____

_____

_____

Verifica tu comprensión

¿Qué ve el doctor hacer a la señora Macbeth cuando camina sonámbula?

_____

_____

_____

de La tragedia de Macbeth, Acto V

William Shakespeare

Acto V, escena i se desarrolla tarde en la noche en el castillo de Macbeth.

Un doctor habla con una de las damas de compañía de la señora Macbeth. Ella le explica que últimamente la reina ha estado sufriendo de sonambulismo. La señora Macbeth entra, sonámbula, llevando una vela. Sus ojos están abiertos y mueve sus manos como si se las estuviera lavando.

◆ ◆ ◆

Señora Macbeth: Todavía hay una mancha.

Doctor: ¡Ah! Está hablando. Voy a anotar todo lo que dice para recordarlo luego con claridad.

Señora Macbeth: ¡Fuera, mancha maldita! ¡Fuera, he dicho! Uno, dos, ¿por qué esta vez no quiere salir? ¡Maldición, está todo oscuro! ¡Uf, mi señor, uf! ¿Un soldado? y tengo miedo. ¿Quién sabe qué deberíamos temer cuando nadie puede pedirnos cuentas? Sin embargo, quién se iba a imaginar que ese viejo tuviera tanta sangre?

Doctor: ¿Oíste eso?

Señora Macbeth: El Barón de Fife tenía una esposa. ¿Dónde está ella ahora? ¿Qué, estas manos nunca estarán limpias? ¡Ya no más, mi señor, ya no más! Tú dañaste todo desde el principio!

Doctor: ¡Vete, vete! Ya te has enterado de más de lo que debías.

Dama de compañía: Ella ha dicho lo que no ha debido, estoy segura de eso. Sabe Dios lo que ella sabe.

Señora Macbeth: Aún está aquí el olor a la sangre. Ni todos los perfumes de Arabia podrán endulzar esta mano pequeña. ¡Oh, oh, oh!

◆ ◆ ◆

El doctor dice que no puede ayudar a la señora Macbeth. Esta sale de la escena.

◆ ◆ ◆

Doctor: Se escuchan murmullos desagradables fuera del país. Hechos anormales producen problemas anormales. Mentes infectadas revelan a sus almohadas todos sus secretos. Ella necesita más de la ayuda divina que de la de un médico. ¡Dios, Dios, perdónanos! Cuídala; haz desaparecer de ella todo lo que la aflige y mantén tu mirada en ella. Así que, buenas noches. Ella ha vencido mi mente y estoy asombrado. Pienso, pero no me atrevo a hablar.

Dama de compañía: Buenas noches, mi buen doctor.

◆　◆　◆

Acto V, escena ii se desarrolla en el campo, cerca del castillo.

Los nobles escoceses esperan con sus soldados. Se están preparando para luchar contra Macbeth. Uno de ellos reporta que Malcolm y Macduff se encuentran cerca con Siward, el general del ejército inglés, y sus tropas. Todos se reunirán cerca del bosque Birnam.

Acto V, escena iii se desarrolla en el castillo de Macbeth.

Macbeth está reunido con varias personas, incluso Seyton y el doctor de la señora Macbeth. Macbeth discute sobre la batalla que se aproxima.

◆　◆　◆

Macbeth: No me traigan más reportes. ¡Qué vuelen todos esos reportes, hasta que el Bosque de Birnam sea transferido a Dunsinane! No puedo contaminarme con miedo. ¿Qué ha sido de ese muchacho Malcolm? ¿No es nacido él de mujer? Los espíritus que conocen todas las consecuencias mortales me han dicho lo siguiente: "No temas, Macbeth; ningún hombre nacido de mujer tendrá poder sobre ti". Así que, desaparezcan caballeros falsos y únanse con los ingleses epicúreos. La mente con la que me inclino y el corazón que me sostiene nunca se podrán hundir con duda, ni ser estremecidos por el miedo.

◆　◆　◆

Un atemorizado sirviente le dice que su enemigo tiene 10 000 tropas. Macbeth jura que luchará hasta el final. Luego, Macbeth le pregunta al doctor acerca de la enfermedad de su esposa. El doctor le dice que ella no está enferma, pero que está angustiada con alucinaciones. Macbeth se enfada.

◆　◆　◆

TOMAR NOTAS
Take Notes

Estrategia de lectura

Cuando piensas en las creencias de los personajes, **relacionas la obra al período histórico** en la que se escribió. Lee las líneas subrayadas. ¿Qué cree el doctor sobre la señora Macbeth? ¿Cómo su opinión de que la señora Macbeth necesita ayuda divina refleja las creencias de sus tiempos?

_____

_____

_____

Verifica tu comprensión

Lee el párrafo enmarcado con un corchete. ¿Qué crees que va a pasar durante la batalla?

_____

_____

_____

Desarrollar el vocabulario en inglés: Identificar cognados

En el párrafo que está enmarcado con un corchete, subraya los cognados en español de las siguientes palabras en inglés: *reports, spirits, consequences, false.*

Verifica tu comprensión

¿Por qué está enojado Macbeth con el doctor de su esposa?

_____

_____

_____

Desarrollar el vocabulario en inglés: Identificar cognados

En los párrafos que están enmarcados con un corchete, subraya los cognados en español de las siguientes palabras en inglés: *minister, memory, antidote, patient.*

Verifica tu comprensión

¿Qué le dice Malcolm a las tropas inglesas y escocesas que hagan para ocultarse?

_____

_____

_____

Verifica tu comprensión

¿Qué le pasa a la señora Macbeth?

_____

_____

_____

Macbeth: Cúrala de eso. ¿No puedes ministrar una enfermedad mental, arrancar de la memoria un sufrimiento enraizado, borrar los problemas escritos del cerebro y, con algún dulce <u>antídoto</u> imperceptible, limpiar su busto hermoso de esa sustancia <u>peligrosa</u> que agobia su corazón?

Doctor: Con respecto a eso, el paciente debe tratarse a sí mismo.

Macbeth: Lancen al médico a los perros; ya es suficiente. Ven, ponme mi armadura. Dame mi vara.

◆ ◆ ◆

Acto V, escena iv se desarrolla en el Bosque de Birnam, poco después.

Malcolm está con Macduff y las tropas inglesas y escocesas. Malcolm le ordena a los hombres que corten ramas de árboles para usarlas como camuflaje. Se ponen en marcha hacia el castillo de Dunsinane.

Acto V, escena v se desarrolla dentro del castillo.

◆ ◆ ◆

Macbeth: Cuelga los estandartes en las paredes del exterior. El grito sigue siendo: "¡Ya vienen!". La fortaleza de nuestro castillo se reirá del **asedio** con desprecio.

◆ ◆ ◆

Macbeth dice que el ejército del enemigo morirá de hambre y enfermedad durante el asedio.

◆ ◆ ◆

[El llanto de mujeres se escucha adentro.]

Macbeth: ¿Qué es ese ruido?

Seyton: Es el llanto de las mujeres, mi querido señor.

◆ ◆ ◆

Macbeth reflexiona que, después de todo el horror que ha visto en su vida, ya nada lo puede atemorizar.

◆ ◆ ◆

Macbeth: ¿Cuál es el motivo[1] de su llanto?

Seyton: La reina, mi señor, ha fallecido.

Palabras de uso diario

asedio *s.* ataque o bloqueo contra un lugar fortificado

1. **motivo** *s.* causa, razón

Macbeth: Su muerte era inevitable². Hubiera habido tiempo para recibir esta palabra³. Mañana, y mañana y el día siguiente se arrastran a pasos insignificantes hasta la última sílaba de los tiempos. Y el ayer alumbra el camino de los necios hacia la muerte polvorienta. ¡Apágate, apágate, vela pasajera! La vida no es más que una sombra caminante, un actor inepto que se pavonea, pero se inquieta cuando está en el escenario y luego, no se escucha más de él. Es un cuento contado por un idiota, lleno de sonido y furia, pero sin ningún significado.

◆ ◆ ◆

Acto V, escena vi se desarrolla inmediatamente después, en el campo de batalla.

> Malcolm, Macduff, Siward y sus tropas se reúnen cerca del castillo de Macbeth. Malcolm le dice a sus hombres que suelten las ramas para la batalla y Macduff les ordena que toquen las trompetas.

Acto V, escena vii se desarrolla en otra parte del campo de batalla, un poco más tarde.

Macbeth se reúne con el hijo del general Siward. El joven Siward le pregunta quién es y Macbeth revela su identidad.

◆ ◆ ◆

Macbeth: Mi nombre es Macbeth.

Joven Siward: Ni el mismo diablo pudiera pronunciar un nombre más odiado para mi oído.

Macbeth: No, no más temor.

Joven Siward: Mentiroso, tirano detestable, con mi espada probaré las mentiras que salen de tus labios.

[Luchan y el joven Siward es asesinado.]

Macbeth: Tú naciste de mujer. Pero sonrío a las espadas, con desprecio me río de las armas que son ondeadas por hombres nacidos de mujer.

◆ ◆ ◆

Macbeth sale y Macduff entra poco después.

◆ ◆ ◆

Macduff: El ruido proviene de aquí. ¡Tirano, muestra tu cara!

◆ ◆ ◆

2. **inevitable** *adj.* que no se puede prevenir
3. **palabra** *s.* mensaje

Verifica tu comprensión

Lee las oraciones subrayadas. ¿Qué quiere decir Macbeth? Explica con tus propias palabras.

_____

_____

_____

Desarrollar el vocabulario en inglés: Identificar cognados

En el párrafo que está enmarcado por un corchete, subraya los cognados en español de estas palabras en inglés: *troops, castle, trumpets.*

Verifica tu comprensión

¿Qué quiere decir Macduff cuando exclama: "mi voz es mi espada"?

_____

_____

_____

Desarrollar el vocabulario en inglés: Identificar cognados

En el párrafo que está enmarcado por un corchete, subraya los cognados en español de estas palabras en inglés: *vulnerable, difficult, impression, privileged.*

Estrategia de lectura

Las oraciones subrayadas explican que Macbeth se arrepiente de haber prestado atención a las brujas. Piensa en las oraciones. ¿Qué creencias tenía la gente en aquel **período histórico**?

_____

_____

_____

Verifica tu comprensión

Macduff le dice a Macbeth que "lo van a pintar en un poste" con un letrero debajo de él. Según Macduff, ¿qué va a decir el letrero? Subraya la oración que te lo indica.

Macduff está decidido a matar a Macbeth. El general Siward reporta que su lado está ganando. Siward le dice a Malcolm que ya puede invadir el castillo.

Acto V, escena viii se desarrolla en el campo de batalla.

◆   ◆   ◆

Macduff: ¡Da la vuelta, perro del infierno, da la vuelta!

Macbeth: De entre todos los hombres, es a ti a quien he evitado más. ¡Pero aléjate! Mi alma ya está muy cargada con tu sangre fina[4].

Macduff: No tengo palabras: ¡mi voz es mi espada, aunque villanos más ensangrentados que palabras podrían terminar contigo!

[Luchan; suena la alarma de combate.]

Macbeth: Hacerme sangrar sería tan difícil como dejar una impresión en el aire con tu espada. Deja que tu espada recaiga sobre cascos vulnerables. Yo tengo una vida muy privilegiada, la cual no cederá ante un hombre nacido de mujer.

Macduff: Echa a un lado tu privilegio; y pídele al ángel, a quien has servido, que te diga que Macduff fue arrancado del vientre de su madre.[5]

Macbeth: ¡Maldita sea la lengua que profetizó en mi contra porque ha intimidado mi hombría! Que no se crean más a estos demonios tramposos que nos engañan con el doble sentido, que nos susurran promesas al oído y quebrantan nuestra esperanza. No lucharé contigo.

Macduff: Pues, date por vencido, cobarde. Y vive para que te contemplen y seas la exhibición de la era. Te tendremos como uno de los monstruos más raros, pintado sobre un poste con un letrero debajo que diga: "Aquí podrán ver al tirano".

Macbeth: No asentiré a besar el suelo que pisa el joven Macduff y ser la carnada de la maldición de una turba. Aunque el mismo Bosque Birnam venga a Dunsinane[6] y tú, que no has nacido de mujer, te opongas, me mantendré firme hasta lo último. Delante de mi cuerpo, lanzo mi escudo de guerra. Adelante, Macduff; y maldito sea el que primero exclame: "¡Me rindo!"

◆   ◆   ◆

---

4. **Mi alma... sangre fina** Macbeth había ordenado el asesinato de la esposa y los hijos de Macduff.

5. **Macduff fue... madre** La madre de Macduff murió antes de que él naciera.

6. **Bosque Birnam... Dunsinane** Los soldados de Malcolm sostenían ramas mientras marchaban hacia el castillo de Macbeth.

Macduff mata a Macbeth. En frente de los soldados, Macduff proclama a Malcolm, hijo de Duncan, como el nuevo rey de Escocia.

◆   ◆   ◆

[Entra Macduff con la cabeza de Macbeth.]

Macduff: ¡Salve, Rey, porque lo es! He aquí la cabeza del usurpador. Ha llegado la hora de la libertad.[7] Te veo rodeado de la perla de tu reino, a cuyos pensamientos le doy voz: ¡Salve, Rey de Escocia!

Todos: ¡Salve, Rey de Escocia!

◆   ◆   ◆

Con la promesa de que recompensará a los que lo apoyaron, Malcolm invita al ejército a su coronación.

---

7. **Ha llegado... libertad** Nuestro país es libre.

Desarrollar el vocabulario en inglés: Identificar cognados

En los párrafos que están enmarcados por un corchete, subraya los cognados en español de estas palabras en inglés: *liberty, usurper, pearl.*

Piensa en la selección
Thinking About the Selection

1. Usa el organizador gráfico para anotar las emociones que expresan los personajes de *Macbeth, Acto V*.

Palabras o acciones	Emoción que expresa
La señora Macbeth mueve sus manos como si se las estuviera lavando.	
Macbeth conversa sobre su muerte que ocurrirá en manos de un hombre que no ha nacido de mujer.	
La respuesta de Macbeth a la descripción del doctor con respecto a la enfermedad de la señora Macbeth es: "Lancen al médico a los perros; ya es suficiente".	
Las palabras de Macduff a Malcolm son: "¡Salve, Rey, porque lo es!"	

2. **Análisis literario:** Usa ejemplos del Acto V para mostrar cada elemento de las tragedias de Shakespeare.

    El defecto del héroe: _____.

    Los sucesos que causan su desastroso final: _____.

    Escenas de mucha acción: _____.

3. **Estrategia de lectura:** Piensa en las declaraciones del doctor. ¿Qué **infieres**, o descubres, acerca del concepto de los trastornos mentales durante la época de Shakespeare?

    _____

    _____

    _____

 Coméntalo

El final de Macbeth
Conversa sobre esta declaración: Macbeth y la señora Macbeth fueron asesinados como resultado de su avaricia y ambición. Explica por qué estás o no estás de acuerdo.

ANTES DE LEER: LA POESÍA DE DONNE
Before You Read: Poetry of Donne

Vocabulario

Escucha cada palabra. Dila. Luego, lee la definición y la oración de ejemplo.

profanación *s.* La **profanación** es la falta de respeto hacia algo sagrado.

Llevar un arma a un lugar sagrado es una profanación.

laicos *s.* Los **laicos** son todos los miembros de un grupo religioso con excepción de los sacerdotes.

El sacerdote se dirigió a los laicos con una bienvenida formal.

trepidación *s.* **Trepidación** es ansiedad o miedo a algo que va a pasar.

El niño sintió trepidación por el examen que iba a tomar.

Vocabulary

Listen to each word. Say it. Then, read the definition and sample sentence.

profanation *(prahf un NAY shuhn)* *n.* A **profanation** is the act of showing disrespect for something sacred.

Carrying a weapon into a holy place is profanation.

laity *(LAY uh tee)* *n.* The **laity** are all the members of a religious group apart from the priests.

The priest addressed the laity with a formal greeting.

trepidation *(trep uh DAY shuhn)* *n.* **Trepidation** is a feeling of anxiety or fear about something that is going to happen.

The boy felt trepidation about the upcoming exam.

A. Práctica: Completa cada oración con la palabra de vocabulario correcta.

1. Decir una mala palabra en una iglesia es una _____.

2. Los _____ escucharon atentamente el sermón del sacerdote.

3. Marta sintió _____ al recordar que la noche de su concierto se aproximaba.

B. English Practice: Complete each sentence with the correct vocabulary word.

1. It is _____ to walk on the graves in a cemetery.

2. The _____ bowed their heads as the priest began to pray.

3. He walked with _____ past the older boy who bullied him.

Canción · La despedida: prohibiendo el luto · Soneto sagrado 10

John Donne

Resúmenes En **"Canción"**, el narrador está a punto de partir. Le pide a su amada que no llore su ausencia.

En **"La despedida: prohibiendo el luto"**, el narrador también le pide a su ser amado que no llore su ausencia. Se compara a sí mismo y a su amada con las dos patas de un compás. Al igual que las patas del compás, los amantes estarán unidos aún cuando estén separados.

El narrador habla con la Muerte en el **"Soneto sagrado 10"** como si esta fuese una persona. Le dice a la Muerte que no sea tan orgullosa. Una vez que la gente haya muerto y se haya ido al cielo, ya no habrá más muerte.

Summaries In **"Song,"** the speaker is going away. He asks his beloved not to mourn his absence.

In **"A Valediction: Forbidding Mourning,"** the speaker also asks a loved one not to mourn his absence. He compares himself and his beloved to the two legs of a drawing compass. Like the legs of a compass, the lovers will be linked even when they are separated.

The speaker talks to Death in **"Holy Sonnet 10"** as if Death were a person. He tells Death not to be so proud. Once people have died and gone to heaven, there will be no more death.

Guía para tomar notas

Mientras lees, usa esta tabla. Para cada poema, anota la persona a la que se dirige el narrador. También indica la idea principal que expresa el narrador.

Poema	A quién se dirige	Idea principal
"Canción"		
"La despedida..."		
"Soneto sagrado 10"		

Vocabulario

Estas palabras están subrayadas en el texto. Escucha cada palabra. Dila. Luego, lee la definición y la oración de ejemplo.

promontorio *s.* Un **promontorio** es un pedazo de tierra largo y angosto, que se extiende hasta el mar.

> *El faro estaba en la punta del promontorio.*

mansión *s.* Una **mansión** es una casa en una propiedad extensa.

> *Los miembros de la familia han vivido en la mansión durante generaciones.*

disminuir *v.* Cuando algo se **disminuye,** se vuelve menos importante o más pequeño.

> *Perder las elecciones disminuye el poder político de un candidato.*

Vocabulary

These words are translations of the words that are underlined in the text. Listen to each word. Say it. Then, read the definition and sample sentence.

promontory *(PRAHM uhn taw ree) n.* A **promontory** is a long narrow piece of land that sticks out into the sea.

> *The lighthouse stood at the tip of the promontory.*

manor *(MAN uhr) n.* A **manor** is the house of an estate.

> *Family members have lived in the manor for generations.*

diminishes *(di MIN ish uhz) v.* When something **diminishes,** it becomes less important or smaller.

> *Losing an election diminishes a candidate's political power.*

A. Práctica: Completa cada oración con la palabra de vocabulario correcta.

1. El barco chocó con el _____ porque no había un faro.

2. En la _____ lujosa se llevaban a cabo muchas fiestas.

3. La nieve sigue _____ hasta que finalmente se derrite.

B. English Practice: Complete each sentence with the correct vocabulary word.

1. Huge waves battered the _____ during the storm.

2. The _____ provided many rooms to explore.

3. Her inexperience as a supervisor _____ her authority.

Meditación 17
John Donne

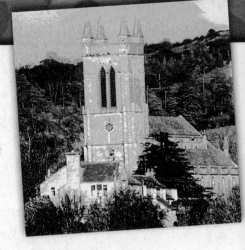

Resumen El narrador oye sonar la campana de la iglesia. El tañido de la campana significa que alguien ha muerto. El narrador se da cuenta de que algún día él también morirá. Cada persona aporta algo a este mundo. La muerte de una persona afecta a todos. La campana de la muerte suena, entonces, para todos.

Summary The speaker hears a church bell ringing. The ringing bell means that someone has died. The speaker realizes that someday he will die, too. Every person adds something to this world. One person's death affects everyone. The death bell rings, then, for everyone.

Guía para tomar notas

Lee los argumentos básicos de "Meditación 17" que aparecen en la tabla siguiente. Encuentra las comparaciones del poema que respaldan estos argumentos. Escribe las comparaciones en los óvalos a la derecha.

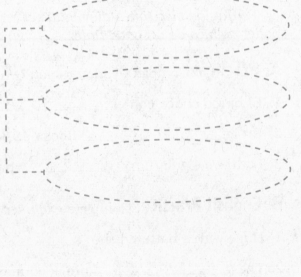

Las campanas doblan por una persona que está a punto de morir.

↓

Todos los humanos están relacionados a través de la iglesia.

↓

Las campanas llaman no solo a la persona que está a punto de morir, sino a todos nosotros.

↓

La muerte une a las personas con Dios.

↓

Al escuchar las campanas doblar por una persona que está a punto de morir, recuerdo que yo también moriré. Puedo usar ese pensamiento para acercarme más a Dios.

Meditación 17

John Donne

La meditación empieza con una cita en latín cuya traducción es: "Ahora, el suave doblar[1] de la campana que toca para otro, me dice, has de morir". Donne se plantea el significado del doblar de la campana, que suele anunciar la muerte de una persona.

◆ ◆ ◆

Quizás la persona por la que dobla la campana esté tan enferma que no reconozca que toca para ella; y quizás yo mismo piense que esté mucho mejor de lo que estoy, pero los que me rodean y han visto mi estado la toquen para mí, y yo tampoco lo sepa.

◆ ◆ ◆

Donne continúa explicando que la iglesia se ocupa de las personas. Congrega a todos los miembros. Por consiguiente, cuando un niño es bautizado, todos deberían interesarse. Cuando alguien muere, todos están también involucrados.

◆ ◆ ◆

Toda la humanidad es un volumen de un autor; cuando un hombre muere, no se arranca un capítulo del libro sino que se traduce a un mejor idioma; y todo capítulo debe ser así traducido. Dios contrata a varios traductores; algunas obras se traducen por edad, algunas por enfermedad, algunas por la guerra, algunas por la justicia.

◆ ◆ ◆

Donne hace notar que siempre escuchamos el doblar de una campana. Cuando sentimos una conexión con la campana, estamos unidos a Dios.

◆ ◆ ◆

1. **doblar** v. tocar

TOMAR NOTAS
Take Notes

Estrategia de lectura

Para **establecer el propósito de la lectura** debes imaginar la **situación del narrador** y descubrir su **motivación,** o razón por la que escribe. Vuelve a leer el primer párrafo. ¿Cuál es la motivación de Donne?

_____

_____

_____

Verifica tu comprensión

Haz un resumen de las creencias del autor sobre la relación entre las personas.

_____

_____

_____

Análisis literario

Este poema tiene elementos de la **poesía metafísica:** los **conceptos,** o comparaciones de objetos o ideas distintas; las **paradojas,** o imágenes y descripciones que parecen contradecirse. En el párrafo enmarcado por un corchete, ¿con qué compara Donne al ser humano?

a. un idioma extraño
b. un capítulo de un libro
c. Dios
d. un traductor

Desarrollar el vocabulario en inglés: Identificar cognados

Los cognados son palabras que comparten el mismo origen o raíz. En el párrafo que está enmarcado por un corchete, subraya los cognados en español de las siguientes palabras en inglés: *express, suffering, benefit, security, depends.*

Ningún hombre es una isla, completo en sí mismo; todo hombre es un pedazo del continente, una parte de tierra firme[2]. Si el mar se llevara lejos un terrón[3], Europa perdería. Sería como si se llevara un promontorio, como si se llevara la mansión de tu amigo o la tuya. La muerte de cualquier hombre me disminuye porque soy parte de la humanidad. Por eso nunca preguntes por quién doblan las campanas; están doblando por ti.

[Detente un momento para reflexionar.]

◆ ◆ ◆

Donne expresa que el sufrimiento nos beneficia. El sufrimiento nos hace crecer. Nos acerca más a Dios. Cuando nos enteramos del sufrimiento de otra persona, nos acordamos de que nuestra seguridad depende de Dios.

2. **tierra firme** *s.* continente
3. **terrón** *s.* montón de tierra

Piensa en las selecciones
Thinking About the Selections

1. En "Meditación 17", Donne argumenta que todas las personas están conectadas. Lo que le pasa a una persona afecta a todas las personas. Para mostrar esta conexión, Donne compara a las personas con dos cosas. Usa esta tabla para identificar las dos cosas con las que compara Donne a las personas.

Primero, Donne compara a las personas con:	Después, Donne compara a las personas con:

2. **Análisis literario:** ¿Cuál es la **paradoja,** o aparente contradicción, que usa Donne en el último párrafo de "Meditación 17"?

   _____

   _____

3. **Estrategia de lectura:** Para establecer el propósito de lectura debes **identificar la situación y la motivación del narrador.** Imagina las circunstancias del narrador y determina sus razones para hablar o actuar. Elige uno de los poemas de John Donne. ¿Quién es el narrador? ¿Cuál es su **situación** y su **motivación**?

   _____

   _____

 ¿Y qué del miedo?

¿Crees que el narrador del "Soneto sagrado 10" le tiene miedo a la muerte? Conversa con un compañero o una compañera sobre tu opinión.

Yo creo que el narrador [teme / no teme] la muerte porque _____

_____.

Vocabulario

Escucha cada palabra. Dila. Luego, lee la definición y la oración de ejemplo.

íntegro(a) *adj.* Algo que está **íntegro** está en buenas condiciones y no tiene ningún daño.

   El inspector de seguridad examinó la pared para asegurarse de que estuviera íntegra.

divino(a) *adj.* Algo **divino** proviene de o está relacionado con Dios o algún dios.

   Muchos poetas de la antigüedad atribuían sus obras a la intervención divina.

corona *s.* Una **corona** es un círculo de hojas o flores.

   La puerta estaba decorada con una corona de pino y acebo.

Vocabulary

Listen to each word. Say it. Then, read the definition and sample sentence.

sound *(SOWND) adj.* When something is **sound**, it is in good condition and not damaged in any way.

   The safety inspector checked to make sure that the wall was sound.

divine *(duh VYN) adj.* A **divine** thing comes from or relates to God or a god.

   Many ancient poets attributed their work to divine inspiration.

wreath *(REETH) n.* A **wreath** is a circle made from leaves or flowers.

   The door was decorated with a wreath of pine and holly.

A. Práctica: Completa cada oración con la palabra de vocabulario correcta.

1. Los contratistas destruyeron el viejo edificio porque ya no estaba

   _____.

2. El rey David dijo que recibió inspiración _____ para escribir los Salmos de la Biblia.

3. El ganador del maratón recibió una _____ de laurel.

B. English Practice: Complete each sentence with the correct vocabulary word.

1. The old house was _____ and passed inspection.

2. He thought his luck was due to _____ intervention.

3. The _____ of pine branches hung on the door.

Sobre mi primer hijo · Siempre estar arreglada · Canción: a Celia

Ben Jonson

Resúmenes En **"Sobre mi primer hijo"**, Jonson dice adiós a su pequeño hijo. El niño murió a los siete años.

En **"Siempre arreglada"**, Jonson dice que no admira a las mujeres que se arreglan demasiado. Prefiere la belleza que se ve más natural.

En **"Canción: a Celia"**, él expresa su amor por una mujer. Le pide que le dé miradas de amor, en lugar de copas de vino. Ella ha devuelto una corona de flores que él le envió. Ahora, la corona crece. También lleva su adorable perfume.

Summaries In **"On My First Born,"** Jonson says farewell to his young son. The boy died at the age of seven.

In **"Still to Be Neat,"** Jonson says that he does not admire women who dress up too much. He prefers beauty that looks more natural.

In **"Song: To Celia,"** he expresses his love for a woman. He asks her to give him loving looks, rather than drinks of wine. She has returned a wreath of flowers he sent to her. Now, the wreath grows. It also carries her lovely scent.

Guía para tomar notas

Elige una línea o dos de cada poema para expresar la idea principal. Escribe las líneas en esta tabla. Luego explica la idea principal en tus propias palabras.

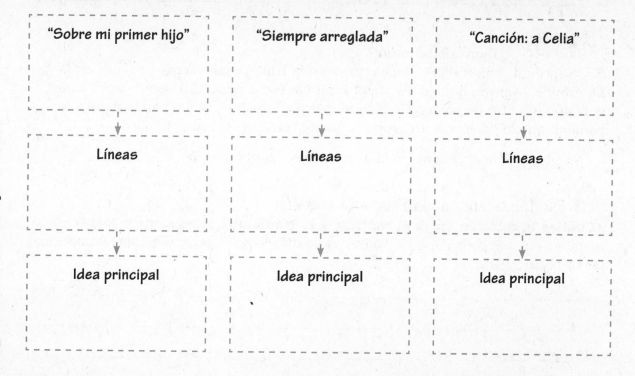

"Sobre mi primer hijo"	"Siempre arreglada"	"Canción: a Celia"
↓	↓	↓
Líneas	Líneas	Líneas
↓	↓	↓
Idea principal	Idea principal	Idea principal

Piensa en las selecciones
Thinking About the Selections

1. Completa el organizador gráfico con las respuestas a las preguntas acerca de los poemas "Siempre estar arreglada" y "Canción: a Celia".

"Siempre estar arreglada"	"Canción: a Celia"
En la primera estrofa, ¿qué descripciones da el narrador acerca de la forma en que las mujeres se visten?	¿Qué siente el narrador hacia su amante?
¿Qué clase de apariencia prefiere el narrador?	De acuerdo al narrador, ¿qué hace crecer la corona?

2. El narrador de cada uno de estos poemas se dirige a _____

   _____.

Coméntalo

¿Demasiado amor?

En "Sobre mi primer hijo", Jonson expresa la tristeza que siente después de la muerte de su pequeño hijo. El poeta jura que no se permitirá sentir tanto amor por ninguna otra persona. ¿Crees que este juramento ayuda o causa daño a la persona que lo hace? En un grupo pequeño conversa sobre el tema.

Yo pienso que el juramento [ayuda / causa daño] porque _____.

❓ Escribir acerca de la Pregunta esencial

¿Cuál es la relación entre el escritor y la tradición? ¿Crees que la forma en que Jonson se enfoca en la claridad y el equilibrio disminuye el impacto emocional de su obra? ¿Por qué?

_____

_____

_____

Vocabulario

Escucha cada palabra. Dila. Luego, lee la definición y la oración de ejemplo.

modestia *s.* Una persona que muestra **modestia** es tímida o finge ser tímida para llamar la atención de otras personas.

El caballero sentía una atracción por la modestia *de la doncella.*

plenitud *s.* Tu **plenitud** es el período de tu vida en que estás lo más fuerte y activo.

El atleta profesional estaba en la plenitud *de su vida.*

amoroso(a) *adj.* Una persona **amorosa** está llena de amor o deseo por otra persona.

La pareja amorosa *siempre se abrazaba al encontrarse.*

Vocabulary

Listen to each word. Say it. Then, read the definition and sample sentence.

coyness *(KOY nis) n.* A person displaying **coyness** is being shy or pretending to be shy in order to attract people's interest.

The knight was attracted by the maiden's coyness.

prime *(PRYM) n.* Your **prime** is the time in life when you are strongest and the most active.

The professional athlete was in his prime.

amorous *(AM uh ruhs) adj.* An **amorous** person is full of love or desire for another person.

The amorous *couple always hugged when they met.*

A. Práctica: Completa cada oración con la palabra de vocabulario correcta.

1. El actor llamó la atención del público por su _____.

2. En la _____ de su vida, Roberto fue un jugador de béisbol.

3. Mis padres siguen siendo _____ después de cincuenta años de casados.

B. English Practice: Complete each sentence with the correct vocabulary word.

1. Juanita's _____ made her interesting to young men.

2. In his _____, Jason was a mountain climber.

3. The _____ young man wrote poems for his girlfriend.

A su esquiva amada
Andrew Marvell

A las vírgenes, para que aprovechen el tiempo
Robert Herrick

Canción
Sir John Suckling

Resúmenes En **"A su esquiva amada"**, el narrador explica que el tiempo no es ilimitado. Su amada debería devolverle su amor ahora. En **"A las vírgenes, para que aprovechen el tiempo"**, el narrador también insta a las mujeres jóvenes a buscar el amor ahora. En **"Canción"** le dice a un joven que olvide a su amada si ella no lo ama.

Summaries The speaker in **"To His Coy Mistress"** explains that time is not limitless. His beloved should return his love now. The speaker in **"To the Virgins, to Make Much of Time"** also urges young women to look for love now. **"Song"** tells a young man to forget his beloved if she does not love him.

Guía para tomar notas
Usa estos diagramas para contestar las preguntas sobre cada poema.

"A su esquiva amada"	"A las vírgenes, para que aprovechen el tiempo"	"Canción"
↓	↓	↓
¿A quién se dirige el narrador? _____	¿A quién se dirige el narrador? _____	¿A quién se dirige el narrador? _____
↓	↓	↓
¿Cuál es el mensaje del narrador? _____	¿Cuál es el mensaje del narrador? _____	¿Cuál es el mensaje del narrador? _____

Piensa en las selecciones
Thinking About the Selections

1. En "A las vírgenes, para que aprovechen el tiempo", el narrador compara el tiempo que pasa con dos objetos. Haz una lista de estos objetos para completar la siguiente tabla.

"A las vírgenes..."	El narrador compara el tiempo con
Primera estrofa	
Segunda estrofa	

2. En "A su esquiva amada", el narrador y su amada no hacen la mayoría de las actividades que el narrador se imagina en la primera parte del poema porque

_____

_____.

 **Enfrentar la realidad**

En un grupo pequeño, pide a un miembro que lea "Canción" en voz alta. Luego conversen sobre el consejo que el narrador recibe de un amigo. ¿Es un buen consejo? Respalda tu punto de vista.

El consejo que se da en "Canción" [es / no es] bueno porque _____

_____.

 Escribir acerca de la Pregunta esencial

¿Cuál es la relación entre el escritor y la tradición? En estos poemas, ¿se repite mecánicamente el tema clásico de *carpe diem*, o "aprovecha el día"? ¿O se le da nueva vida a este tema? Explica.

_____

_____

_____

Vocabulario

Escucha cada palabra. Dila. Luego, lee la definición y la oración de ejemplo.

apariencia *s.* Una **apariencia** es un aspecto o una imagen.

Trató de crear la apariencia de un cuarto organizado.

imperceptible *adj.* Algo **imperceptible** no es fácil de notar o entender a menos de que pongas atención.

Hice un cambio imperceptible en la manera en que tiro la pelota.

murmullo *s.* Un **murmullo** es un sonido suave y grave que hacen las personas cuando hablan bajito.

Su voz era solo un murmullo.

Vocabulary

Listen to each word. Say it. Then, read the definition and sample sentence.

semblance *(SEM bluhns) n.* A **semblance** is an appearance or image.

He tried to bring some semblance of order to his room.

subtle *(SU tl) adj.* Something that is **subtle** is not easy to notice or understand unless you pay careful attention.

I made a subtle change to the way I pitch the ball.

murmur *(MER mer) n.* A **murmur** is a soft, low sound made by people speaking quietly.

Her voice was just a murmur.

A. Práctica: Completa cada oración con la palabra de vocabulario correcta.

1. Cuando baila, Samuel tiene la _____ de un niño contento.

2. El sonido del pequeño ratón era _____.

3. Escuché el _____ de la audiencia cuando al actor se le olvidó lo que debía decir.

B. English Practice: Complete each sentence with the correct vocabulary word.

1. Despite losing, there was a(n) _____ of pride in the team.

2. His facial expression was _____, but I knew that he was upset.

3. A _____ went through the class when Mr. Ames arrived.

Soneto VII y Soneto XIX

John Milton

Resúmenes El narrador del **"Soneto VII"** tiene 24 años. Siente que aún no ha tenido gran cantidad de logros. Que lo haga o no dependerá de la voluntad del Cielo.

El narrador del **"Soneto XIX"** se pregunta por qué es ciego. Aún tiene mucho por vivir. En primer lugar, pregunta cómo Dios puede esperar que una persona ciega, como él, logre algo. Luego, decide que la mejor manera en que puede servir a Dios es esperando pacientemente.

Summaries The speaker in **"Sonnet VII"** is 24 years old. He feels he has not yet accomplished much. Whether he does or not will depend on the will of Heaven.

The speaker in **"Sonnet XIX"** wonders why he is blind. He still has much of his life to live. First, he asks how God can expect a blind person like himself to accomplish anything. Then, he decides that he can best serve God by patiently waiting.

Guía para tomar notas

Usa el siguiente diagrama para comparar el "Soneto VII" y el "Soneto XIX". En el centro del diagrama anota las cosas que los poemas tienen en común. Anota las diferencias en cada lado.

"Soneto VII"   "Soneto XIX"

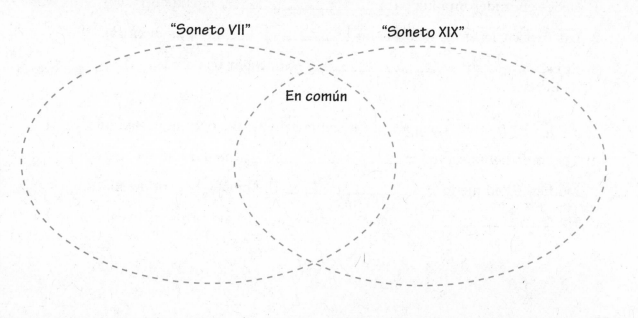

En común

Vocabulario

Estas palabras están subrayadas en el texto. Escucha cada palabra. Dila. Luego, lee la definición y la oración de ejemplo.

iluminar *v.* **Iluminar** significa alumbrar o esclarecer algo.

Ellos compraron nuevas lámparas para iluminar la sala.

justificar *v.* **Justificar** significa dar una explicación aceptable para algo que otras personas piensan es poco razonable.

De acuerdo a sus críticos, el presidente no pudo justificar sus acciones.

maña *s.* **Maña** es el uso de métodos ingeniosos, pero deshonestos, para engañar a alguien.

Su maña le permitió engañar al guardia de seguridad.

Vocabulary

These words are translations of the words that are underlined in the text. Listen to each word. Say it. Then, read the definition and sample sentence.

illumine *(i LOO muhn) v.* To **illumine** is to shed light on something.

They bought new lamps to illumine the living room.

justify *(JUS tuh fy) v.* To **justify** something is to give an acceptable explanation for something that other people think is unreasonable.

To his critics, the president could not justify his actions.

guile *(GYL) n.* **Guile** is the use of clever but dishonest methods to deceive someone.

His guile allowed him to get past the security guard.

A. Práctica: Completa cada oración con la palabra de vocabulario correcta.

1. Debes encender una luz para _____ el cuarto.

2. Las explicaciones de Rolando no _____ sus mentiras.

3. El ladrón usó su _____ para robar dos obras de Picasso.

B. English Practice: Complete each sentence with the correct vocabulary word.

1. The streetlights served to _____ the dark street.

2. Mother asked me to _____ the money I spent on shoes.

3. His _____ made everyone suspicious of his motives.

de El Paraíso perdido
John Milton

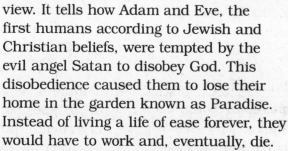

Resumen *El Paraíso perdido* es un largo poema narrativo escrito desde el punto de vista cristiano. Cuenta cómo Adán y Eva, los primeros humanos según las creencias judeo-cristianas, fueron tentados por el ángel malvado Satanás para que desobedecieran a Dios. Esta desobediencia les hizo perder su hogar en el jardín conocido como Paraíso. En lugar de disfrutar una vida de comodidades para toda la eternidad, tendrían que trabajar y, finalmente, morir.

En este pasaje del comienzo del poema, Milton explica cuál será el tema de la obra. Invoca a Urania, diosa de la astronomía y la poesía, para que lo ayude a escribir este poema. Relata cómo Satanás, quien alguna vez fue un gran ángel, se rebeló contra el gobierno de Dios. Como castigo, Dios expulsó a Satanás y a los demás ángeles rebeldes del Cielo. Estos ángeles cayeron en un lugar de fuego y oscuridad que Dios preparó para ellos. Cuando Satanás se reanima después de esta caída, su lugarteniente, Belcebú dice que han sido derrotados. Satanás, desafiante, quiere continuar la lucha contra Dios. Satanás buscará su venganza contra Dios haciendo que Adán y Eva pierdan el Paraíso.

Summary *Paradise Lost* is a long narrative poem written from the Christian point of view. It tells how Adam and Eve, the first humans according to Jewish and Christian beliefs, were tempted by the evil angel Satan to disobey God. This disobedience caused them to lose their home in the garden known as Paradise. Instead of living a life of ease forever, they would have to work and, eventually, die.

In this passage from the beginning of poem, Milton explains what his subject will be. He calls on Urania (yoo RAY nee uh), goddess of astronomy and poetry, to help him write his poem. He tells how Satan, once a great angel, rebelled against God's rule. In punishment, God hurled Satan and the other rebel angels out of heaven. These angels fell to a place of darkness and fire that God prepared for them. As Satan revives after his fall, his lieutenant Beelzebub (bee EL zuh bub) says that they are defeated. Satan is defiant and wants to continue the struggle against God. Satan will seek revenge against God by causing Adam and Eve to lose Paradise.

Guía para tomar notas

Usa el siguiente diagrama para anotar los elementos épicos de *El Paraíso perdido*.

Presentación del tema	Invocación: clamor por ayuda	Comenzar el cuento en medio de la acción

Desarrollar el vocabulario en inglés: Identificar cognados

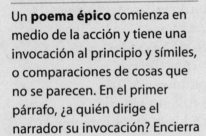

Los cognados son palabras que comparten el mismo origen o raíz. En el primer párrafo enmarcado con un corchete, subraya los cognados en español de estas palabras en inglés: *disobedience, fruit, mortal, Eden.*

Análisis literario

Un **poema épico** comienza en medio de la acción y tiene una invocación al principio y símiles, o comparaciones de cosas que no se parecen. En el primer párrafo, ¿a quién dirige el narrador su invocación? Encierra en un círculo la respuesta en el texto.

Verifica tu comprensión

¿Qué mandamiento de Dios desobedecen Adán y Eva?

_____

_____

_____

Desarrollar el vocabulario en inglés: Identificar cognados

En el último párrafo enmarcado por un corchete, subraya los cognados en español de estas palabras en inglés: *Serpent, rebellion, vengeance.*

de El Paraíso perdido
John Milton

La Musa Celestial[1] canta sobre la primera desobediencia del hombre, del fruto de aquel árbol prohibido cuyo sabor mortal[2] trajo la muerte al mundo, y de toda la tristeza que surgió con la pérdida del Edén, hasta que un Hombre más grande[3] nos restablezca y retome su trono de paz.

♦ ♦ ♦

El narrador sugiere que la Musa es el mismo espíritu que inspiró a Moisés. Le pide entonces a ella que lo ayude a terminar el épico que está escribiendo. También le pide ayuda al Espíritu Santo.

♦ ♦ ♦

Ilumina la oscuridad dentro de mí; realza y ayuda mis debilidades para que desde la altura de este gran argumento[4] pueda **afirmar** la Providencia eterna y justificar los caminos del Señor ante los hombres.

♦ ♦ ♦

Después, el narrador le pide al Espíritu Santo que le explique por qué Adán y Eva desobedecieron el mandamiento de Dios. Estaban tan felices. Eran los amos del mundo. Lo único que tenían que hacer era obedecer a Dios y no comer el fruto del árbol del conocimiento.

♦ ♦ ♦

¿Quién fue el primero en incitarlos a su vil rebelión? Fue la Serpiente infernal cuya maña, provocada por la envidia y la venganza, engañó a la madre de la humanidad, en el momento en que su orgullo la había arrojado del cielo con toda su hueste de ángeles rebeldes. Con la ayuda de estos, **aspiraba** a reinar en gloria sobre sus compañeros.

♦ ♦ ♦

Palabras de uso diario

afirmar *v.* declarar con firmeza

aspiraba *v.* trataba de cumplir una meta

1. **Musa Celestial** Urania, diosa de la astronomía y la poesía de la mitología griega. Aquí Milton asocia a Urania con el Espíritu Santo que inspiró a Moisés. Él recibió los diez mandamientos de Dios. También escribió los primeros cinco libros de la Biblia, incluso el Génesis, el libro en el que se basa *El Paraíso perdido.*
2. **mortal** *adj.* que va a morir
3. **un Hombre más grande** Jesucristo
4. **argumento** *s.* tema

El narrador explica más acerca de los ángeles caídos. Su líder quería ser igual a Dios. Le hizo la guerra a Dios. Era muy ambicioso y bélico, pero perdió. Dios lo castigó severamente.

◆　◆　◆

El Todopoderoso lo arrojó precipitadamente del cielo etéreo y cayó en llamas y horrendas ruinas a la perdición[5] sin fin, para habitar en cadenas de corindón[6] y fuego eterno.

◆　◆　◆

Ahora Satanás es atormentado por pensamientos de tristeza y constante dolor. Se encuentra en un calabozo de fuego, pero las llamas no emiten luz. Nunca tiene paz, descanso ni esperanza. Los ángeles rebeldes están muy alejados de Dios y de la luz divina. Pronto, Satanás ve a Belcebú[7], su principal ayudante en la lucha contra Dios. Hablan del cambio de Belcebú. Alguna vez, su inteligencia eclipsó la de los otros ángeles. Se había unido a Satanás en la lucha contra Dios y ahora la miseria los une, arruinándolos a ambos por igual. Satanás le comenta a Belcebú que no se arrepiente por lo que hicieron.

◆　◆　◆

¿Qué, la batalla está perdida? No todo está perdido: ni las ganas inconquistables ni el estudio de la venganza, ni el odio inmortal ni la valentía para nunca rendirse ni ceder. ¿Y qué más no se podrá conquistar? No me podrá extorsionar[8] con su ira ni su poder para quitarme la gloria.

◆　◆　◆

Satanás le dice a Belcebú que nunca se rendirá en su lucha contra Dios. Quiere la guerra eterna. Belcebú llama a Satanás el príncipe, el jefe y el líder de los ángeles. Dice que la mente y el espíritu aún son fuertes, aunque su gloria y felicidad se hayan convertido en miseria perpetua. Luego, Belcebú expresa que está claro que Dios es el todopoderoso porque, ¿de qué otra manera hubiese podido ganar

5. **perdición** s. destrucción total
6. **corindón** s. la piedra más dura después del diamante
7. **Belcebú** Por lo general, este nombre se refiere al jefe diabólico o Satanás. En este caso se trata del principal ayudante entre los ángeles caídos.
8. **extorsionar** v. obtener a la fuerza

Estrategia de lectura

Para verificar tu comprensión, puedes **dividir oraciones largas** en partes más pequeñas. Vuelve a leer la oración subrayada. Contesta las siguientes preguntas para dividirla en partes pequeñas.

1. ¿Cuál es el sujeto? (¿Quién hace la acción?)

_____

2. ¿Cuál es el predicado simple? (¿Cuál es la acción principal?)

_____

3. ¿Cuál es el complemento directo? (¿Quién recibe la acción?)

_____

Verifica tu comprensión

¿Con quién habla Satanás en esta página?

_____

_____

Verifica tu comprensión

¿Qué es lo que Satanás planifica hacer en el futuro?

_____

_____

_____

Estrategia de lectura

Desarrolla tu comprensión y divide el párrafo que está enmarcado por un corchete en dos oraciones. A continuación escribe esas dos oraciones con tus propias palabras.

_____

_____

_____

Desarrollar el vocabulario en inglés: Identificar cognados

En el párrafo enmarcado por un corchete, subraya los cognados en español de estas palabras en inglés: *designs, reiterated, crimes, malice, seduced.*

contra semejante fuerza? Se pregunta cuán bueno es tener vida eterna, si lo que les espera es castigo perpetuo. Satanás le contesta a Belcebú:

♦ ♦ ♦

—Querubín caído, ser débil es miserable, aunque actúes o sufras[9]. Pero te aseguro que nuestra tarea jamás será hacer el Bien, sino que nuestro único deleite será el Mal, ya que va en contra de la voluntad del Todopoderoso al que nos oponemos. Si su providencia busca hacer el Bien a través de nuestra maldad, nuestra tarea será la de pervertir[10] dicho final y buscar eternamente[11] un medio para lograr el Mal a través del Bien.

♦ ♦ ♦

Satanás continúa diciendo que sus actividades le causarán a Dios pena y problemas. Nota que Dios ha reunido a los ángeles buenos en el cielo. Pareciera que, por ahora, la guerra ha terminado. Satanás ve esto como una oportunidad para descansar y para volver a reunir su ejército. Desea idear un plan para ofender a su enemigo. Mientras habla con Belcebú, Satanás se encuentra acostado, encadenado a un lago ardiente. Su cuerpo enorme se parece al de aquellos monstruos de las antiguas leyendas.

♦ ♦ ♦

El archidemonio yacía acostado, encadenado en el lago ardiente, sin levantarse ni elevar su cabeza. Pero por la voluntad del Altísimo, quedó solo con sus oscuros **designios,** para que con **reiterados** crímenes, colmara su propia condenación mientras buscaba hacer maldad a los demás; para que, enfurecido, viera cómo su malicia servía para producir infinita bondad, gracia y misericordia hacia el hombre que había seducido, pero que en él triplicaba la confusión, la ira y la venganza.

♦ ♦ ♦

Palabras de uso diario

designios *s.* planes

reiterados *adj.* repetidos

---

9. **actúes o sufras** ya seas activo o pasivo
10. **pervertir** *v.* echar a perder
11. **eternamente** *adv.* por siempre

De repente, Satanás sale de las aguas abrasadoras. Abre sus alas y despega hacia tierras secas. Belcebú lo sigue. Están contentos de haber escapado por sus propias fuerzas, sin tener que pedirle autorización al Dios de los cielos.

◆ ◆ ◆

—¿Es esta la región, el suelo, el clima? —dijo el Arcángel perdido—. ¿Es este el sitio con el que debemos reemplazar el cielo, esta afligida melancolía por aquella luz celestial? Pues así sea, porque quien ahora es el soberano puede disponer y pedir lo que sea justo. Lo mejor es estar lejos de él, quien me iguala en sabiduría, pero cuya fuerza lo ha hecho supremo por encima de sus iguales. Adiós, tierras felices, donde mora para siempre el regocijo. ¡Bienvenidos, horrores! ¡Bienvenido, mundo infernal! Y tú, profundo averno, recibe a tu nuevo señor, cuya mente no cambiará nunca, ni con el tiempo ni el lugar. La mente es un lugar y en sí misma puede hacer un cielo del infierno o un infierno del cielo. ¿Qué importa dónde resida, si soy lo que he sido y lo que siempre seré, aunque inferior a aquel que el trueno ha hecho más poderoso? Por lo menos aquí seremos libres, pues el Omnipotente no ha de haber hecho este sitio. Su celo no nos expulsará de este lugar. Aquí podremos reinar con seguridad, y para mí, reinar es ambición digna, aun cuando sea sobre el infierno: porque más vale reinar en el infierno que servir en el cielo.

◆ ◆ ◆

Satanás se pregunta por qué deben dejar a sus secuaces ángeles yacer en el fuego. ¿Por qué no reunirlos de nuevo? Juntos descubrirán qué podrían ganar en el cielo o qué más podrían perder en el infierno.

TOMAR NOTAS
Take Notes

Verifica tu comprensión

¿Por qué están contentos Satanás y Belcebú?

_____

_____

_____

Verifica tu comprensión ✎

Milton utiliza la palabra "clima" para expresar un conjunto de condiciones de una zona. Encierra en un círculo las palabras del texto que describen el clima del lugar donde viven los ángeles caídos.

Desarrollar el vocabulario en inglés: Identificar cognados

En el párrafo enmarcado por un corchete, subraya los cognados en español de estas palabras en inglés: *Satan, angels, inferno.*

Piensa en las selecciones
Thinking About the Selections

1. Usa información de *El Paraíso perdido* para completar la gráfica siguiente.

```
┌──────────────┐        ┌────────────────────────────┐        ┌──────────────┐
│ Las fuerzas  │        │ La lucha por el control de(l)│        │ Las fuerzas  │
│ del Bien     │ ─ ─ ─▶ │                            │ ◀─ ─ ─ │ del Mal      │
│ dirigidas por│        │                            │        │ dirigidas por│
└──────────────┘        └────────────────────────────┘        └──────────────┘
                                      │
                                      ▼
                        ┌────────────────────────────┐
                        │ El resultado de la lucha es que │
                        │                            │
                        └────────────────────────────┘
```

2. **Análisis literario:** El personaje principal de un **poema épico** suele tener un carácter fuerte. ¿Tiene Satanás este tipo de carácter? Explica.

_____

_____

_____

3. **Estrategia de lectura:** Divide las oraciones en partes más pequeñas para mejorar tu **comprensión.** Identifica la cláusula principal de las líneas 1 a 8 del "Soneto XIX". Pista: El punto y coma separa la cláusula principal de las cláusulas de apoyo.

_____

_____

_____

? Escribir acerca de la Pregunta esencial

¿Cuál es la relación entre el escritor y la tradición? Enfócate en un pasaje especialmente fuerte de *El Paraíso perdido*. ¿Cuáles elementos —elección de palabras, ritmo, caracterización, descripción— ayudan a Milton a reinventar la historia de los ángeles caídos?

_____

_____

_____

Vocabulario

Escucha cada palabra. Dila. Luego, lee la definición y la oración de ejemplo.

sumirse *v.* Si **te sumes** en la pena, disfrutas de estar triste porque recibes compasión de otras personas.

Patricia se sumió en la pena después de alejarse de su novio.

carga *s.* Una **carga** es algo difícil o preocupante del cual eres responsable.

Saber el secreto de su amigo se hizo una carga para el niño.

descenso *s.* Cuando haces un **descenso,** te mueves hacia abajo o comienzas a bajar.

Desde la cima de la montaña, los excursionistas comenzaron su descenso empinado.

Vocabulary

Listen to each word. Say it. Then, read the definition and sample sentence.

wallowed *(WAH lohd) v.* If you **wallowed** in sadness, you seemed to enjoy being sad, especially because you got sympathy from others.

Patricia wallowed in sadness after leaving her boyfriend.

burden *(BER dn) n.* A **burden** is something difficult or worrying that you are responsible for.

The knowledge of his friend's secret became a burden for the boy.

descent *(di SENT) n.* When you make a **descent,** you move downward or start going down.

From the mountaintop, the hikers began a steep descent.

A. Práctica: Completa cada oración con la palabra de vocabulario correcta.

1. El viudo _____ en la pena cuando perdió a su esposa.

2. Para Alejandro es una _____ seguir cuidando a su tío enfermo.

3. El _____ del helicóptero tomó poco tiempo.

B. English Practice: Complete each sentence with the correct vocabulary word.

1. She _____ in sadness when her pet cat died.

2. Babysitting his brother was a _____ that Carlos resented.

3. The airplane began a gradual _____ for the landing.

de El progreso de Peregrino
John Bunyan

Resumen En este extracto de *El progreso de Peregrino*, el narrador describe su sueño. Dos hombres llamados Flexible y Cristiano caen en un pantano. Flexible logra salir. Un hombre llamado Ayuda pasaba caminando y ayuda a Cristiano a salir del pantano. Ayuda le explica a Cristiano los secretos del pantano.

Summary In this extract of *Pilgrim's Progress,* the narrator describes his dream. Two men named Pliable and Christian fall into a bog. Pliable frees himself and walks off. A man named Help helps Christian out of the bog. Help explains the secrets of the bog to Christian.

Guía para tomar notas

Usa el siguiente diagrama para resumir las acciones de Cristiano, Flexible y Ayuda.

Cristiano	Flexible	Ayuda

Piensa en la selección
Thinking About the Selection

1. En *El progreso de Peregrino*, Peregrino llega a un lugar llamado el Pantano de Abatimiento. Completa este diagrama con las palabras y frases que Bunyan usa para describir el Pantano de Abatimiento.

Pantano de Abatimiento

2. En *El progreso de Peregrino*, Cristiano viaja de la Ciudad de Destrucción a

_____

_____.

 Solo un humano

En *El progreso de Peregrino*, Ayuda explica que el Pantano de Abatimiento es un lugar permanente donde viven el miedo, la duda y los pensamientos negativos. ¿Qué crees que dice Bunyan acerca de la naturaleza humana a través de su descripción del Pantano de Abatimiento? Conversa sobre tu opinión con un compañero o una compañera.

Creo que Bunyan dice que _____.

 Escribir acerca de la Pregunta esencial

¿Influyen los escritores en las tendencias sociales o solo las reflejan? ¿Qué muestra la selección acerca del papel que jugaba la fe en la sociedad de Bunyan? ¿Qué efecto crees que leer *El progreso de Peregrino* tendría en la fe del pueblo?

_____

_____

_____

Vocabulario

Escucha cada palabra. Dila. Luego, lee la definición y la oración de ejemplo.

epidemia *s.* Una **epidemia** es una enfermedad infecciosa, como la peste.

La peste fue una epidemia notoria.

delirante *adj.* Una persona **delirante** habla continuamente en un tono animado o ansioso, especialmente por causa de una enfermedad.

Se volvió delirante por causa de la fiebre.

importunar *v.* Una persona que **importuna** le ruega a otra persona.

El joven pasó todo el día importunando a su madre para que lo dejara tomar prestado el carro.

Vocabulary

Listen to each word. Say it. Then, read the definition and sample sentence.

distemper *(dis TEM per) n.* **Distemper** is an infectious disease, such as the plague.

The Black Plague was a notorious distemper.

delirious *(di LIR ee uhs) adj.* A **delirious** person talks continuously in an excited or anxious way, especially because of illness.

The fever caused her to become delirious.

importuning *(im puhr TOON ing) v.* An **importuning** person is pleading with someone.

The boy spent the entire day importuning his mother to let him borrow the car.

A. Práctica: Completa cada oración con la palabra de vocabulario correcta.

1. Los científicos producen vacunas para evitar las _____.

2. La niña _____ decía disparates.

3. El estudiante _____ al profesor durante toda la clase para que lo dejara salir temprano.

B. English Practice: Complete each sentence with the correct vocabulary word.

1. Because of the _____, people stayed in their homes.

2. When she became _____, we took her to the hospital.

3. Maria would not stop _____ her sister to go shopping.

de Diario del año de la peste
Daniel Defoe

Resumen La enfermedad conocida como "la peste" está matando a mucha gente en Londres. Los cuerpos son llevados en carretas. En las calles se oyen gritos de dolor. La gente llora por sus seres queridos. El narrador ve una terrible fosa en Aldgate, donde se entierran cuerpos a diario. Ve a un hombre desmayarse cuando arrojan a su esposa y a sus niños muertos en la fosa. Lo que observa es casi más de lo que puede soportar.

Summary The disease known as the plague is killing many people in London. Dead bodies are taken away on carts. Cries of grief are heard on the streets. People are mourning for their loved ones. The narrator sees a terrible pit in Aldgate where bodies are buried daily. He sees a man faint after his dead wife and children are thrown into the pit. What he witnessed is almost too much for him to bear.

Guía para tomar notas

Usa la siguiente tabla para anotar detalles de *Diario del año de la peste.*

El narrador			
¿Qué oye?	¿Adónde va?	¿Qué ve?	¿Cómo se siente?

Piensa en la selección

Thinking About the Selection

1. Usa la siguiente tabla para anotar tus respuestas a las preguntas acerca del *Diario del año de la peste.*

¿Qué suceso estaba causando grandes cambios en Londres?	
¿Por qué se cavó una gran fosa en el patio de una iglesia de Londres?	
¿Por qué va el narrador a la fosa?	
¿Qué le dice el sacristán al narrador acerca de la fosa?	
¿Por qué llama el narrador a la fosa "el cementerio común de la humanidad"?	

2. ¿Con quién se encuentra el narrador a la orilla de la fosa?

_____

Coméntalo

Testigo de la historia

El narrador del *Diario* se arriesga a contagiarse con la peste para ser testigo de lo que está pasando en las calles. ¿Crees que el narrador tomó una buena decisión? ¿Valía la pena arriesgar la vida solo para ser testigo de la peste? Conversa acerca del tema con un compañero o una compañera.

Yo [creo / no creo] que el narrador tomó una buena decisión porque _____

_____.

❓ Escribir acerca de la Pregunta esencial

¿Cuál es la relación entre el lugar y la literatura? Daniel Defoe describe gráficamente la ciudad donde vive, Londres, durante una terrible catástrofe del pasado. ¿Qué evento histórico de tu región crees que sería una buena historia?

_____

_____

_____

UNIDAD
3

ANTES DE LEER: *DE APOLOGÍA...* • *A LUCASTA...* • *A ALTEA...*
Before You Read: *from Eve's Apology...* • *To Lucasta...* • *To Althea...*

Vocabulario

Escucha cada palabra. Dila. Luego, lee la definición y la oración de ejemplo.

discreción *s.* **Discreción** es la habilidad para lidiar con una situación sin disgustar, ofender o abochornar a las personas.

Amanda le pidió que usara su discreción y no revelara la sorpresa.

reprender *v.* Cuando **reprendes** a alguien, lo reprochas por algo que ha hecho.

Su jefe lo va a reprender si no abastece los estantes correctamente.

inconstancia *s.* La **inconstancia** es la infidelidad en el amor o la amistad.

Ella acusó a sus amigas de inconstancia por olvidarse de su cumpleaños.

Vocabulary

Listen to each word. Say it. Then, read the definition and sample sentence.

discretion *(di SKRE shuhn) n.* **Discretion** is the ability to deal with situations in a way that does not upset, offend, or embarrass people.

Amanda asked her to use discretion and not give away the surprise.

reprove *(ri PROOV) v.* When you **reprove** someone, you criticize him or her for something he or she has done.

His boss will reprove him if he does not stock the shelves properly.

inconstancy *(in KAHN stuhn see) n.* **Inconstancy** is unfaithfulness in love or friendship.

She accused her friends of inconstancy because they forgot her birthday.

A. Práctica: Completa cada oración con la palabra de vocabulario correcta.

1. Los policías usan la _____ mientras investigan sus casos.

2. Mi hermano me _____ si no lo ayudo con su tarea.

3. Su _____ le costó sus amigos y su novia.

B. English Practice: Complete each sentence with the correct vocabulary word.

1. The principal used _____ when questioning the boys.

2. Kim expected Mia to _____ her for not being on time.

3. The novel's heroine learned of his _____ and left him.

de Apología de Eva en defensa de las mujeres
Amelia Lanier

A Lucasta, sobre por qué voy a la guerra · A Altea desde la cárcel
Richard Lovelace

Resúmenes "**Apología de Eva**" sugiere que fue Adán, y no Eva, quien tuvo la mayor parte de la culpa por desobedecer a Dios en el Edén. En "**Lucasta**", el narrador pide a su amada que no lo juzgue por ir a la guerra. En "**Altea**", el narrador ha sido encarcelado. Lo castigan por pelear a favor de su rey.

Summaries "**Eve's Apology**" suggests that Adam rather than Eve bears the greater blame for disobeying God in Eden. The speaker in "**Lucasta**" asks his beloved not to judge him for leaving to go to war. The speaker in "**Althea**" has been imprisoned. He is being punished because he fought for his king.

Guía para tomar notas

Para cada poema, considera tres preguntas: ¿Quién es el narrador?, ¿A quién se dirige en el poema?, ¿Cuál es su idea principal o propósito? Anota tu información en la tabla siguiente.

Poema	Narrador(a)	Audiencia	Idea principal / Propósito
"Apología de Eva..."			
"A Lucasta..."			
"A Altea..."			

Piensa en las selecciones
Thinking About the Selections

1. En "A Lucasta...", el narrador cuenta lo que piensa hacer y por qué lo debe hacer. Completa la siguiente tabla con respuestas a las preguntas acerca del poema.

¿Adónde va el narrador?	¿Quién es su nueva señora?	¿Qué ama más que a Lucasta?

2. En "Apología de Eva...", el narrador argumenta que la persona que tiene la mayoría de la culpa por la caída en desgracia de la humanidad es

_____

_____ .

Coméntalo   **Ser libre**

En "A Altea desde la cárcel", el poeta escribe que "la prisión no es solo una muralla de piedra". Conversa sobre el significado de esta línea y di si estás de acuerdo. ¿Te sentirías igual que el narrador si estuvieras en la misma situación?

Yo [me sentiría / no me sentiría] como el poeta en su situación porque

_____ .

 Escribir acerca de la Pregunta esencial

¿Cómo la literatura influye y refleja la sociedad? ¿Cuál de estos autores crees que reflejaba las actitudes sociales hacia las mujeres? ¿Cuál trataba de influenciar o cambiar esas actitudes? Explica.

_____

_____

_____

Vocabulario

Estas palabras están subrayadas en el texto. Escucha cada palabra. Dila. Luego, lee la definición y la oración de ejemplo.

primitivo(a) *adj.* Algo **primitivo** pertenece a la vida sencilla del pasado.

Las facilidades en la isla eran muy primitivas.

controversia *s.* Una **controversia** es un argumento serio en el que están involucradas muchas personas y que continúa durante mucho tiempo.

La necesidad de subir los impuestos causó una controversia en la comunidad.

conveniente *adj.* Algo **conveniente** es útil porque les ahorra tiempo a las personas o no causa problemas.

Usar un microondas es una manera conveniente de cocinar la comida.

Vocabulary

These words are translations of the words that are underlined in the text. Listen to each word. Say it. Then, read the definition and sample sentence.

primitive *(PRIM uh tiv) adj.* Something that is **primitive** belongs to a simple way of life that existed in the past.

The facilities on the island were very primitive.

controversy *(KAHN truh ver see) n.* A **controversy** is a serious argument that involves many people and continues for a long time.

The need for higher taxes caused controversy in the community.

convenient *(kuhn VEEN yuhnt) adj.* Something that is **convenient** is useful because it saves people time or does not cause problems.

Using a microwave is a convenient way to cook food.

A. Práctica: Completa cada oración con la palabra de vocabulario correcta.

1. Los inodoros _____ se llamaban letrinas.

2. El juez causó una _____ cuando liberó al criminal.

3. Para mí es _____ vivir al lado de la escuela.

B. English Practice: Complete each sentence with the correct vocabulary word.

1. They lived in a _____ cabin without electricity.

2. The candidate's attacks on his opponent caused _____.

3. Driving is a _____ way to travel across the country.

de Los viajes de Gulliver

Jonathan Swift

Resumen La novela *Los viajes de Gulliver* describe cuatro travesías imaginarias de Lemuel Gulliver, el narrador. Swift utiliza estos viajes para satirizar, o criticar con humor, las costumbres e instituciones de su época. El primer viaje lleva a Gulliver hasta Liliput, el reino de los liliputienses, que miden seis pulgadas de altura.

Summary The novel *Gulliver's Travels* describes four imaginary voyages of Lemuel Gulliver, the narrator. Swift uses these voyages to satirize, or humorously criticize, the customs and institutions of his time. The first voyage takes Gulliver to Lilliput (LIL uh put), the kingdom of the six-inch-tall Lilliputians (LIL uh PYOO shuhnz).

Guía para tomar notas

Lee cada propósito de la primera columna de la tabla siguiente. Mientras lees *Los viajes de Gulliver*, identifica los detalles que logran estos propósitos y escríbelos en la segunda columna.

Propósito	Detalles que logran este propósito
• Criticar y burlarse de las disputas religiosas entre los protestantes y los católicos de Inglaterra	
• Criticar y burlarse de las disputas religiosas entre los protestantes de Inglaterra y los católicos de Francia	
• Criticar y burlarse de los gobernantes que están sedientos de poder	

de Los viajes de Gulliver

Jonathan Swift

Estrategia de lectura

Si **analizas y evalúas la información** que proveen los **elementos del texto,** podrás **interpretar** las sátiras. Cada nota al pie de la página es un elemento del texto. ¿Qué información te dan las notas de esta página sobre la sátira de Swift?

_____

_____

_____

Desarrollar el vocabulario en inglés: Identificar cognados

Los cognados son palabras que comparten el mismo origen o raíz. En el párrafo enmarcado por un corchete, subraya los cognados en español de estas palabras en inglés: *primitive, Majesty, edict.*

Verifica tu comprensión

¿Por qué se rebela la población de Blefuscu? Subraya la respuesta en el texto.

Lemuel Gulliver, el narrador, es un médico a bordo de un barco. Sobrevive a un naufragio y nada hasta la orilla. Allí se queda dormido. Cuando despierta, nota que los liliputienses, que miden seis pulgadas de altura, lo han amarrado de pies y manos. Con el tiempo, Gulliver se hace amigo de estos pequeños humanos. Escucha atentamente las conversaciones que se llevan a cabo en el recinto de la corte liliputiense, que le recuerdan mucho a los asuntos del estado británico. Un día, Gulliver conversa con el Secretario de Asuntos Privados. Este le comenta a Gulliver que se encuentran en guerra contra la isla de Blefuscu[1]. Ambos países han estado en guerra durante los últimos tres años.

◆   ◆   ◆

Todo el mundo **tenía en cuenta** que el modo primitivo de partir huevos para comérselos era cascarlos por el extremo más ancho. Pero de niño, el abuelo de su actual Majestad fue a comer un huevo y, partiéndolo según la vieja costumbre, se cortó un dedo. Inmediatamente el emperador, su padre, publicó un **edicto** que ordenaba a todos sus súbditos que, bajo penas severísimas, cascasen los huevos por el extremo más angosto. El pueblo estaba tan resentido con esta ley, que nuestras historias cuentan que han estallado seis revoluciones, en las que un emperador perdió la vida y otro, la corona[2].

◆   ◆   ◆

Palabras de uso diario

tenía en cuenta *v.* pensaba

edicto *s.* aviso público que está respaldado por la ley

---

1. **Blefuscu** representa Francia
2. **Todo el mundo... corona** Swift está satirizando las disputas en Inglaterra entre los católicos (ancho-extremistas) y los protestantes (angosto-extremistas). Se hace referencia al rey Enrique VIII, quien "cortó" lazos con la iglesia católica, también al rey Carlos I, que "perdió la vida" y al rey Jaime, que perdió su "corona".

El Secretario le comenta a Gulliver que Blefuscu constantemente comienza las rebeliones. Manifiesta que once mil personas han elegido morir en vez de cascar el huevo por el extremo más angosto.

◆ ◆ ◆

Se han publicado cientos de cientos de grandes volúmenes sobre esta controversia, pero los libros de los ancho-extremistas han estado prohibidos por mucho tiempo. La ley también le ha prohibido ocupar cargos[3] a todo el partido.

◆ ◆ ◆

El Secretario continúa diciendo que los blefuscudianos acusan a los liliputienses. Dicen que los liliputienses no obedecen una doctrina fundamental de un gran profeta llamado Lustrog. El Secretario continúa explicando el punto de vista liliputiense.

◆ ◆ ◆

No obstante, esto se tiene por un mero retorcimiento del texto porque las palabras son estas: Que todo creyente verdadero casque los huevos por el extremo conveniente. Y, en mi humilde opinión, la conciencia de cada persona determinará cuál es el extremo conveniente o, al menos, se debe consultar al más alto magistrado[4] para que este lo determine.

◆ ◆ ◆

El Secretario continúa diciendo que los blefuscudianos se están preparando para atacar con una flota de cincuenta barcos. Gulliver dice que va a defender a los liliputienses contra todo enemigo.

Los dos reinados están separados por un canal de 800 yardas. Con marea alta mide unos seis pies de profundidad. Gulliver pide los cables y las barras de hierro más fuertes que tengan. El cable tiene el grosor del hilo y las barras de hierro parecen agujas de tejer. Triplica el cable para hacerlo más resistente. Une las barras de hierro y las tuerce para convertirlas en un gancho.

3. **ocupar cargos** trabajar en el gobierno (La Ley de Comprobación de 1673 impedía que los católicos ocuparan cargos públicos)

4. **más alto magistrado** el gobernante

TOMAR NOTAS
Take Notes

Análisis literario

La **sátira** es una obra humorística que se burla de las condiciones sociales. En la sátira se usa la **ironía,** o contradicción entre el significado de las palabras y lo que quiere decir el escritor. Lee la oración subrayada. ¿Piensa el autor que vale la pena morir para poder cascar el huevo por el extremo más angosto? Escribe *sí* o *no* y explica tu respuesta.

_____

_____

_____

Desarrollar el vocabulario en inglés: Identificar cognados

En los párrafos enmarcados por un corchete, encierra en un círculo los cognados en español de estas palabras en inglés: *Secretary, preparing, yards, cables, bars, resistent.*

Comprensión cultural

El autor menciona que el canal mide 800 yardas. La yarda, la medida inglesa de longitud, es igual a 3 pies ó 36 pulgadas. Los Estados Unidos es uno de los pocos países que no han adoptado el sistema métrico decimal para medir.

Verifica tu comprensión

¿Qué es lo que dice Gulliver para que comience una campaña en su contra?

_____

_____

_____

Desarrollar el vocabulario en inglés: Identificar cognados

En el párrafo enmarcado por un corchete, encierra en un círculo los cognados en español de estas palabras en inglés: *princes, services, value, satisfy, passions.*

Gulliver se mete en el canal y engancha cada uno de los cincuenta barcos. Los mantiene amarrados con cables. Luego corta los cables que sostienen las anclas. Mientras tanto, el enemigo le dispara miles de flechitas. Por suerte, sus lentes protegen sus ojos. Gulliver atraviesa el canal con los barcos. Al llegar a tierra, de inmediato lo hacen "nardac", que es el más alto título honorífico entre los liliputienses.

◆　◆　◆

Su Majestad quería que yo aprovechase la ocasión para traer el resto de los barcos enemigos a sus puertos. Y tan desmedida es la ambición de los príncipes que pensaba nada menos que en reducir todo el imperio blefuscu a una provincia gobernada por un virrey, en aniquilar a los ancho-extremistas desterrados y en obligar a estas gentes a cascar los huevos por el extremo angosto, lo cual lo convertiría en el único monarca del mundo entero.

◆　◆　◆

Gulliver piensa que esto es malo. Le dice que nunca ayudaría a esclavizar a un pueblo libre y valeroso. Desde ese momento empezó una campaña en contra de Gulliver. Gulliver comenta:

◆　◆　◆

¡Para los príncipes, los mayores servicios no tienen valor si no aceptas satisfacer sus pasiones!

Vocabulario

Escucha cada palabra. Dila. Luego, lee la definición y la oración de ejemplo.

aprensión *s.* La **aprensión** es la ansiedad que se siente por el futuro, especialmente cuando se trata de hacer algo desagradable.

Ella sintió aprensión durante la semana previa al examen.

infame *adj.* Algo o alguien **infame** es conocido por ser malo o malvado.

Él era el criminal más infame de toda la prisión.

integridad *s.* La **integridad** es la cualidad de ser honesto y claro acerca de lo que uno piensa que es lo correcto.

En vez de violar su integridad, él apoyó una opinión poco popular.

Vocabulary

Listen to each word. Say it. Then, read the definition and sample sentence.

apprehension *(ap ri HEN shuhn) n.* **Apprehension** is anxiety about the future, especially about dealing with something unpleasant.

She felt apprehension the week before the test.

infamous *(IN fuh muhs) adj.* Something or someone **infamous** is well-known for being bad or evil.

He was the most infamous criminal in prison.

integrity *(in TEG ruh tee) n.* **Integrity** is the quality of being honest and clear about what you believe is right.

Rather than violate his integrity, he supported an unpopular opinion.

A. Práctica: Completa cada oración con la palabra de vocabulario correcta.

1. El paciente sintió un poco de _____ antes de la operación.

2. Jack el destripador fue un asesino _____.

3. Ricardo fue contratado por la FBI por su _____.

B. English Practice: Complete each sentence with the correct vocabulary word.

1. I felt _____ as I walked to the principal's office.

2. Her arrest for bribery made her _____ in the state.

3. He told the truth because _____ was his highest value.

de Los viajes de Gulliver
Jonathan Swift

Resumen En este capítulo de *Los viajes de Gulliver*, Gulliver visita Brobdingnag. Se trata de una isla ficticia ubicada cerca de Alaska, que se encuentra habitada por gigantes. Gulliver le describe al rey de este país cómo son la política y la sociedad inglesas. El rey reacciona con indignación ante esta descripción.

Summary In this chapter of *Gulliver's Travels*, Gulliver visits Brobdingnag (BRAHB ding NAG). This is a fictional island located near Alaska that is inhabited by giants. Gulliver describes English politics and society to the king of this country. The king reacts to the description with disgust.

Guía para tomar notas

Lee cada propósito de la primera columna de la tabla siguiente. Mientras lees *Los viajes de Gulliver*, identifica los detalles que logran estos propósitos y escríbelos en la segunda columna.

Propósito	Detalles que logran este propósito
• Criticar y burlarse de las disputas religiosas entre los protestantes y los católicos de Inglaterra	
• Criticar y burlarse de las disputas religiosas entre los protestantes de Inglaterra y los católicos de Francia	
• Criticar y burlarse de los gobernantes que están sedientos de poder	

ANTES DE LEER: UNA HUMILDE PROPUESTA
Before You Read: A Modest Proposal

Vocabulario

Escucha cada palabra. Dila. Luego, lee la definición y la oración de ejemplo.

sustento *s.* El **sustento** es la comida que las personas y los animales necesitan para vivir.

El mapache escarbó nuestra basura en busca de sustento.

mercancía *s.* Una **mercancía** es un producto que se compra y se vende.

Los diamantes son una mercancía cara porque son muy raros.

eminente *adj.* Alguien **eminente** es famoso, importante y respetado.

La multitud aplaudió al líder eminente cuando llegó.

Vocabulary

Listen to each word. Say it. Then, read the definition and sample sentence.

sustenance *(SUS tuh nuhns) n.* **Sustenance** is the food that people and animals need to live.

The raccoon dug through our garbage searching for sustenance.

commodity *(kuh MAHD uh tee) n.* A **commodity** is a product that is bought and sold.

Diamonds are an expensive commodity because they are so rare.

eminent *(EM uh nuhnt) adj.* Someone who is **eminent** is famous, important, and respected.

The crowd applauded the eminent leader when she arrived.

A. Práctica: Completa cada oración con la palabra de vocabulario correcta.

1. El náufrago buscaba _____ en la isla desértica.

2. Mamá pagó por las _____ que compró en el supermercado.

3. El científico _____ ganó el Premio Nobel por su descubrimiento.

B. English Practice: Complete each sentence with the correct vocabulary word.

1. The hungry hikers found _____ from the fruit trees.

2. Apples are the main agricultural _____ in the state.

3. The _____ professor deserved respect from students.

Una humilde propuesta
Jonathan Swift

Resumen Este ensayo constituye un comentario sobre la sociedad irlandesa del siglo dieciocho. Cada vez más irlandeses sufrían por causa de la pobreza todos los días. Swift desprecia a las clases altas, ya que las considera egoístas y codiciosas. Siente que no hacen nada por terminar con esta pobreza y a menudo contribuyen a acrecentar el problema. Utilizando datos sobre la población, el desempleo y las cuestiones sociales, Swift detalla un plan aterrador para terminar con la pobreza: ¡matar a niños pobres y utilizarlos como alimento! Si su plan se tomara en serio, sería realmente espantoso. Sin embargo, Swift no desea que su plan se ponga en práctica. Su objetivo es llamar la atención hacia las desgracias sociales.

Summary This essay is a comment on Irish society during the 18th century. Growing numbers of Irish people suffered in poverty every day. Swift scorns the upper classes as selfish and greedy. He feels that they do nothing to end this poverty and often contribute to the problem. Using facts about population, unemployment, and social issues, Swift explains a frightening plan to end poverty: kill poor children and use them for food! Were his plan meant to be taken seriously, it would be truly horrifying. However, Swift does not want his plan to be followed. His purpose is to call attention to social ills.

Guía para tomar notas

Usa esta tabla para anotar dos ejemplos de cada elemento de la sátira que usa Swift.

Subestimación		
Exageración		
Sarcasmo		

Piensa en las selecciones
Thinking About the Selections

1. Completa la tabla con información de *Los viajes de Gulliver*.

Los viajes de Gulliver, Capítulo 1	*Los viajes de Gulliver*, Capítulo 2
Gulliver llega a _____.	Gulliver llega a _____.
Las personas allí miden _____ de alto.	Las personas allí son _____ que Gulliver.
La causa de la rebelión es _____ _____.	Gulliver le describe _____ al Rey.
Gulliver ayuda al Secretario y a su pueblo a _____.	Gulliver enfurece al Rey al ofrecerle hacer _____ para él.

2. **Análisis literario:** La **ironía** demuestra la diferencia entre la realidad y la apariencia o entre lo que se dice y lo que se quiere decir. Identifica un ejemplo de la ironía en *Los viajes de Gulliver*. Explica tu elección. Pista: El debate sobre cómo se debe cascar un huevo parece serio.

   _____

   _____

3. **Estrategia de lectura:** En "Una humilde propuesta", Swift alega que su **propósito** es ofrecer una "propuesta humilde" para evitar que los niños pobres sean una carga. ¿Qué detalles de la propuesta de Swift revelan un propósito más profundo?

   _____

   _____

Coméntalo   **¿Te da risa?**

La "propuesta humilde" de Swift se escribió con la intención de ser divertida. Conversa sobre si podría haber escandalizado u ofendido a las personas. ¿Qué piensas de la "propuesta"? ¿Crees que es cómica u ofensiva?

   Yo [pienso / no pienso] que la "propuesta" es ofensiva porque _____

   _____.

UNIDAD 3

ANTES DE LEER: *DE UN ENSAYO SOBRE EL HOMBRE* • *DE EL RIZO ROBADO*
Before You Read: *from An Essay on Man* • *from The Rape of the Lock*

Vocabulario

Escucha cada palabra. Dila. Luego, lee la definición y la oración de ejemplo.

estoico(a) *adj.* Una persona **estoica** no se queja ni muestra sus emociones.

Mi abuelo era estoico y nunca mostraba sus emociones.

oblicuamente *adv.* Cuando haces algo **oblicuamente,** no lo expresas de una forma directa.

Ella lo miró oblicuamente para indicarle que tenía algo en la cara.

plebeyo(a) *adj.* Algo **plebeyo** está relacionado con el pueblo común y lo que le gusta, no con las personas de la clase alta.

Para el aristócrata, las hamburguesas con queso y las papas fritas eran comidas plebeyas.

Vocabulary

Listen to each word. Say it. Then, read the definition and sample sentence.

stoic *(STOH ik) n.* A **stoic** is someone who does not complain or show his or her emotions.

My grandfather was a stoic who never showed his emotions.

obliquely *(uh BLEEK lee) adv.* When something is done **obliquely,** it is not expressed in a direct way.

She looked at him obliquely to tell him that he had something on his face.

plebeian *(pli BEE uhn) adj.* A **plebeian** thing relates to ordinary people and what they like, rather than to a high social class.

The aristocrat saw the cheeseburger and fries as a plebeian meal.

A. Práctica: Completa cada oración con la palabra de vocabulario correcta.

1. El niño fue muy _____ y no gimió cuando le enderezaron el hueso roto.

2. La señora Rodríguez miró _____ al verdadero malhechor.

3. Asistir a un club social no suele ser una actividad _____.

B. English Practice: Complete each sentence with the correct vocabulary word.

1. She was a _____ because she never cried.

2. By nodding, Bill _____ told Tia that he was leaving.

3. Tim thought bowling was _____, so he never tried it.

de Un ensayo sobre el hombre · de El rizo robado

Alexander Pope

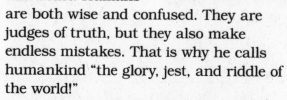

Resúmenes En este extracto de **"Un ensayo sobre el hombre",** el poeta intenta describir la naturaleza humana. Afirma que los seres humanos existen en un estado intermedio entre Dios y una bestia. Los humanos son sabios, y a la vez están confundidos. Son jueces de la verdad, pero también cometen innumerables errores. Es por ello que define al género humano como "¡la gloria, la broma y el acertijo del mundo!".

Este extracto de **"El rizo robado"** cuenta cómo el barón corta un rizo de cabello de la cabeza de Belinda. Este ridículo episodio se describe como si fuera una gran batalla de una épica. Primero, el barón y Belinda juegan a los naipes. Luego, el barón corta el cabello de Belinda. Se desata una feroz batalla por el rizo.

Summaries In the excerpt from **"An Essay on Man,"** the poet attempts to describe human nature. He claims that human beings exist in a middle state between God and beast. Humans are both wise and confused. They are judges of truth, but they also make endless mistakes. That is why he calls humankind "the glory, jest, and riddle of the world!"

This excerpt from **"The Rape of the Lock"** tells how the baron cuts a lock of hair from Belinda's head. This silly occurrence is described as if it were a major battle in an epic. First, the baron and Belinda engage in a card game. Then, the baron cuts Belinda's hair. There is a fierce battle over the lock of hair.

Guía para tomar notas

Usa el diagrama siguiente para seguir la acción en *El rizo robado*. Escribe los sucesos en el orden en que ocurrieron.

Escenario	
Sucesos	1.
	2.
	3.
Resultado	

Piensa en las selecciones
Thinking About the Selections

1. *El rizo robado* es un poema humorístico que se burla de las actividades tontas. En la siguiente tabla, contesta cada pregunta acerca del poema.

¿Quién gana el juego de naipes?	
¿Quién corta el rizo?	
¿A quién le cortan el cabello?	
¿Qué le pasa al rizo al final del poema?	

2. El narrador cuenta la lucha por el rizo en *El rizo robado* como

_____

_____.

Coméntalo   **Sobre la humanidad**

En "Un ensayo sobre el hombre", Pope escribe acerca de la humanidad: "Lo que está en duda es su preferencia por su mente o su cuerpo". Él quiere decir que el ser humano lucha por decidir qué debe cuidar: su mente o su cuerpo. Con un compañero o una compañera, conversa sobre las formas en que las personas cuidan de su cuerpo y de su mente.

Las personas cuidan de su mente al _____.

Las personas cuidan de su cuerpo al _____.

Yo [creo / no creo] que las personas puedan cuidar de ambos al mismo tiempo

porque _____.

❓ Escribir acerca de la Pregunta esencial

¿Cómo la literatura influye y refleja la sociedad? ¿Crees que el propósito principal de Pope era cambiar el comportamiento del cual se burlaba o entretener a los lectores con su burla?

_____

_____

_____

Vocabulario

Escucha cada palabra. Dila. Luego, lee la definición y la oración de ejemplo.

caprichos *s.* Los **caprichos** son cambios de opinión o comportamientos repentinos y poco razonables.

La niña frívola era conocida por sus caprichos.

adulteraciones *s.* Las **adulteraciones** son impurezas o ingredientes incorrectos e inferiores que han sido agregados.

El medicamento tenía tantas adulteraciones que no pudimos usarlo.

risible *adj.* Algo **risible** es tan tonto que merece la burla.

El vestido del payaso era risible.

Vocabulary

Listen to each word. Say it. Then, read the definition and sample sentence.

caprices *(kuh PREES iz) n.* **Caprices** are sudden and unreasonable changes of mind or behavior.

The flighty girl was known for her caprices.

adulterations *(uh dul tuh RAY shuhns) n.* **Adulterations** are impurities or added ingredients that are improper or inferior.

The medication had so many adulterations that we could not use it.

risible *(RYZ i buhl) adj.* Something that is **risible** is so stupid that it deserves to be laughed at.

The clown's outfit was risible.

A. Práctica: Completa cada oración con la palabra de vocabulario correcta.

1. Mientras desayunaba, tuve el _____ de comerme un helado de chocolate.

2. Cualquier _____ de los ingredientes dañará el flan.

3. Cantinflas era un actor que hacía el papel de personajes _____.

B. English Practice: Complete each sentence with the correct vocabulary word.

1. Because of his _____, we never knew what he might do.

2. Inspectors look for _____ in the food supply.

3. His ideas were _____ because they were so outrageous.

de Un diccionario de la lengua inglesa
Samuel Johnson

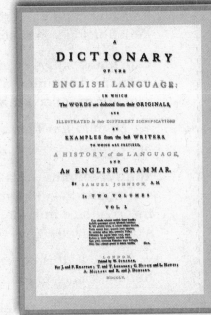

Resumen En el prólogo de este diccionario, Johnson explica que escribir un diccionario no fue una tarea fácil. Johnson debió enfrentar muchos problemas y desafíos. Tuvo que encontrar las definiciones más precisas y completas de las palabras sin la ayuda de ningún diccionario existente. Johnson admite que si bien este diccionario omite seguramente algunas palabras, de todas maneras incluye una gran cantidad de información. Las entradas de ejemplo del diccionario de Johnson van desde *athletick* hasta *youth*.

Summary In the Preface to his dictionary, Johnson explains that writing a dictionary was not an easy task. Johnson faced many problems and challenges. He had to determine the most accurate and thorough definitions of words without relying on any existing dictionaries. Johnson admits that while his dictionary certainly leaves words out, he has included a great deal of information nonetheless. The sample entries from Johnson's dictionary range from *athletick* to *youth*.

Guía para tomar notas

Mientras lees las selecciones del diccionario de Johnson, anota qué piensa el autor acerca de su tarea. Usa esta tabla para anotar lo que aprendes.

Lo que Johnson piensa de los escritores de diccionarios	Lo que Johnson piensa de la lengua inglesa	Lo que Johnson piensa de su propio diccionario	Lo que Johnson piensa de sí mismo

Vocabulario

Escucha cada palabra. Dila. Luego, lee la definición y la oración de ejemplo.

malicia *s.* Una persona que siente **malicia** tiene un fuerte sentimiento de malevolencia.

El malvado líder militar estaba lleno de malicia.

humillación *s.* La **humillación** es un comportamiento que demuestra que alguien tiene poder sobre ti.

El niño pequeño subió penosamente hasta su cuarto, sintiendo humillación después de que sus padres lo castigaron.

prejuicios *s.* Los **prejuicios** son sentimientos poco razonables de desagrado o desconfianza hacia las personas que no son como tú de alguna manera.

Trató de que sus prejuicios no afectaran la forma en que trataba a las personas.

Vocabulary

Listen to each word. Say it. Then, read the definition and sample sentence.

malignity *(muh LIG nuh tee) n.* A person who feels **malignity** has an intense feeling of ill will.

The evil warlord was full of malignity.

abasement *(uh BAYS muhnt) n.* **Abasement** is behavior that shows you accept that someone has complete power over you.

The young boy trudged up to his room in abasement after his parents grounded him.

prejudices *(PREJ uh dis iz) n.* **Prejudices** are unreasonable feelings of dislike or distrust for people who are different from you in some way.

He tried not to allow his prejudices to affect how he treated people.

A. Práctica: Completa cada oración con la palabra de vocabulario correcta.

1. El villano de la novela miró a la heroína con _____.

2. El comediante dejó el escenario sintiendo _____ después de ser abucheado por la audiencia.

3. Los _____ en contra de los judíos causaron el Holocausto durante la Segunda Guerra Mundial.

B. English Practice: Complete each sentence with the correct vocabulary word.

1. He felt _____ toward the girls who mistreated his sister.

2. Sophia lowered her head in _____ after being criticized.

3. Steve has overcome his _____ and treats all people equally.

de La vida de Samuel Johnson
James Boswell

Resumen Samuel Johnson y James Boswell se conocieron en 1763. Boswell no estaba seguro si su encuentro había resultado bien. Al pasar más tiempo con Johnson, conoció más sobre el escritor. Boswell revela mucho en su biografía acerca de esta fascinante figura.

Summary Samuel Johnson and James Boswell first met in 1763. Boswell was not sure if their meeting had gone well. As he spent more time with Johnson, he learned more about the writer. Boswell reveals much about this fascinating figure in his biography.

Guía para tomar notas

Usa esta tabla para anotar las diferentes características de Johnson que describe Boswell.

Cualidades contradictorias	Enfermedades y dolencias	Estudios y actividades intelectuales	Conversación común

Piensa en las selecciones
Thinking About the Selections

1. Completa el siguiente organizador gráfico acerca del primer encuentro entre James Boswell y Samuel Johnson de *La vida de Samuel Johnson*.

Lo que le dijo Boswell a Johnson cuando se conocieron	La respuesta de Johnson	Cómo Boswell se sintió después
	"Eso, Señor, es lo que muchísimos de nuestros compatriotas no pueden evitar".	

2. Samuel Johnson dijo que escribió su diccionario para _____
    _____.

 Puntos de vista y opiniones

Con un compañero o una compañera, conversa sobre las descripciones que hace Boswell acerca de cómo era Samuel Johnson como persona.

Boswell describe a Johnson como _____
_____.

 Escribir acerca de la Pregunta esencial

¿Gana más el autor al aceptar o al rechazar la tradición? ¿De qué formas son estos autores innovadores culturales? ¿De qué formas son conservadores culturales que tratan de preservar la herencia literaria? ¿Cómo se les podría categorizar mejor: como innovadores o como conservadores? Explica.

_____

_____

_____

Vocabulario

Escucha cada palabra. Dila. Luego, lee la definición y la oración de ejemplo.

circunscribir *v.* Cuando algo ha sido **circunscrito,** está confinado o limitado.

> *La nueva ley circunscribe el poder del Gobernador.*

ingenuo(a) *adj.* Una persona **ingenua** es sencilla, confiada y honesta, especialmente porque no ha tenido mucha experiencia en la vida.

> *El niño ingenuo le pidió al desconocido que cuidara su bicicleta mientras compraba.*

nocturno(a) *adj.* Un animal **nocturno** está activo durante la noche.

> *Los murciélagos son animales nocturnos.*

Vocabulary

Listen to each word. Say it. Then, read the definition and sample sentence.

circumscribed *(SER kuhm skrybd) v.* When something is **circumscribed,** it is limited or confined.

> *The new law circumscribed the governor's power.*

ingenuous *(in JEN yoo uhs) adj.* An **ingenuous** person is simple, trusting, and honest, especially if he or she has not had much experience in life.

> *The ingenuous boy asked a stranger to watch his bike while he shopped.*

nocturnal *(nahk TER nl) adj.* A **nocturnal** animal is active at night.

> *Bats are nocturnal animals.*

A. Práctica: Completa cada oración con la palabra de vocabulario correcta.

1. Mi nueva dieta _____ la cantidad de alimentos que puedo comer.

2. Por ser _____, Celi cayó en la trampa de los estafadores.

3. Pablo se quedó despierto durante la noche para ver los animales

   _____.

B. English Practice: Complete each sentence with the correct vocabulary word.

1. Declining membership _____ the group's effectiveness.

2. Only an _____ person would think that everyone is kind.

3. We heard _____ animals outside the cabin at midnight.

Elegía escrita en un cementerio rural · Un ensueño nocturno

Thomas Gray • Anne Finch, Condesa de Winchelsea

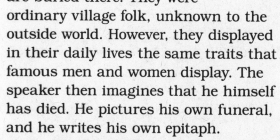

Resúmenes En **"Elegía escrita en un cementerio rural"**, el narrador camina por un cementerio rural al caer la noche. Piensa en las personas que están enterradas allí. Era gente común de la villa, desconocida para el mundo externo. Sin embargo, mostraban en sus vidas diarias los mismos rasgos que muestran los hombres y las mujeres famosos. Luego, el narrador imagina que él mismo ha muerto. Imagina su propio funeral y escribe su propio epitafio.

En **"Un ensueño nocturno"**, la narradora recorre un lugar al aire libre durante la noche. Todos sus sentidos están alertos. Ve nubes pasar y la luna reflejada en un río. Siente los aromas de las plantas y los árboles que la rodean. Escucha el sonido de las aguas que caen y el canto de los pájaros. Su espíritu se encuentra satisfecho al sentir una profunda conexión con la naturaleza.

Summaries In **"Elegy Written in a Country Churchyard,"** the speaker walks through a country churchyard as night falls. He thinks about those who are buried there. They were ordinary village folk, unknown to the outside world. However, they displayed in their daily lives the same traits that famous men and women display. The speaker then imagines that he himself has died. He pictures his own funeral, and he writes his own epitaph.

In **"Nocturnal Reverie,"** the speaker walks through a night landscape. All her senses are alert. She sees passing clouds and the moon reflected in a river. She smells odors from the plants and trees around her. She hears the sound of falling waters and the cry of birds. Feeling a deep connection with nature, her spirit is content.

Guía para tomar notas

Usa esta tabla para hacer una lista de detalles que comparten la poesía prerromántica, la poesía neoclásica y la poesía romántica. Ilustra cada cualidad de tu lista con una o varias líneas de los poemas.

Poema	Poesía neoclásica	Poesía romántica
"Elegía escrita en un cementerio rural"	• expresión pulida • vocabulario complicado	• la naturaleza y las personas sencillas • sentimientos profundos
"Un ensueño nocturno"	• expresión pulida • vocabulario complicado	• la naturaleza y las personas sencillas • sentimientos profundos

Piensa en las selecciones
Thinking About the Selections

1. En la siguiente tabla, anota datos de las dos selecciones.

	"Elegía..."	"Un ensueño nocturno"
Hora del día		
Escenario		
Acciones del/de la narrador(a)		
Idea principal		

2. En "Un ensueño nocturno", la narradora prefiere las horas nocturnas a las del

   día porque _____

   _____ .

Coméntalo **Parafraséalo**

Con un compañero o una compañera, lee en voz alta estas líneas de "Elegía escrita en un cementerio rural": "Ahora, la vista del brillante paisaje va desapareciendo y todo el aire está lleno de una quietud solemne". Luego trabajen juntos para parafrasear las líneas.

? Escribir acerca de la Pregunta esencial
¿El lugar influye en la literatura o la literatura influye en el lugar? ¿Qué características de la naturaleza encuentran Gray y Finch para ayudarles a sacar conclusiones acerca de la vida?

_____

_____

_____

Vocabulario

Escucha cada palabra. Dila. Luego, lee la definición y la oración de ejemplo.

contencioso(a) *adj.* Las personas **contenciosas** causan muchas discusiones y desacuerdos entre otros.

Le pidieron a los hombres contenciosos que se fueran del partido de baloncesto.

bagatelas *s.* Las **bagatelas** son cosas sin importancia.

Los bolsillos del niño pequeño estaban llenos de bagatelas.

adornos *s.* Los **adornos** son toques decorativos u ornamentos.

El cuento de la niña estaba repleto de adornos adicionales que ella agregó para darle sabor.

Vocabulary

Listen to each word. Say it. Then, read the definition and sample sentence.

contentious *(kuhn TEN shus) adj.* When people are **contentious,** they cause much argument and disagreement among others.

The contentious men were asked to leave the basketball game.

trifles *(TRY fuhlz) n.* **Trifles** are unimportant things.

The little boy's pockets were full of trifles.

embellishments *(im BEL ish munts) n.* **Embellishments** are decorative touches or ornamentations.

The girl's tall tale was full of extra embellishments that she added for flavor.

A. Práctica: Completa cada oración con la palabra de vocabulario correcta.

1. El maestro tuvo que separar a los niños _____.

2. En el mercado, vimos muchas _____ en los estantes.

3. Todos los años, ayudo a decorar el árbol de Navidad con _____.

B. English Practice: Complete each sentence with the correct vocabulary word.

1. The _____ attorney irritated everyone on the jury.

2. She talked of nothing but _____ to avoid offending us.

3. The room was so full of _____ that it looked cluttered.

Los objetivos de *El espectador*
Joseph Addison

Resumen Addison discute el éxito de su periódico, *El espectador*. Alrededor de 3000 copias del periódico se distribuyen cada día. Estima que 20 personas leen cada ejemplar. Por lo tanto tiene una audiencia de 60 000 lectores.

Invita a cuatro grupos de personas a leer su periódico:
- familias, que pueden disfrutar del periódico con el desayuno;
- hombres curiosos con tiempo disponible, ricos o vagos;
- las "mentes en blanco" de la sociedad, personas sin ideas propias;
- las mujeres que buscan un entretenimiento inocente y, quizás, conocimiento.

Summary
Addison discusses the success of his newspaper, *The Spectator*. About 3,000 copies of the paper are distributed each day. He estimates that 20 people read each paper. So he has an audience of 60,000 readers.

He invites four groups of people to read his paper:
- Families, who can enjoy the paper over breakfast.
- Curious men with time on their hands, wealthy or lazy men.
- The "blanks" of society, people without ideas.
- Women looking for innocent entertainment and, perhaps, knowledge.

Guía para tomar notas

En esta tabla, anota algunas de las frases coloridas que Addison usa para describir los cuatro grupos de personas.

Las familias	Los caballeros, mis buenos hermanos	Las mentes en blanco de la sociedad	El mundo femenino

Piensa en la selección
Thinking About the Selection

1. Addison anima a cuatro grupos de personas a leer su periódico. En la siguiente tabla anota el nombre de cada grupo y la razón por la que Addison piensa que cada uno se beneficiaría del periódico.

El espectador			
Grupos de lectores			
Por qué deben leer			

2. ¿De cuáles dos grupos tiene Addison la peor opinión?

_____

 ¿Qué dijo?

En un grupo, conversa sobre las opiniones que Addison expresa acerca de los grupos a los que espera venderles su periódico. Hoy en día, ¿publicaría un editor esos comentarios? Explica por qué lo haría o no lo haría.

Hoy en día, un editor [publicaría / no publicaría] esos comentarios porque

_____

 Escribir acerca de la Pregunta esencial
¿Cómo la literatura influye y refleja la sociedad? Examina lo que Addison dice acerca de su audiencia y sus metas. Luego decide si él estaba reflejando y/o influenciando las tendencias sociales.

UNIDAD 4

ANTES DE LEER: A UN RATÓN • A UN PIOJO • CORTEJADA, CASADA Y...

Before You Read: To a Mouse • To a Louse • Wood and Married and A'

Vocabulario

Escucha cada palabra. Dila. Luego, lee la definición y la oración de ejemplo.

dominio *s.* El **dominio** es el poder o el derecho de reinar sobre o controlar a la gente.

Al príncipe se le otorgó dominio sobre muchas tierras.

impudencia *s.* Cuando las personas manifiestan **impudencia,** son maleducadas y les faltan el respeto a otras personas.

Cuando el soldado raso no saludó, el general lo obligó a hacer cincuenta lagartijas como castigo por su impudencia.

atractivo(a) *adj.* Una persona o cosa **atractiva** se porta de una forma agradable y encantadora.

El actor era conocido por su temperamento atractivo.

Vocabulary

Listen to each word. Say it. Then, read the definition and sample sentence.

dominion *(duh MIN yuhn) n.* **Dominion** is the power or right to rule or control people.

The prince was given dominion over many lands.

impudence *(IM pyuh duhns) n.* When people display **impudence,** they are rude and show no respect to other people.

When the private did not salute, the general forced him to do fifty pushups as punishment for his impudence.

winsome *(WIN suhm) adj.* Someone or something **winsome** behaves in a pleasant and attractive way.

The actor was known for his winsome disposition.

A. Práctica: Completa cada oración con la palabra de vocabulario correcta.

1. El _____ de los Reyes Católicos se extendía por toda España.

2. La _____ de mi hermanito es evidente cuando no le hace caso a Mamá.

3. Ana es la niña más _____ del salón.

B. English Practice: Complete each sentence with the correct vocabulary word.

1. The king has _____ over all of his people.

2. He showed his _____ by refusing to obey orders.

3. With her _____ personality, everyone enjoyed her company.

A un ratón · A un piojo
Robert Burns

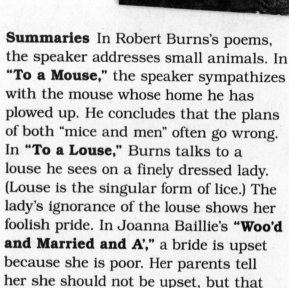

Cortejada, casada y...
Joanna Baillie

Resúmenes En los poemas de Robert Burns, el narrador se dirige a dos animales pequeños. En **"A un ratón"**, el narrador se compadece del ratón cuya madriguera ha destrozado con el arado. Concluye que los planes de ambos, "los ratones y los hombres", por lo general salen mal. En **"A un piojo"**, Burns le habla a un piojo que ve en una dama muy bien vestida. (En inglés, "louse" significa piojo y "lice", piojos.) El desconocimiento de la mujer sobre el piojo deja al descubierto su tonto orgullo. En **"Cortejada, casada y..."**, de Joanna Baillie, una novia está disgustada porque es pobre. Sus padres le dicen que no debe estar disgustada, pero eso no cambia la situación. Luego, su futuro marido la halaga y eso la reconforta.

Summaries In Robert Burns's poems, the speaker addresses small animals. In **"To a Mouse,"** the speaker sympathizes with the mouse whose home he has plowed up. He concludes that the plans of both "mice and men" often go wrong. In **"To a Louse,"** Burns talks to a louse he sees on a finely dressed lady. (Louse is the singular form of lice.) The lady's ignorance of the louse shows her foolish pride. In Joanna Baillie's **"Woo'd and Married and A',"** a bride is upset because she is poor. Her parents tell her she should not be upset, but that does not help. Then her husband-to-be flatters her and comforts her.

Guía para tomar notas

Usa esta tabla para anotar detalles sobre los poemas.

	Cómo el narrador encuentra su tema	A quién/qué se dirige el narrador	El mensaje principal del narrador
"A un ratón"	El narrador está arando en el campo y destroza la madriguera del ratón.		
"A un piojo"			
"Cortejada, casada y..."			

Piensa en las selecciones
Thinking About the Selections

1. Usa la tabla siguiente para anotar detalles sobre los dos poemas.

Poema	Sujeto	Idea principal
"A un piojo"		
"Cortejada, casada y…"		

2. En "A un ratón", el narrador dice que el ratón, aunque no tenga hogar, está

    bendecido porque _____

    _____.

Coméntalo **En un dialecto**

Los poetas que escribieron estas selecciones pudieron haberlas escrito en un inglés estándar, pero prefirieron escribirlas en un dialecto. En un grupo pequeño, comenta por qué escribiría un autor en el dialecto de su región o área. ¿Por qué es importante el uso del dialecto para un autor o para sus lectores?

    Yo [estoy / no estoy] de acuerdo con la idea de que escribir en un dialecto es

importante porque _____.

Escribir acerca de la Pregunta esencial

¿Cómo la literatura influye y refleja la sociedad? Estos poetas tienen "ojos de águila" porque analizan el comportamiento de las personas en situaciones sociales. Elige uno de los poemas y escribe acerca de lo que nota el poeta sobre el comportamiento de las personas.

_____

_____

_____

Vocabulario

Escucha cada palabra. Dila. Luego, lee la definición y la oración de ejemplo.

valles *s.* Los **valles** son depresiones anchas y profundas en la superficie de la Tierra.

    Los campistas planearon un viaje que los llevaría por algunos valles.

inmortal *adj.* Cuando algo es **inmortal,** vive o continúa para siempre.

    Se dice que las aguas de la fuente mítica de la juventud vuelven inmortal al que las beba.

enfurruñarse *v.* Si **te enfurruñas,** te enojas y no hablas con nadie.

    La niña se enfurruñó después de ser castigada.

Vocabulary

Listen to each word. Say it. Then, read the definition and sample sentence.

vales *(VAYLZ) n.* **Vales** are broad low valleys on Earth's surface.

    The campers plotted a trip that would take them through a number of vales.

immortal *(im OR tuhl) adj.* When something is **immortal,** it lives or continues forever.

    The waters of the mythical fountain of youth are said to make their drinker immortal.

sulk *(SULK) v.* If you **sulk,** you become angry and you don't talk to anyone.

    The girl sulked after being grounded.

A. Práctica: Completa cada oración con la palabra de vocabulario correcta.

1. El Distrito Federal está ubicado en un _____ de México.

2. No quisiera ser _____ y vivir más que todos los miembros de mi familia.

3. El niño castigado _____ al tener que sentarse aparte.

B. English Practice: Complete each sentence with the correct vocabulary word.

1. Grassy _____ extended between the forested hills.

2. The _____ Greek gods lived on Mount Olympus.

3. She would _____ when she couldn't get what she wanted.

El cordero · El tigre · El deshollinador · Tristeza infantil

William Blake

Resúmenes En **"El cordero"**, el narrador del poema es un niño. El niño pregunta sobre un cordero. El narrador explica que el Creador los creó a ambos. En **"El tigre"**, un narrador adulto se pregunta quién pudo haber creado a un ser tan aterrador. En **"El deshollinador"**, un niño llamado Tom tiene un sueño que cambia su actitud frente a la vida. En **"Tristeza infantil"**, el narrador es un bebé que describe la vida como una especie de trampa.

Summaries
In **"The Lamb,"** the speaker of the poem is a child. The child asks questions of a lamb. The speaker explains that the Creator made them both. An adult speaker in **"The Tyger"** wonders who could have made such a frightening creature. In **"The Chimney Sweeper,"** a child named Tom has a dream that gives him a new attitude toward life. In **"Infant Sorrow,"** the speaker is a baby who describes life as a kind of trap.

Guía para tomar notas

Usa esta tabla para anotar las palabras e ideas clave en cada poema.

Poema	Palabras clave	Ideas clave
"El cordero"		
"El tigre"		
"El deshollinador"		
"Tristeza infantil"		

Piensa en las selecciones
Thinking About the Selections

1. Completa la tabla siguiente para describir las acciones de la madre, el padre y el infante en "Tristeza infantil".

"Tristeza infantil"		
Acción de la madre	Acción del padre	Acción del infante

2. En "El cordero" y "El tigre", la pregunta para la que el narrador busca una

respuesta es _____

_____.

 ¡Por el amor de Dios!

En "El deshollinador", un ángel le dice a Tom en un sueño que si se porta bien y hace sus deberes, estará protegido y será feliz. ¿Ofreció el ángel un buen consejo a Tom? ¿Recibes satisfacción al hacer lo correcto? En un grupo pequeño comenta tus experiencias. Usa esta frase para iniciar tu conversación:

Yo pienso que hacer lo correcto _____.

 Escribir acerca de la Pregunta esencial

¿Influyen los escritores en las tendencias sociales o solo las reflejan? ¿Cómo inspira cada poema a los lectores a reconsiderar suposiciones acerca de la vida y la muerte?

_____

_____

_____

Vocabulario

Escucha cada palabra. Dila. Luego, lee la definición y la oración de ejemplo.

desfavorable *adj.* Un periodo de tiempo **desfavorable** se caracteriza por el mal tiempo.

El verano desfavorable fue muy lluvioso.

acceder *v.* Si **accediste,** finalmente estuviste de acuerdo con algo.

Tras meses de fastidios constantes, la madre del niño finalmente accedió y lo dejó llegar a casa una hora más tarde.

perogrullada *s.* Una **perogrullada** es una afirmación que se ha repetido muchas veces y ya no es interesante ni ingeniosa.

"Más vale prevenir que lamentar" era la perogrullada favorita de su abuela.

Vocabulary

Listen to each word. Say it. Then, read the definition and sample sentence.

ungenial *(un JEE nyuhl) adj.* An **ungenial** period of time is characterized by bad weather.

The ungenial summer was full of rain.

acceded *(ak SEED id) v.* If you have **acceded,** you have finally agreed to something.

After months of constant badgering, the boy's mother finally acceded to extending his curfew by one hour.

platitude *(PLAHT uh tood) n.* A **platitude** is a statement that has been made many times before and is not interesting or clever.

"A stitch in time saves nine" was her grandmother's favorite platitude.

A. Práctica: Completa cada oración con la palabra de vocabulario correcta.

1. Este último mes ha sido bastante _____ por todas las tormentas que hemos tenido.

2. El padre del niño por fin _____ y le dio un dulce.

3. Mi mamá cree mucho en la _____ "No hay mal que por bien no venga".

B. English Practice: Complete each sentence with the correct vocabulary word.

1. It was an _____ winter, with several blizzards.

2. After long debates, we _____ to appointing him president.

3. The politician's speech was a _____ about patriotism.

Introducción a *Frankenstein*
Mary Wollstonecraft Shelley

Resumen En esta introducción, Mary Shelley explica cómo se le ocurrió la idea de escribir *Frankenstein*. Durante una visita a Lord Byron, un grupo de amigos contó historias de fantasmas. En un principio, a Shelley no se le ocurría ninguna. Una noche, los amigos hablaron sobre experimentos que involucraban la creación de la vida. Más tarde en la noche, Shelley comenzó a imaginar una visión espantosa. Se imaginó a alguien arrodillándose frente a algo que había ensamblado, algo que mostraba señales de vida. Una vez que existiera, nadie podría detener a esa creación viviente. Shelley supo que tenía su historia. Todo lo que debía hacer era describir el terror que sintió al imaginarla.

Summary In this introduction, Mary Shelley tells how she got the idea for *Frankenstein*. While visiting Lord Byron, a group of friends told ghost stories. At first, Shelley couldn't think of one. One night, the friends discussed experiments that involved creating life. Later that night, Shelley began to imagine an awful sight. She pictured someone kneeling over a thing he had put together, a thing that showed signs of life. Once created, the living creation could not be stopped. Shelley knew she had her story. All she had to do was describe the terror she felt in her imagination.

Guía para tomar notas
Usa esta tabla para anotar detalles acerca de la "Introducción a *Frankenstein*".

Quién(es) está(n) involucrado(s):
Cuándo sucede:
Dónde sucede:
Qué sucede:
Cómo sucede:

Piensa en la selección
Thinking About the Selection

1. Usa la tabla para anotar detalles sobre "Introducción a *Frankenstein*".

"Introducción a *Frankenstein*"		
Tres formas en que Mary Shelley quiso que su historia de fantasmas "despertara un horror emocionante" en los lectores	Lo que ella imaginó "con los ojos cerrados, pero con una visión mental aguda"	Lo que sucedió para que su historia se convirtiera en novela
Ella quiso	Ella imaginó la terrible visión de	

2. Después de una noche sin dormir, Mary Shelley intentó olvidarse de lo que se

   había imaginado, pero _____

   _____ .

Coméntalo   **¡Le tengo terror!**

Shelley dijo que le tenía miedo a la imagen del monstruo de Frankenstein. Con un grupo pequeño, comenta qué te da miedo. ¿Las cosas más espantosas son las que te imaginas o las cosas reales?

Las cosas que más me dan miedo son _____ .

? **Escribir acerca de la Pregunta esencial**

¿Cuál es la relación entre el escritor y la tradición? ¿Cómo crea Shelley su novela *Frankenstein* a partir de las imágenes de su sueño?

_____

_____

_____

UNIDAD

4

ANTES DE LEER: VERSOS ESCRITOS...
Before You Read: Lines Composed...

Vocabulario

Estas palabras están subrayadas en el texto. Escucha cada palabra. Dila. Luego, lee la definición y la oración de ejemplo.

aislado(a) *adj.* Un lugar **aislado** es solitario.

La cabaña estaba escondida en una parte aislada del bosque.

perplejidad *s.* La **perplejidad** es lo que sientes cuando estás confundido(a) o desconcertado(a) por algo que no entiendes.

La perplejidad que siento al tratar de resolver los problemas de cálculo me da dolor de cabeza.

irritante *adj.* Algo **irritante** es molesto o fastidioso.

El ruido de la construcción era irritante y fue imposible concentrarme.

Vocabulary

These words are translations of the words that are underlined in the text. Listen to each word. Say it. Then, read the definition and sample sentence.

secluded *(si KLOOD id) adj.* A **secluded** place is isolated.

The cabin was tucked away in a secluded part of the forest.

perplexity *(per PLEKS uh tee) n.* **Perplexity** is the feeling of being confused or bewildered by something that you do not understand.

The perplexity I feel from trying to solve calculus problems makes my head ache.

grating *(GRAYT ing) adj.* Something that is **grating** is annoying or irritating.

The construction noise was grating and made concentration impossible.

A. Práctica: Completa cada oración con la palabra de vocabulario correcta.

1. Llegaron a una parte _____ de la playa, debajo de las palmeras.

2. Yo siento _____ cada vez que tomo un examen de química.

3. Esa locutora tiene una voz muy alta e _____.

B. English Practice: Complete each sentence with the correct vocabulary word.

1. On a _____ part of the island, we found giant turtles.

2. Her face showed _____ as she looked at the puzzle.

3. A violin played badly makes a _____ sound.

Versos escritos pocas millas más allá de la abadía de Tintern

William Wordsworth

Resumen Después de cinco años, el poeta regresa a un lugar en el campo cercano a la abadía de Tintern en Gales. El poema está dirigido a su hermana, Dorothy. El poeta explica que el recuerdo de este lugar tuvo un efecto reconfortante en él durante su ausencia. Recuerda la relación que tenía con la naturaleza cuando era niño. En contraste con aquella época, ahora el poeta adulto siente un gran espíritu en la naturaleza. El autor invita a su hermana a compartir con él sus sentimientos por el lugar y a recordar su devoción por la naturaleza.

Summary The poet revisits a country place near Tintern Abbey in Wales after five years. He addresses this poem to his sister, Dorothy. He explains that the memory of this place had a soothing effect on him during his absence. He recalls his childhood relationship to nature. By contrast, the adult poet now feels a great spirit in nature. He calls upon his sister to share his feelings for this place and to remember his devotion to nature.

Guía para tomar notas

Usa esta tabla para anotar las ideas principales del poema.

Quién	
Cuándo	
Dónde	
Qué	
Por qué	

Versos escritos pocas millas más allá de la abadía de Tintern

William Wordsworth

Han pasado cinco años desde que Wordsworth visitó el valle del río Wye y las ruinas de la abadía de Tintern en Gales. En una segunda visita, ha traído consigo a su hermana Dorothy para que comparta con él esa vivencia.

◆ ◆ ◆

¡Cinco años han pasado con sus veranos tan largos como inviernos! Y oigo de nuevo estas aguas correr montaña abajo desde sus fuentes con un suave murmullo. Nuevamente **contemplo** estas altas y escarpadas laderas, cuya imagen salvaje y aislada propicia solitarios pensamientos y une el paisaje con la quietud del cielo.

◆ ◆ ◆

El poeta se acuesta bajo un sicómoro y observa los silenciosos y tranquilos huertos y granjas que lo rodean.

◆ ◆ ◆

Durante largas ausencias, estas hermosísimas[1] formas no han llegado a mí como un paisaje a la vista de un ciego. Pero a menudo[2], entre las frías paredes y el **estrépito** de las ciudades y los pueblos, han hecho fluir dulces sensaciones por mi sangre y en mi pecho, en las horas de desaliento.

◆ ◆ ◆

El poeta atesora los recuerdos de la serenidad de la naturaleza. Lo hacen una mejor persona, más amable. También inspiran su alma. En los momentos de angustia, los recuerdos del valle del Wye le han servido de consuelo.

◆ ◆ ◆

Palabras de uso diario

contemplo *v.* miro con interés

estrépito *s.* ruido ensordecedor

---

1. **hermosísimas** *adj.* muy bellas
2. **a menudo** *adv.* frecuentemente

Verifica tu comprensión

En el párrafo enmarcado por un corchete, encierra en un círculo dos características de la escena que se podrían percibir con los sentidos del oído y de la vista.

Desarrollar el vocabulario en inglés: Identificar cognados

Los cognados son palabras que comparten el mismo origen o raíz. En el párrafo que está enmarcado por un corchete, subraya los cognados en español de las siguientes palabras en inglés: *mountain, murmur, image, solitary.*

Análisis literario

El **romanticismo** fue un movimiento literario que se destacaba por el uso de la **lírica,** o poemas que expresan mucha emoción, y la **dicción** sencilla, o elección de palabras simples. Lee las oraciones subrayadas. Anota ejemplos del uso de la lírica y la dicción sencilla.

_____

_____

_____

Verifica tu comprensión

¿Por qué el autor ve la naturaleza de otra manera? Subraya las palabras que te lo indican.

Estrategia de lectura

Al leer una obra, puedes **evaluar la influencia del período histórico**, o las ideas filosóficas, la política y otros temas de una era. Lee el tercer párrafo. Encierra en un círculo las frases que describen las ideas o a las personas de esos tiempos.
a. celosos y posesivos
b. irritados y enfurecidos
c. religiosos y espirituales
d. mentirosos y vengativos

Desarrollar el vocabulario en inglés: Identificar cognados

En el primer párrafo que está enmarcado con un corchete, subraya los cognados en español de estas palabras en inglés: *poet, nature, passionate, mature.*

Desarrollar el vocabulario en inglés: Identificar cognados

En el último párrafo que está enmarcado con un corchete, subraya los cognados en español de las siguientes palabras en inglés: *perceive, guide, guardian.*

Y ahora, con destellos de un pensamiento casi extinguido[3], débiles y tenues recuerdos y algo[4] de triste perplejidad, la imagen de la mente resucita; mientras me encuentro aquí, no solo con el presente placer, sino con la idea de que este instante nutrirá los años por venir.

◆ ◆ ◆

El poeta recuerda lo que sintió por la naturaleza cuando visitó este lugar por primera vez hace cinco años. En aquel entonces era más joven y apasionado. Ahora es más maduro y reflexivo.

◆ ◆ ◆

Porque aprendí a contemplar la naturaleza no con esa inconsciencia juvenil, sino escuchando en ella la nostálgica música de lo humano, que no es áspera ni irritante, pero tiene el poder de reprender[5] y procurar alivio. Y he sentido una presencia que me aturde con la dicha de nobles[6] pensamientos: la sublime[7] noción de algo omnipresente[8] cuyo hogar es la luz del sol poniente, el océano inmenso, el aire vivo, el cielo azul y el alma de los hombres; un rapto y un espíritu que impulsan[9] a todo lo pensado, a todo objeto de pensamiento, y que fluye en todas las cosas.

Por eso sigo siendo amante de prados, bosques y montañas, de todo cuanto vemos en esta verde Tierra, del amplio mundo del oído y de la vista —ya sea lo que a medias crean o perciban— contento de tener en la naturaleza y los sentidos el ancla de mis puros pensamientos, el guía, el guardián y la nodriza de mi alma y de mi ser moral.

◆ ◆ ◆

El poeta desea que su hermana también experimente el regocijo que ofrece la naturaleza. La quietud y la belleza de la naturaleza tienen el poder de reconfortarnos frente a todos los problemas de la vida. El poeta predice que su hermana guardará en su memoria preciados recuerdos de su visita.

◆ ◆ ◆

---

3. **extinguido** *adj.* apagado, destruido
4. **algo** *s.* cantidad indeterminada, especialmente pequeña
5. **reprender** *v.* castigar para corregir
6. **nobles** *adj.* honrosos, inspiradores
7. **sublime** *adj.* noble, de grandeza, majestuoso
8. **omnipresente** *adj.* que está en todas partes
9. **impulsan** *v.* empujan, mueven hacia adelante

Ni aun cuando ya no pueda escuchar tu voz ni ver tus ojos refulgentes del pasado, podrás olvidar que en la orilla de este río encantador estuvimos juntos y que yo, antiguo adorador de la naturaleza, llegué hasta aquí no por obligación, sino por amor —con el mayor celo del amor divino. Y también recordarás que tras los muchos viajes, muchos años de ausencia, estos peñascos y estos bosques y esta bucólica escena **pastoral** me fueron amables por sí mismos y también por ti.

Verifica tu comprensión

Según el autor, ¿cuáles son las razones por las que ama los bosques y los peñascos?

Razón 1:

_____

_____

Razón 2:

_____

_____

Desarrollar el vocabulario en inglés: Identificar cognados

En el párrafo que está enmarcado con un corchete, subraya los cognados en español de las siguientes palabras en inglés: *enchanting, obligation, divine, pastoral.*

Palabras de uso diario
pastoral *adj.* rural

Vocabulario

Escucha cada palabra. Dila. Luego, lee la definición y la oración de ejemplo.

suscitar *v.* Alguien que ha sido **suscitado,** ha sido conmovido por la emoción, el pensamiento o la acción.

Sus comentarios suscitaron sospechas en los presentes.

sórdido(a) *adj.* Algo **sórdido** se trata de un comportamiento inmoral o deshonesto.

El político deshonesto fue encarcelado por su comportamiento sórdido.

estancado(a) *adj.* Si algo está **estancado,** no cambia ni progresa.

El agua estancada estaba infestada de mosquitos.

Vocabulary

Listen to each word. Say it. Then, read the definition and sample sentence.

roused *(ROWZD) v.* When someone has been **roused,** he or she has been stirred to emotion, thought or action.

Her comments roused the suspicion of those present.

sordid *(SOR did) adj.* A **sordid** thing involves immoral or dishonest behavior.

The crooked politician was jailed for his sordid behavior.

stagnant *(STAG nuhnt) adj.* If something is **stagnant,** it does not change or make progress.

The stagnant water was swarming with mosquitoes.

A. Práctica: Completa cada oración con la palabra de vocabulario correcta.

1. El discurso del presidente _____ la duda en toda la nación.

2. Le dio vergüenza el haberse involucrado en algo tan _____.

3. La carrera del cantante se quedó _____ porque dejó de tener canciones exitosas.

B. English Practice: Complete each sentence with the correct vocabulary word.

1. The alarm clock _____ Jody from her slumber.

2. We were shocked by the _____ details of his secret life.

3. With few sales, the business was _____ for most of the month.

de El preludio · Estamos demasiado inmersos en el mundo · Londres, 1802

William Wordsworth

Resúmenes En **"El preludio"**, el narrador contrasta la promesa de libertad que existía al comienzo de la revolución francesa con la terrible realidad que le siguió. En **"Estamos demasiado inmersos en el mundo"**, el narrador afirma que las personas malgastan sus vidas al desear cosas materiales, en lugar de valorar la naturaleza. En **"Londres, 1802"**, el narrador expresa su preocupación por los tiempos presentes. Le pide al gran poeta Milton que lleve a Inglaterra de regreso a sus antiguos valores de pasión y libertad.

Summaries In **"The Prelude,"** the speaker contrasts the promise of freedom at the start of the French Revolution with the terrible reality that followed. In **"The World Is Too Much With Us,"** the speaker says people waste their lives by going after material things instead of appreciating nature. In **"London, 1802,"** the speaker expresses worry about the present time. He calls on the great poet Milton to return England to its former values of passion and freedom.

Guía para tomar notas

Usa esta tabla para anotar el mensaje principal de cada poema.

de El preludio	
"Estamos demasiado inmersos en el mundo"	
"Londres, 1802"	

Piensa en las selecciones
Thinking About the Selections

1. Usa la red para anotar los pensamientos del narrador acerca de la relación entre la humanidad y la naturaleza en "Versos escritos pocas millas más allá de la abadía de Tintern" y "Estamos demasiado inmersos en el mundo".

La relación entre la humanidad y la naturaleza

Versos escritos pocas millas más allá de la abadía de Tintern

Estamos demasiado inmersos en el mundo

2. **Análisis literario:** Vuelve a echarle un vistazo a los poemas. Identifica ejemplos de diferentes tipos de **dicción:** específica y sencilla; abstracta pero simple; abstracta y difícil.

Específica y sencilla: _____.

Abstracta pero simple: _____.

Abstracta pero difícil: _____.

3. **Estrategia de lectura:** ¿Qué te sugieren las esperanzas descritas en "El preludio" acerca del **período histórico** en el que ocurrió el romanticismo?

_____

_____

Coméntalo **Las opiniones pueden cambiar**

En "El preludio", el ánimo inicial del narrador sobre la Revolución Francesa cambia y el narrador ya no la puede apoyar. ¿Qué es lo que valora el narrador de la Revolución en sus inicios? ¿Qué sucede para que el narrador cambie de opinión? Comenta tus respuestas con un compañero o una compañera.

Al principio, el narrador está emocionado que la Revolución valore

_____. Sin embargo, cuando _____, la opinión del

narrador sobre la Revolución empieza a cambiar.

Vocabulario

Estas palabras son traducciones de las palabras que están subrayadas en el texto. Escucha cada palabra. Dila. Luego, lee la definición y la oración de ejemplo.

horrible *adj.* Una experiencia **horrible** es terrible.

Ese cruce de carreteras fue la escena de un accidente horrible.

dicha *s.* La **dicha** es una gran alegría o felicidad.

Los niños pasaron un día de dicha cuando cancelaron las clases por la nieve.

atuendo *s.* El **atuendo** es la ropa.

Los estudiantes en el baile de graduación lucieron atractivos en su atuendo formal.

Vocabulary

These words are underlined in the text. Listen to each word. Say it. Then, read the definition and sample sentence.

ghastly *(GAST lee) adj.* A **ghastly** experience is a horrible one.

That intersection was the scene of a ghastly accident.

bliss *(BLIS) n.* **Bliss** is great joy or happiness.

The children had a day of bliss when school was closed due to snow.

attire *(uh TYR) n.* **Attire** is clothes.

Students at the prom looked attractive in their formal attire.

A. Práctica: Completa cada oración con la palabra de vocabulario correcta.

1. ¡Qué pintura tan _____!

2. José se llenó de _____ cuando fue de vacaciones a Hawai por primera vez.

3. Algunas discotecas requieren que los clientes lleven un _____ formal.

B. English Practice: Complete each sentence with the correct vocabulary word.

1. Jean made a _____ mistake when she left burning candles near the curtains.

2. Sleeping late on Saturday morning was a time of _____.

3. A restaurant may require diners to wear appropriate _____.

La canción del viejo marinero · Kubla Khan
Samuel Taylor Coleridge

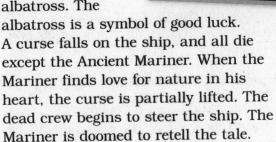

Resúmenes En **"La canción del viejo marinero"**, un viejo marinero, o marino, detiene a un invitado que se dirige a una boda. Él le cuenta al invitado sobre un viaje que realizó a través de mares desconocidos durante el cual mató a un ave llamada albatros. El albatros es un símbolo de la buena fortuna. Una maldición cae sobre el barco y todos los tripulantes mueren, excepto el anciano marinero. Cuando el marinero descubre el amor que siente en su corazón por la naturaleza, el barco se libera de la maldición parcialmente. La tripulación muerta comienza a timonear el barco. El marinero queda condenado a contar nuevamente la historia.

"Kubla Khan" es un poema inconcluso. La primera parte describe una "cúpula de placer" construida por Kubla Khan. Cerca de la cúpula se halla un profundo hoyo del que surgen cosas negativas. La segunda parte del poema describe una visión soñada de una damisela, o mujer joven, que lleva un instrumento musical llamado salterio. El narrador dice que erigiría la cúpula en el aire si pudiera escuchar nuevamente la canción de la damisela. No obstante, quienes escucharon la canción gritan "¡Cuidado!" y cierran los ojos.

Summaries In **"The Rime of the Ancient Mariner,"** an old sailor, or mariner, stops a guest on his way to a wedding. He tells the guest of a voyage through strange seas during which he killed a bird called an albatross. The albatross is a symbol of good luck. A curse falls on the ship, and all die except the Ancient Mariner. When the Mariner finds love for nature in his heart, the curse is partially lifted. The dead crew begins to steer the ship. The Mariner is doomed to retell the tale.

"Kubla Khan" is an unfinished poem. The first part describes a "pleasure dome" built by Kubla Khan. Near the dome is a deep pit from which negative things arise. The second part of the poem describes a dream vision of a damsel, or young woman, with a musical instrument called a dulcimer. The speaker says he would build the dome in the air if he could bring back her song. Yet those who heard the song would cry "Beware!" and close their eyes.

Guía para tomar notas

Usa la tabla para anotar la hora y el lugar de la acción en cada poema.

Poema	La hora y el lugar
"La canción del viejo marinero"	
"Kubla Khan"	

La canción del viejo marinero
Samuel Taylor Coleridge

Es un viejo **marinero,** y detiene a uno de tres.
—Por tu larga barba gris y tus ojos brillantes, ahora dime, ¿por qué me detienes? Las puertas del novio están abiertas por completo y soy pariente cercano. Los invitados se encuentran, la fiesta comienza: puedes oír el feliz **clamor.**

Él lo detiene con su mano **huesuda.**
—Había una vez un barco —le recita[1]—.
—¡Suéltame, retira[2] tu mano, loco de barba gris!
En un santiamén[3] deja caer su mano.

Lo detiene con ojos brillantes; el invitado a la boda se queda quieto y escucha como un niño de tres años: el marinero ha logrado lo que quería.

◆ ◆ ◆

El marinero le cuenta cómo su barco navega
hacia el sur hasta cruzar el Ecuador y cómo, luego,
una tormenta arrastra el barco hasta el Polo Sur.

◆ ◆ ◆

—Había hielo por aquí y hielo por allá. Había hielo por todas partes. ¡Crujía y gruñía, y rugía y aullaba; hacía ruidos como quien se derrumba[4]!

—Al fin cruzó un albatros; llegó traspasando[5] la niebla. Le gritamos en el nombre de Dios como si hubiera sido un alma cristiana. Comió el alimento que nunca comiera[6]. Sobrevoló haciendo círculos y más círculos. ¡Con el estruendo de un rayo, el hielo se separó y el **timonel** nos dirigió a través del mismo!

Palabras de uso diario

marinero *s.* navegante, hombre que trabaja en barcos

clamor *s.* fuerte grito o ruido

huesuda *adj.* que tiene los huesos muy marcados

timonel *s.* la persona que maneja una nave

1. **recita** *v.* dice, declama
2. **retira** *v.* quita
3. **en un santiamén** inmediatamente
4. **derrumba** *v.* desmaya, pierde el conocimiento
5. **traspasando** *v.* cruzando
6. **comiera** *v.* imperfecto del subjuntivo de "comer"

Verifica tu comprensión

Encierra en un círculo las dos frases del primer párrafo que describen al marinero.

Desarrollar el vocabulario en inglés: Identificar cognados

Los cognados son palabras que comparten el mismo origen o raíz. En los párrafos que están enmarcados con un corchete, subraya los cognados en español de las siguientes palabras en inglés: *mariner, gray, completely.*

Análisis literario

La **aliteración,** o repetición de un sonido al principio de las palabras, es una de las **técnicas sonoras** que se utilizan en la poesía. Encierra en un círculo ejemplos del uso de la aliteración en las oraciones subrayadas.

Copyright © Pearson Education, Inc. All rights reserved.

Estrategia de lectura

Al **comparar y contrastar elementos,** como las técnicas sonoras, puedes ver el efecto que tienen en la poesía. Lee el párrafo subrayado. ¿Qué efecto tienen estas palabras en las imágenes: *brillaba, blanquecina, blanca?*

a. Todo parece oscuro.

b. Todo parece roto.

c. Todo parece puro.

d. Todo parece colorido.

Verifica tu comprensión

En el tercer párrafo hablan dos personas. ¿Qué dice cada una? Primera persona:

_____

Segunda persona:

_____

Desarrollar el vocabulario en inglés: Identificar cognados

En los párrafos que están enmarcados con un corchete, subraya los cognados en español de estas palabras en inglés: *demons, torment, albatross.*

Comprensión cultural

La tripulación muere durante la noche donde se ve la "Luna seguida por la estrella", que significa la mala suerte. Piensa en los símbolos de la mala suerte que conoces. ¿Crees que estos en realidad causan mala suerte?

—Un viento favorable del sur se levantó detrás. El albatros aún nos seguía. ¡Y cada día, por juego o comida, contestaba el llamado del marinero!

—En nube o bruma, en mástil u obenque[7], se posó durante nueve vísperas[8] mientras toda la noche, a través de una niebla-humo blanquecina, brillaba la blanca luz de la Luna.

—¡Viejo marinero, Dios te salve de los **demonios** que te atormentan! ¿Por qué miras así?[9]
—¡Con mi ballesta maté al albatros!

◆   ◆   ◆

Cede la brisa y la embarcación entra en una calma. Se acaba el agua para la tripulación. Los compañeros de travesía reprueban al marinero por matar el albatros.

◆   ◆   ◆

—¡Ay, qué día! ¡Qué diabólicas miradas recibía de viejos y jóvenes! El albatros colgaba alrededor de mi cuello en lugar de la cruz.

◆   ◆   ◆

Se acerca un barco misterioso y fantasmal. A bordo del barco se encuentran la Muerte y su compañera, la dama Vida en Muerte. Los compañeros del marinero mueren, uno por uno.

◆   ◆   ◆

—Bajo la Luna seguida por la estrella[10], muy rápido para el quejido o la exhalación, uno tras otro giró su cara con horrible dolor y me maldijo con su mirada.

—Cuatro veces, cincuenta hombres vivos cayeron, uno por uno, con fuerte golpe, como una masa sin vida (y no oí ni suspiro ni quejido).

Palabras de uso diario

demonios *s.* diablos

7. **obenque** *s.* soga que se extiende desde los lados de un barco hasta el mástil

8. **vísperas** *s.* noches

9. **Dios te... así** lo dice el invitado a la boda

10. **Luna seguida por la estrella** La aparición de la media luna con la Estrella Polar a su derecha era un símbolo de peligro para los marineros.

—¡Las almas salieron volando de sus cuerpos, escaparon a la <u>dicha</u> o a la pena! ¡Y cada alma me pasaba como el silbar de mi ballesta!

◆　◆　◆

El marinero se da cuenta de que es presa de la maldición. Sufre bajo una tortura espiritual. Es el único con vida a bordo del barco. Intenta rezar, pero no puede.

◆　◆　◆

—Más allá de la sombra del barco, observé las serpientes marinas: se movían, creando huellas de un blanco reluciente. Y cuando se encabritaban, la luz élfica[11] caía en canosas[12] escamas.

—Entre la sombra del barco observé su rico <u>atuendo</u>: azul, verde satinado y negro de terciopelo serpenteaban y ondulaban. Cada huella era un resplandor de fuego dorado.

—¡Oh, felices cosas vivas! Ninguna lengua podría declarar su belleza. Una fuente de amor fluyó de mi corazón, y las bendije sin saber. Seguro que mi buen santo tuvo piedad de mí y las bendije sin saber.

—En ese momento pude rezar y, desde mi cuello liberado, el albatros cayó y se hundió como plomo en el mar.

◆　◆　◆

Los espíritus de los ángeles guían el barco mientras sigue navegando. Dos de ellos conversan acerca del crimen cometido por el marinero al matar el inofensivo albatros. El sufrimiento y las oraciones del marinero lo libran de la maldición y vuelve a su país de origen. Un ermitaño piadoso lo absuelve de sus pecados. Desde su regreso, el marinero debe contar esta historia a todo el que lo escuche, como el invitado a la boda. El marinero se despide del invitado.

◆　◆　◆

11. **élfica** *adj.* traviesa o semejante a un elfo
12. **canosas** *adj.* blancas o encanecidas con la edad

Verifica tu comprensión

En el momento en que muere la tripulación, el narrador se acuerda del albatros. Encierra en un círculo la frase que nos indica esto.

Desarrollar el vocabulario en inglés: Identificar cognados

En el párrafo que está enmarcado con un corchete, subraya los cognados en español de las siguientes palabras en inglés: *elfish, serpents, marine.*

Verifica tu comprensión

¿Cómo se libra el marinero de la maldición de haber matado al albatros? ¿Qué ocurre en el instante en que desaparece la maldición?

_____

_____

_____

Verifica tu comprensión

Según el marinero, ¿qué tipo de persona es la que reza mejor? Encierra en un círculo las palabras o frases que indican la respuesta.

Verifica tu comprensión

Según el autor, ¿qué cambio experimentó el invitado a la boda con la historia del marinero? Usa tus propias palabras para escribir la respuesta.

_____

_____

_____

—¡Adiós, adiós! Pero esto te digo, invitado a la boda: reza bien quien ama bien a todos, hombre y ave y animal. Reza mejor, quien ama mejor a todas las cosas, grandes y pequeñas, porque el querido Dios que nos ama, hizo y ama a todas.

El marinero, de ojos brillantes y barba agrisada por la edad, se ha ido y ahora el invitado a la boda se aleja de la puerta del novio.

Se fue asombrado y sintiéndose desamparado. A la mañana siguiente, se levantó un hombre más triste y más sabio.

Piensa en las selecciones
Thinking About the Selections

1. Usa la tabla siguiente para anotar detalles sobre los poemas.

Poema	Suceso principal	Idea importante
"La canción del viejo marinero"		
"Kubla Khan"		

2. **Análisis literario:** ¿Qué **técnica sonora** usó Coleridge en la oración "¡Crujía y gruñía y rugía...!"? _____

_____

3. **Estrategia de lectura:** En "Kubla Khan", ¿cómo contribuyen las técnicas sonoras, como la repetición, al **efecto poético** de las líneas 45 a 54?

_____

_____

Escribir acerca de la Pregunta esencial

¿Cuál es la relación entre el lugar y la literatura? Los románticos como Coleridge escribían sobre lugares extraños y lejanos. Escribe sobre el escenario de uno de sus poemas.

_____

_____

_____

Vocabulario

Escucha cada palabra. Dila. Luego, lee la definición y la oración de ejemplo.

árbitro *s.* Un **árbitro** es alguien que resuelve una discusión entre dos adversarios.

El policía sirvió de árbitro entre dos vecinos que peleaban.

tórrido(a) *adj.* Cuando el clima es **tórrido** hace mucho calor.

Temía salir durante el día tórrido de verano.

estridente *adj.* Algo **estridente** es demasiado llamativo y parece barato.

El vestido anaranjado y amarillo que ella se puso era demasiado estridente.

Vocabulary

Listen to each word. Say it. Then, read the definition and sample sentence.

arbiter *(AR buh ter) n.* An **arbiter** is someone who settles an argument between two opposing sides.

The police officer acted as arbiter between the two arguing neighbors.

torrid *(TOR id) adj.* **Torrid** weather is very hot.

He dreaded going out into the torrid summer day.

gaudy *(GAWD ee) adj.* Something that is **gaudy** is too bright and looks cheap.

The orange and yellow dress she wore was gaudy.

A. Práctica: Completa cada oración con la palabra de vocabulario correcta.

1. Mi mejor amigo es _____ de partidos de fútbol.

2. Durante el 4 de Julio, el clima casi siempre es _____.

3. La joya falsa de su anillo es demasiado grande y _____.

B. English Practice: Complete each sentence with the correct vocabulary word.

1. Dad was the _____ in a dispute between you and me.

2. Gardening is difficult in the _____ August weather.

3. His _____ shirt made him easy to see in the crowd.

Camina bella · Apóstrofe al océano · de Don Juan

George Gordon, Lord Byron

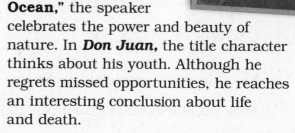

Resúmenes En estos tres poemas, Lord Byron expresa el espíritu romántico. El narrador de **"Camina bella"** profesa su admiración por la belleza externa e interna de una mujer. En **"Apóstrofe al océano"**, el narrador homenajea el poder y la belleza de la naturaleza. En **Don Juan,** el personaje del título reflexiona sobre su juventud. Aunque lamenta las oportunidades perdidas, llega a una interesante conclusión sobre la vida y la muerte.

Summaries In these three poems, Lord Byron expresses the Romantic spirit. The speaker of **"She Walks in Beauty"** declares his admiration for the outer and inner beauty of a woman. In **"Apostrophe to the Ocean,"** the speaker celebrates the power and beauty of nature. In **Don Juan,** the title character thinks about his youth. Although he regrets missed opportunities, he reaches an interesting conclusion about life and death.

Guía para tomar notas

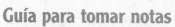

Usa la tabla siguiente como ayuda para entender los poemas. Para cada uno, escribe su sujeto, o quién/qué trata el poema. Luego, escribe líneas del poema que describen el sujeto. Finalmente, piensa en la manera en que los narradores describen cada sujeto. Decide qué opina cada narrador sobre el sujeto del poema.

	Sujeto del poema	Descripción en el poema	Sentimientos del narrador
"Camina bella"			
"Apóstrofe al océano"			
"Don Juan"			

Piensa en las selecciones

Thinking About the Selections

1. Usa la tabla siguiente para anotar lo que compara el narrador en "Camina bella" y "Don Juan".

Poema	Comparaciones
"Camina bella"	El narrador compara
"Don Juan"	El narrador compara

2. En "Don Juan", el narrador dice que sus días de amor han terminado y ahora debe adoptar el buen vicio de los viejos caballeros, que es _____.

Coméntalo   **El poder de la naturaleza**

"Apóstrofe al océano" expresa la admiración del narrador por el océano. Con un(a) compañero(a), comenta las descripciones del narrador sobre el poder del océano. Incluyan algunas experiencias memorables que hayan tenido que estén relacionadas con el poder o la belleza de la naturaleza.

El narrador describe el océano como _____.

Mi experiencia con la naturaleza que tiene el mayor significado para mí es _____

_____.

? Escribir acerca de la Pregunta esencial

¿Cuál es la relación entre el lugar y la literatura? Como algunos de los poetas románticos, podrías quedarte maravillado por los efectos dramáticos de la naturaleza, como una montaña cubierta de nieve o una cascada altísima. Escribe sobre el escenario de uno de estos poemas.

_____

_____

_____

Vocabulario

Escucha cada palabra. Dila. Luego, lee la definición y la oración de ejemplo.

sepulcro *s.* Un **sepulcro** es un pequeño cuarto o edificio en donde se ponen los cuerpos de los muertos.

Los dolientes se congregaron alrededor del sepulcro.

impulso *s.* Un **impulso** es un deseo repentino y fuerte de hacer algo.

Los niños tuvieron el impulso de reírse cuando su padre intentó bailar.

alegre *adj.* Si estás **alegre,** te sientes feliz y no tienes preocupaciones.

La niñita se sintió alegre al comerse el barquillo gigante de helado.

Vocabulary

Listen to each word. Say it. Then, read the definition and sample sentence.

sepulcher *(SEP uhl ker) n.* A **sepulcher** is a small room or building in which the bodies of dead people are put.

The mourners gathered around the sepulcher.

impulse *(IM puls) n.* An **impulse** is a sudden strong desire to do something.

The kids had an impulse to laugh when their father tried to dance.

blithe *(BLYTH) adj.* If you are **blithe,** you feel happy and have no worries.

The little girl was blithe as she ate the giant ice cream cone.

A. Práctica: Completa cada oración con la palabra de vocabulario correcta.

1. Cuando murió mi abuela la pusieron en un _____.

2. Antes de los exámenes, siento un gran _____ por estudiar.

3. Me siento muy _____ cuando se acercan las vacaciones.

B. English Practice: Complete each sentence with the correct vocabulary word.

1. The stone _____ was decorated with carvings.

2. He had a(n) _____ to run when he heard the dog growl.

3. She felt _____ when she was accepted to five colleges.

Ozymandias · Oda al viento del oeste · A una alondra

Percy Bysshe Shelley

Resúmenes "Ozymandias" trata sobre el orgullo y la ambición humana. En este poema, un viajero describe las ruinas de una antigua estatua. En la base hay una inscripción que dice: "¡Contemplad mi obra, poderosos, y desesperad!". Sin embargo, las ruinas de la estatua están en un desierto vacío. Las obras de Ozymandias han sido destruidas por el tiempo y la naturaleza.

El narrador de **"Oda al viento del oeste"** describe la fuerza del viento del oeste que arrastra las hojas secas, agita el océano, destruye las plantas y anuncia la llegada del invierno. El narrador está asombrado por la fuerza del viento. El poeta desea que el viento lo renueve.

"A una alondra" está dirigido a un pájaro. El poema describe su música mientras vuela. El narrador desea poder expresarse tan maravillosamente como una alondra para que el mundo lo escuche.

Summaries "Ozymandias" is about human pride and ambition. In the poem, a traveler describes the ruins of an ancient statue. On the base is writing that says, "Look on my words, ye Mighty, and despair!" However, what is left of the statue stands in an empty desert. The works of Ozymandias have been destroyed by time and nature.

The speaker in **"Ode to the West Wind"** describes the force of the West wind as it blows dead leaves, stirs up the ocean, destroys plants, and tells of winter's arrival. The speaker is amazed by the wind's strength. The poet wants the wind to make him new again.

"To a Skylark" is addressed to a bird. The poem describes its soaring music. The speaker wishes he could express himself as delightfully as the skylark does so that the world would listen to him.

Guía para tomar notas

En la tabla siguiente, anota las palabras usadas para describir los sujetos de cada poema.

Poema	Palabras para describir los sujetos
"Ozymandias"	
"Oda al viento del oeste"	
"A una alondra"	

Piensa en las selecciones
Thinking About the Selections

1. Usa la tabla siguiente para anotar detalles sobre los poemas.

Poema	Sujeto	Sentimiento del narrador hacia el sujeto	Ejemplo que expresa los sentimientos del narrador
"Ozymandias"			
"Oda al viento del oeste"			
"A una alondra"			

2. Los sujetos de "Oda al viento del oeste" y "A una alondra" son parecidos porque

ambos son _____.

 Orgullo o arrogancia

En "Ozymandias", el narrador descubre las ruinas de una estatua. Grabadas en la base están las palabras: *¡Contemplad mi obra, poderosos, y desesperad!*. En un grupo pequeño, comenta si estas palabras demuestran el orgullo o la arrogancia del rey.

Yo pienso que estas palabras demuestran [su orgullo / su arrogancia] porque

_____

_____.

? **Escribir acerca de la Pregunta esencial**

¿Cómo la literatura influye y refleja la sociedad? Los poetas románticos, como Shelley, eran rebeldes y querían derrocar a los tiranos e introducir una nueva época de igualdad y justicia. ¿Cómo reflejan esta idea los poemas de Shelley?

_____

_____

_____

Vocabulario

Escucha cada palabra. Dila. Luego, lee la definición y la oración de ejemplo.

vista *s.* Tu **vista** es tu rango de visión o entendimiento.

> *La respuesta a la pregunta difícil iba más allá de su vista.*

espigar *v.* Cuando alguien **espiga** algo lo reúne poco a poco.

> *Wendy espigó el trigo temprano en la mañana.*

rebosar *v.* Si algo está **rebosando,** está tan lleno que se desborda.

> *El estanque rebosaba de peces.*

Vocabulary

Listen to each word. Say it. Then, read the definition and sample sentence.

ken *(KEN) n.* Your **ken** is your range of sight or understanding.

> *The answer to the difficult question was beyond his ken.*

gleaned *(GLEEND) v.* To have **gleaned** something is to have collected it bit by bit.

> *Wendy gleaned the wheat early in the morning.*

teeming *(TEEM ing) v.* If something is **teeming,** it is filled to overflowing.

> *The pond was teeming with fish.*

A. Práctica: Completa cada oración con la palabra de vocabulario correcta.

1. Observó el avión en el aire hasta que desapareció de su _____.

2. Los campesinos _____ los campos para poder alimentarse.

3. Cuando gane la competencia, su corazón va a _____ de alegría.

B. English Practice: Complete each sentence with the correct vocabulary word.

1. It was outside his _____ to answer questions on economics.

2. She overheard his call and _____ the reason for his visit.

3. The swimming pool was _____ with squealing children.

Al leer por primera vez el Homero de Chapman · Cuando tenga miedo de dejar de ser · Oda a un ruiseñor

John Keats

Resúmenes En estos poemas, el poeta mira a través del tiempo, hacia el pasado y hacia el futuro. En **"Al leer por primera vez el Homero de Chapman"**, el narrador muestra su fascinación al descubrir las obras de Homero, el antiguo poeta griego. En **"Cuando tengo miedo de dejar de ser"**, el poeta escribe sobre el miedo que tiene a morir joven. Finalmente, descubre que ni el amor ni la fama son importantes. En **"Oda a un ruiseñor"**, el narrador escribe sobre su deseo de acompañar al pájaro en su mundo de belleza, alegría e imaginación.

Summaries In these poems, the poet looks across time, into both the past and the future. In **"On First Looking into Chapman's Homer,"** the speaker shows his delight in discovering the works of the ancient Greek poet Homer. In **"When I Have Fears That I May Cease to Be,"** the poet writes about his fears of dying young. Ultimately, he learns that neither love nor fame is important. In **"Ode to a Nightingale,"** the speaker writes about his desire to join with the bird in its world of beauty, joy, and imagination.

Guía para tomar notas

Usa la tabla siguiente para anotar los sujetos, los puntos clave y las actitudes del narrador en cada poema.

Poema	Sujeto	Lo que demuestra el poema	Actitud del narrador
"Homero"	Poesía clásica	Admiración por el pasado	
"Miedos"			
"Ruiseñor"			

Vocabulario

Estas palabras están subrayadas en el texto. Escucha cada palabra. Dila. Luego, lee la definición y la oración de ejemplo.

rústico(a) *adj.* Algo **rústico** está relacionado con la naturaleza o el campo.

  La casita estaba ubicada en un entorno rústico.

eternidad *s.* La **eternidad** es el tiempo sin fin.

  Algunas personas creen que el alma vive por toda la eternidad.

pastoral *adj.* Algo **pastoral** está relacionado con la vida sencilla y tranquila del campo.

  A él le encantaba hacer paseos largos en bicicleta por el campo pastoral.

Vocabulary

These words are translations of the words that are underlined in the text. Listen to each word. Say it. Then, read the definition and sample sentence.

sylvan *(SIL vuhn) adj.* Something **sylvan** is related to nature or the countryside.

  The small house sat in a shady, sylvan setting.

eternity *(ee TER nuh tee) n.* **Eternity** is time without any end.

  Some people believe that the soul lives for eternity.

pastoral *(PAS tuh ruhl) adj.* Something **pastoral** relates to the simple peaceful life in the country.

  He loved to take long bike rides in the pastoral countryside.

A. Práctica: Completa cada oración con la palabra de vocabulario correcta.

1. Vivían en medio de la nada, en una cabaña _____.

2. La esposa le dijo a su marido que lo iba a amar por toda

   la _____.

3. La granja y los animales formaron un ambiente muy _____.

B. English Practice: Complete each sentence with the correct vocabulary word.

1. With many trees, the town's _____ setting drew tourists.

2. The sparkling stars made Carmen think of _____.

3. The _____ valley featured green fields and grazing cows.

Oda a una urna griega
John Keats

Resumen El poema de Keats está dirigido a una antigua urna griega y contiene pensamientos, inspirados por la urna, sobre la belleza y la verdad. La urna está decorada con las siguientes escenas y detalles: hombres o dioses que persiguen a jovencitas, un músico, árboles, un sacerdote que lleva a un ternero para sacrificarlo y la ciudad vacía de donde provienen el sacerdote y las demás personas. Keats considera que los hombres, quienes se ven en las ilustraciones persiguiendo a las mujeres, nunca lograrán alcanzarlas. Pero tampoco envejecerán. Keats recurre a la urna para llegar a una conclusión sobre la experiencia humana.

Summary Keats's poem is addressed to an ancient Grecian urn and contains thoughts about beauty and truth inspired by the urn. The urn is decorated with the following scenes and details: men or gods chasing young women, a musician, trees, a priest leading a young cow to be sacrificed, and the empty town from which the priest and others have come. Keats reflects that those who are depicted pursuing the women will never catch them. However, they will also never grow old. Keats uses the urn to draw a conclusion about the human experience.

Guía para tomar notas

Usa la tabla siguiente para analizar las imágenes y el significado de cada estrofa.

Imágenes	Observación del narrador
Hombres, mujeres y dioses tocan instrumentos musicales y unos persiguen a otros.	

Oda a una urna griega
John Keats

Análisis literario

Una **oda** es un poema lírico que se escribe en homenaje a una persona o cosa. Esta oda está escrita en homenaje a una urna, pero el poeta no la llama así. ¿Qué nombres le da el poeta a la urna?

_____

_____

_____

Desarrollar el vocabulario en inglés: Identificar cognados

Los cognados son palabras que comparten el mismo origen o raíz. En el párrafo que está enmarcado con un corchete, subraya los cognados en español de las siguientes palabras en inglés: *silence, deities, flutes, obstinate, legends.*

Estrategia de lectura

Parafrasear significa volver a decir algo con tus propias palabras. Esto te ayuda a **determinar la idea principal o mensaje esencial.** Lee las oraciones subrayadas. Luego, parafraséalas.

_____

_____

_____

Tú, virgen[1] novia del reposo, tú, hija adoptiva del silencio y el espacioso tiempo, historiadora <u>rústica</u> que sabes expresar un cuento de un modo más dulce que esta rima, ¿qué manojo de leyendas rodea tus **deidades** o mortales, o ambos quizá, en Tempe[2] o las **cuencas** de la Arcadia[3]?¿Qué hombres o dioses son estos? ¿Qué doncellas obstinadas[4]? ¿Qué búsqueda insensata? ¿Qué esfuerzo por huir? ¿Qué flautas y panderos[5]? ¿Qué salvaje **éxtasis?**

◆ ◆ ◆

En la urna hay un dibujo de un joven. Pareciera que le está declarando su amor a una jovencita a través de una canción. A diferencia del amor en la vida real, su pasión durará para siempre. <u>Otro dibujo de la urna muestra una procesión y un sacrificio en un antiguo pueblito. El narrador se pregunta el motivo de la ceremonia. Pero la urna nunca revelará el secreto.</u>

◆ ◆ ◆

Palabras de uso diario

deidades *s.* dioses

cuencas *s.* valles

éxtasis *s.* gran alegría

1. **virgen** *adj.* pura
2. **Tempe** valle de Grecia que se ha convertido en el símbolo supremo de la belleza rural
3. **Arcadia** región en Grecia que representa la paz rural
4. **obstinadas** *adj.* poco dispuestas
5. **panderos** *s.* panderetas

¡Oh, figura ática[6] de bello aspecto[7] que entrelazas sobre el mármol varones y labradas[8] doncellas con ramas y hierbas holladas[9], tu callada forma nos tienta a dejar la reflexión, como hace la eternidad, oh, frialdad pastoral[10]! Cuando la edad consuma esta generación, continuarás con otra pena y no la nuestra, como amiga del hombre a quien le dices: "La belleza es verdad y la verdad belleza". Eso es todo lo que sabes y todo lo que se necesita saber.

Desarrollar el vocabulario en inglés: Identificar cognados

En el párrafo que está enmarcado con un corchete, subraya los cognados en español de las siguientes palabras en inglés: *eternity, generation, reflection, figure, marble.*

Verifica tu comprensión

Después de haber analizado y admirado la urna griega, al final, ¿cuál es el mensaje de Keats? Subraya la respuesta en el texto.

6. **ática** *adj.* perteneciente a una región de Grecia que contiene a Atenas; se caracteriza por su gracia y simplicidad

7. **aspecto** *s.* apariencia

8. **labradas** *adj.* adornadas

9. **holladas** *adj.* pisadas

10. **frialdad pastoral** escena rural que no cambia

Piensa en las selecciones

Thinking About the Selections

1. Usa la tabla siguiente para parafrasear estas líneas de "Al leer por primera vez el Homero de Chapman" y "Oda a un ruiseñor".

Poema	Líneas	Parafrasear
"Al leer por primera vez el Homero de Chapman"	9 y 10	
"Oda a un ruiseñor"	71 y 72	

2. **Análisis literario:** Una **oda** es un poema lírico que hace un homenaje a una persona o cosa. ¿De qué forma honra Keats a sus sujetos? Explica con ejemplos de los poemas.

_____

3. **Estrategia de lectura:** Para **determinar la idea principal o mensaje esencial,** escribe las oraciones o los pasajes en tus propias palabras. Parafrasea estas líneas:

"Homero", líneas 9 y 10: _____.

"Ruiseñor", líneas 71 y 72: _____.

"Urna griega", líneas 3 y 4: _____.

 **Coméntalo**   **Vínculos al pasado**

La urna que describe Keats en "Oda a una urna griega" muestra imágenes de cómo era la vida hace cientos de años atrás. ¿Qué revelarán los objetos del presente a las personas del futuro acerca de nuestras vidas y nuestro tiempo? En un grupo pequeño, conversa sobre algunos objetos contemporáneos y qué podrían revelar estos objetos a las personas del futuro acerca de nosotros.

Yo pienso que los objetos que más información les revelarán a las personas del futuro acerca de nosotros son _____ porque _____.

Vocabulario

Escucha cada palabra. Dila. Luego, lee la definición y la oración de ejemplo.

amigable *adj.* Una persona **amigable** es amistosa y fácil de querer.

La muchacha amigable les cayó bien de inmediato.

comprensión *s.* La **comprensión** es la habilidad de entender algo.

Su comprensión de la lectura mejoró al empezar a usar lentes.

indiferente *adj.* Si eres **indiferente**, no te interesa para nada algo o alguien.

Él no le hizo caso a ella y actuó totalmente indiferente a su presencia.

Vocabulary

Listen to each word. Say it. Then, read the definition and sample sentence.

amiable *(AY mee uh buhl) adj.* An **amiable** person is friendly and easy to like.

They immediately liked the amiable girl.

comprehension *(kahm pree HEN shuhn) n.* **Comprehension** is the ability to understand something.

Her reading comprehension improved after she began wearing eyeglasses.

indifferent *(in DIF ruhnt) adj.* If you are **indifferent,** you are not interested at all in someone or something.

He ignored her and acted totally indifferent to her presence.

A. Práctica: Completa cada oración con la palabra de vocabulario correcta.

1. Leti es una persona bastante _____ y siempre ayuda a los demás.

2. La ingeniería es difícil para mí y está fuera de mi _____.

3. No puedo creer que el conductor que me atropelló haya actuado tan

   _____ al accidente.

B. English Practice: Complete each sentence with the correct vocabulary word.

1. Sally is a(n) _____ person who gets along with everyone.

2. My math _____ improved after several tutoring sessions.

3. She was _____ to the problems her friends were having.

Un matrimonio por conveniencia
Jane Austen

Resumen En una carta, Jane Austen responde a las dudas de su sobrina acerca del matrimonio. La autora ofrece consejos a la joven, Fanny Knight. También deja entrever qué consideraba la sociedad sobre un matrimonio conveniente en una clase social durante las primeras décadas de 1800.

Summary In a letter, Jane Austen responds to her niece's doubts about marriage. The author provides advice to the young woman, Fanny Knight. She also offers a glimpse into what society considered a desirable marriage in one social class during the early 1800s.

Guía para tomar notas

Al leer la carta de Jane Austen, considera las técnicas persuasivas que usa. Usa esta tabla para anotar ejemplos de cada tipo de apelación que utiliza la autora.

Apelaciones a la lógica	Apelaciones a la moralidad	Apelaciones a las emociones

Vocabulario

Estas palabras están subrayadas en el texto. Escucha cada palabra. Dila. Luego, lee la definición y la oración de ejemplo.

reivindicación *s.* Una **reivindicación** es la prueba de que alguien o algo es correcto o cierto.

La evidencia de su inocencia fue una reivindicación para él.

volver (algo o alguien) *v.* **Volver** a alguien o algo significa hacer que esté en una situación en particular.

Su reacción de enojo la volvió débil e incapaz de hablar.

quisquilloso(a) *adj.* Una persona **quisquillosa** se preocupa mucho por los pequeños detalles.

Emily se puso quisquillosa mientras se preparaba para los exámenes de SAT.

Vocabulary

These words are translations of the words that are underlined in the text. Listen to each word. Say it. Then, read the definition and sample sentence.

vindication *(vin duh KAY shuhn) n.* A **vindication** is proof that someone or something is right or true.

The evidence of his innocence was a vindication for him.

rendered *(REN derd) v.* **Rendered** is to have caused someone or something to be in a particular condition.

His angry response rendered her weak and speechless.

fastidious *(fas TID ee us) adj.* A **fastidious** person is very careful about small details.

Emily was fastidious as she prepared for the SATs.

A. Práctica: Completa cada oración con la palabra de vocabulario correcta.

1. El hombre inocente se quedó en la cárcel, esperando su _____.

2. Cuando se pinchó la llanta, el auto se _____ inútil.

3. Miguel es muy _____ porque se enfoca en cada detalle.

B. English Practice: Complete each sentence with the correct vocabulary word.

1. It was a(n) _____ when evidence proved him innocent.

2. The fire _____ the kitchen useless until it was repaired.

3. She was _____ about her home, keeping everything neat.

de Una reivindicación de los derechos de la mujer

Mary Wollstonecraft

Resumen En su ensayo, Wollstonecraft explica que se ha dejado de lado la educación de las mujeres. Las mujeres se educan para ser admiradas, y de esta manera terminan siendo tontas y vanidosas, en lugar de fuertes y prácticas. La única manera en que una mujer puede progresar en el mundo es a través del matrimonio. Wollstonecraft ataca a la sociedad debido a los límites que impone sobre las mujeres, quienes en algunos casos claramente demuestran tener más sentido común que sus familiares masculinos.

Summary In her essay, Wollstonecraft explains that women's education has been neglected. Because women are brought up to be admired, they are silly and vain rather than strong and useful. The only way for a woman to advance in the world is through marriage. Wollstonecraft attacks society for the limits it places on women, who in some cases clearly show more sense than their male relatives.

Guía para tomar notas

Al leer el ensayo de Mary Wollstonecraft, considera las técnicas persuasivas que usa. Usa esta tabla para anotar ejemplos de cada tipo de apelación persuasiva.

Apelaciones a la lógica	Apelaciones a la moralidad	Apelaciones a las emociones

de Una **reivindicación** de los derechos de la mujer
Mary Wollstonecraft

Wollstonecraft estudió historia y se ilustró acerca del mundo. Su conclusión fue que o bien las personas son muy distintas unas de otras o bien la civilización ha sido injusta.

◆ ◆ ◆

He pasado las páginas de distintos libros que se han escrito sobre el tema de la educación y he observado pacientemente la conducta de los padres y de quienes dirigen las escuelas, pero ¿cuál ha sido el resultado? Este ha sido la profunda convicción de que la falta de atención a la educación de mis pares femeninas es la principal fuente de la miseria que condeno, y que varias causas concurrentes[1], las cuales tienen su origen en una apresurada conclusión, han hecho que las mujeres en particular se vuelvan débiles y desdichadas. De hecho, el comportamiento y la forma de desenvolverse de las mujeres dan prueba de que sus mentes no se encuentran en un estado saludable. Al igual que las flores que se siembran en tierra pobre, se sacrifica su fuerza y utilidad en pos de la belleza, y las hojas ostentosas se marchitan después de haber satisfecho el ojo quisquilloso de alguno; en su tallo quedan descuidadas mucho antes de que llegue la estación en la que hubieran alcanzado su madurez.

◆ ◆ ◆

Las mujeres son víctimas de una educación pobre y de falsas expectativas por parte de la sociedad. Deberían tener ambiciones más nobles. Deberían exigir respeto.

◆ ◆ ◆

1. **concurrentes** *adj.* que se unen, que coinciden

Verifica tu comprensión

Según la autora, ¿qué se sacrifica por la belleza? Subraya las palabras que indican la respuesta.

Estrategia de lectura

Puedes usar pistas del texto para **analizar cómo el propósito del autor afecta el significado** de su obra. Lee las frases subrayadas. ¿Por qué la autora usa las palabras *miseria* y *condeno*? Encierra en un círculo la mejor respuesta.

a. Ella está de acuerdo con la falta de educación.
b. Ella se siente deprimida.
c. Ella quiere divorciarse.
d. Ella quiere que las mujeres se eduquen.

Desarrollar el vocabulario en inglés: Identificar cognados

Los cognados son palabras que comparten el mismo origen o raíz. En el párrafo que está enmarcado con un corchete, subraya los cognados en español de las siguientes palabras en inglés: *education, profound, maturity, conviction, feminine.*

Análisis literario 🔍

El **comentario social** es una obra escrita o un discurso que critica las normas de la sociedad. Además de depender del hombre, según el comentario social de la autora, ¿qué otros problemas enfrenta la mujer? Encierra en un círculo las palabras del texto que indican la respuesta.

Desarrollar el vocabulario en inglés: Identificar cognados

En el párrafo que está enmarcado con un corchete, subraya los cognados en español de las siguientes palabras en inglés: *erroneous, infantile, common, artificial.*

Comprensión cultural

En los tiempos de Wollstonecraft, no se les permitía a las mujeres asistir a la universidad. Por eso Wollstonecraft argumenta que la falta de educación de la mujer causa la desigualdad entre los sexos. ¿Estás de acuerdo con su argumento? ¿Qué oficios podían tener las mujeres en aquellos tiempos? ¿Qué oficios pueden tener hoy en día? Conversa con un compañero o una compañera sobre tus ideas.

En realidad, la palabra masculino es solo un espantajo[2]; no hay razón por la que se deba temer que las mujeres vayan a adquirir demasiada valentía y fortaleza[3], dado que su aparente inferioridad en cuanto a la fuerza física las hace en cierta medida dependientes del hombre en las diversas relaciones que entablan en la vida. Pero, ¿por qué se deben agregar a esto los prejuicios que entregan un sexo a la virtud y confunden[4] simples verdades con ensueños[5] sensuales?

◆　◆　◆

Las ideas erróneas acerca de las mujeres las privan de una buena educación y de igualdad. Estas ideas también hacen que algunas actúen de manera artificiosa e infantil. Sin embargo, muchas de ellas tienen mayor sentido común que sus maridos o sus parientes varones.

---

2. **espantajo** *s.* fantasma

3. **fortaleza** *s.* fuerza, vigor

4. **confunden** *v.* mezclan, equivocan, toman una cosa por otra

5. **ensueños** *s.* fantasías, ilusiones

Piensa en las selecciones
Thinking About the Selections

1. Usa la tabla siguiente para anotar detalles acerca de los noviazgos del siglo dieciocho que se tratan en *Un matrimonio por conveniencia*.

	Amor/Cariño	Dinero	Respeto
Ejemplos			
Importancia (mucha; más o menos; o poca)			

2. **Análisis literario:** De acuerdo al **comentario social** de Wollstonecraft, ¿qué efecto tienen las ideas de la sociedad acerca de la mujer ideal, en la personalidad de la mujer?

   _____

   _____

3. **Estrategia de lectura: Analiza los propósitos** de Wollstonecraft y Austen. Explica cómo sus propósitos afectan el significado de sus obras y si los significados son parecidos o diferentes.

   _____

   _____

❓ Escribir acerca de la Pregunta esencial

¿Cómo la literatura influye y refleja la sociedad? ¿Cuál de las autoras expresa un punto de vista más radical acerca de las mujeres de sus tiempos?

_____

_____

_____

Vocabulario

Escucha cada palabra. Dila. Luego, lee la definición y la oración de ejemplo.

difusivo(a) *adj.* Algo **difusivo** suele extenderse.

El poder difusivo del vapor hizo que se extendiera por todo el cuarto.

reluciente *adj.* Una cosa **reluciente** es brillante o emite muchos pequeños destellos de luz.

El collar reluciente de la mujer llamó la atención de todos.

surcos *s.* Los **surcos** son ranuras estrechas, como las que hace un arado.

El campo estaba repleto de surcos porque lo habían preparado para la siembra.

Vocabulary

Listen to each word. Say it. Then, read the definition and sample sentence.

diffusive *(di FYOO siv) adj.* A **diffusive** thing tends to spread out.

The diffusive power of steam caused it to spread throughout the room.

glittering *(GLIT uhr ing) adj.* A **glittering** thing is sparkling or gives off many small flashes of light.

The woman's glittering necklace attracted everyone's attention.

furrows *(FER ohz) n.* **Furrows** are narrow grooves, such as those made by a plow.

The field was lined with furrows in preparation for planting.

A. Práctica: Completa cada oración con la palabra de vocabulario correcta.

1. El gas venenoso es muy _____ e inundó el laboratorio rápidamente.

2. Su anillo tiene el diamante más _____ que he visto en mi vida.

3. Los granjeros cavaron _____ para sembrar maíz.

B. English Practice: Complete each sentence with the correct vocabulary word.

1. The _____ sauce covered everything on the plate.

2. The _____ dewdrops made the buds look like emeralds.

3. The _____ on his brow indicated that he was worried.

de En memoria, A. H. H. · de La princesa: lágrimas, lágrimas perezosas · Ulises

Alfred, Lord Tennyson

Resúmenes En **"En memoria"**, Tennyson es el poeta y también el narrador. En esta obra, el narrador llora la muerte de su amigo, Arthur Henry Hallam. Hallam murió a los veintidós años. Tennyson está enfadado porque su amigo ya no se encuentra allí para sentarse a su lado, conversar y compartir un buen momento. Tennyson logra aceptar la muerte de su amigo. Los recuerdos de su amigo atenúan la sensación de pérdida.

"De La princesa: lágrimas, lágrimas perezosas" y **"Ulises"** tienen diferentes narradores. El narrador de "Lágrimas, lágrimas perezosas" llora cuando piensa en sus amigos que han muerto y en el amor perdido hace muchos años. El narrador del poema "Ulises" es el héroe que se menciona en el título: Ulises. El poema se desarrolla a partir del retorno de Ulises a su hogar después de la guerra. Él es el rey, pero ya nadie lo reconoce. Se está volviendo viejo y está cansado de estar en su hogar. Piensa en realizar otro viaje a tierras exóticas.

Summaries In **"In Memoriam,"** Tennyson is both the poet and the speaker. In this poem, he is mourning the death of his friend, Arthur Henry Hallam. Hallam died at the age of twenty-two. Tennyson is angry because his friend is no longer in a place where they can sit and talk and be together. Tennyson comes to accept the death of his friend. His sense of loss is softened by his memories of his friend.

"From The Princess: Tears, Idle Tears" and **"Ulysses"** have different speakers. The speaker in "Tears, Idle Tears" cries when he thinks of friends who have died and love that was lost a long time ago. The speaker in the poem "Ulysses" is the hero named in the title: Ulysses. The poem takes place after Ulysses has returned home from being away at war. He is the king, but no one knows him anymore. He is facing old age, and he is tired of staying at home. He thinks about another journey to exotic lands.

Guía para tomar notas

En cada poema, el narrador enfrenta sus sentimientos de pérdida. Usa esta tabla para anotar detalles acerca de los sentimientos de cada narrador.

"En memoria..."	"Lágrimas, lágrimas..."	"Ulises"

Vocabulario

Estas palabras están subrayadas en el texto. Escucha cada palabra. Dila. Luego, lee la definición y la oración de ejemplo.

tejer *v.* Alguien que **teje** hace una tela, una alfombra o una canasta al cruzar un hilo o unas piezas delgadas de un material por debajo y encima del mismo.

El artista talentoso teje tapices llenos de color.

pasos *s.* Los **pasos** son las pisadas que uno hace cuando camina o corre.

El entrenador da muchos pasos a lo largo del límite de la cancha durante un partido.

reflexión *s.* Una **reflexión** es una meditación o un pensamiento profundo.

Durante un día frío de invierno, Stacy disfrutó de sus reflexiones sobre las vacaciones en la playa.

Vocabulary

These words are translations of the words that are underlined in the text. Listen to each word. Say it. Then, read the definition and sample sentence.

weaves *(WEEVZ) v.* Someone who **weaves** creates cloth, a carpet, or a basket by crossing thread or thin pieces of a material under and over each other.

The talented artist weaves colorful wall hangings.

paces *(PAY suhz) n.* **Paces** are steps made when walking or running.

The coach takes many paces along the sideline during a game.

musings *(MYOOZ ingz) n.* **Musings** are meditations or deep thinking.

During a cold winter day, Stacy enjoyed her musings about a vacation on the beach.

A. Práctica: Completa cada oración con la palabra de vocabulario correcta.

1. Mi abuela _____ tapetes y se los regala a sus hijos y nietos.

2. Yo había avanzado solo unos _____ cuando me caí.

3. Es bueno tomar un minuto para la _____ antes de comenzar un examen.

B. English Practice: Complete each sentence with the correct vocabulary word.

1. My sister _____ baskets from wood strips.

2. He took six _____ to walk from the path to the stream.

3. The author's _____ about dinosaurs led him to write a new novel.

La Dama de Shalott

Alfred, Lord Tennyson

Resumen La Dama de Shalott vive en una isla en un río. Las aguas de este río desembocan en Camelot, la ciudad donde el rey Arturo tiene su corte. Ella es tejedora y se ha enterado de que recibirá una maldición si "mira hacia Camelot". Ella ve el mundo a través del espejo que cuelga frente a su telar, o máquina tejedora. A menudo le gusta tejer en la tela las escenas del exterior que observa reflejadas en su espejo. Un día ve en su espejo a Lancelot, el mejor caballero del rey Arturo, mientras cabalga hacia Camelot. Ella da la vuelta y mira a Lancelot, el espejo se rompe y ella se da cuenta de que la maldición ha comenzado. Deja su hogar, encuentra un bote y pinta en él *La Dama de Shalott*. Luego sube al bote y comienza a navegar hacia Camelot. Sin dejar de cantar, muere antes de que el bote llegue a la ciudad. Los pobladores de Camelot salen y se preguntan quién es la mujer muerta. Lancelot piensa: "Ella tiene un rostro muy hermoso...".

Summary The Lady of Shalott lives on an island in a river. This river flows down to Camelot, the town where King Arthur has his court. She is a weaver and has heard that she will be cursed if she looks "down to Camelot." She views the world through the mirror hung before her loom, or weaving machine. Often she likes to weave into her cloth the scenes from outdoors that she sees reflected in the mirror. One day, she sees in her mirror Sir Lancelot, King Arthur's greatest knight, as he rides by on the way to Camelot. She turns and looks at Lancelot, the mirror cracks, and she realizes that the curse is taking effect. She leaves her home, finds a boat, and paints on it *The Lady of Shalott*. Then she gets in the boat and begins drifting toward Camelot. Singing, she dies before the boat reaches the town. The residents of Camelot come out and wonder who the dead woman is. Lancelot says to himself, "She has a lovely face..."

Guía para tomar notas

Usa esta tabla para anotar los sucesos del poema.

La Dama de Shalott vive en una isla en un río que desemboca en Camelot.	La dama teje un mágico tejido de las escenas reflejadas en el espejo.	La dama deja su telar para observar desde la ventana al caballero Lancelot.	La dama encuentra un bote.

Comprensión cultural

La cebada es un grano que se usa para hacer panes y sopas. El centeno es una hierba que se usa para hacer paja, harina y como alimento para el ganado.

Análisis literario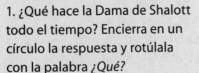

El **narrador** es la persona que cuenta la historia. A veces el narrador no es el personaje principal, sino otra persona que provee detalles y da sus opiniones. Lee el párrafo enmarcado por un corchete. ¿Qué impresión tiene el narrador del escenario?

a. etéreo y atractivo
b. feo y contaminado
c. pobre y viejo
d. oscuro y sombrío

Verifica tu comprensión

1. ¿Qué hace la Dama de Shalott todo el tiempo? Encierra en un círculo la respuesta y rotúlala con la palabra *¿Qué?*

2. ¿Por qué nunca mira hacia Camelot? Encierra en un círculo la respuesta y rotúlala con las palabras *¿Por qué?*

La Dama de Shalott
Alfred, Lord Tennyson

Según la leyenda, el rey Arturo gobernó Inglaterra desde un lugar llamado Camelot. Allí recibía a todos los grandes caballeros de su tiempo. La Shalott de este poema es una isla ubicada en el río que fluye hacia Camelot.

❖ ❖ ❖

A los márgenes del río se extienden campos anchos de cebada y de centeno que revisten el suelo ondulado[1] hasta encontrarse con el cielo. Y por el campo cruza el camino que conduce a las torres de Camelot. La gente va y viene, contemplando el lugar donde los lirios se mueven con la brisa, alrededor de una isla llamada Shalott.

❖ ❖ ❖

La Dama de Shalott vive en un castillo de torres grises que está en la isla. Nunca nadie la ve, pero sí la oyen cantar. Ella se la pasa sentada frente a un telar, un dispositivo para convertir hilo en tela. El telar tiene un espejo sobre él.

❖ ❖ ❖

Allí ella teje, de día y de noche, un mágico tejido de colores brillantes. Ha escuchado un rumor que dice que una maldición caerá sobre ella si dirige su mirada hacia Camelot. No sabe qué podría ser la maldición, así que no para de tejer. Nada más le importa a la Dama de Shalott.

Y las sombras del mundo se mueven a través de un espejo que cuelga delante de ella todo el año. Allí ve la carretera cerca de la sinuosa bajada a Camelot.

❖ ❖ ❖

La Dama de Shalott ve toda la vida, desde casamientos hasta funerales, en su espejo.

❖ ❖ ❖

Y a veces a través del espejo azul, ve pasar a los caballeros que cabalgan de dos en dos. No tiene un caballero fiel, la Dama de Shalott.

❖ ❖ ❖

1. **suelo ondulado** campo con pequeñas lomas

La Dama de Shalott se cansa de mirar un mundo de sombras. Un día, ve al caballero Lancelot en su espejo.

◆　◆　◆

Sus amplias cejas claras brillaban con el sol. Su caballo de guerra trotaba[2] sobre lustrados[3] cascos. Debajo del casco de guerra de Lancelot se asomaban sus rizos negros como el carbón, que fluían mientras cabalgaba hacia Camelot. La figura a la orilla del río se reflejó en el cristal de aquel espejo. "Tira lira",[4] cantaba Lancelot al mismo tiempo.

Dejó su tejido, dejó su telar. Cruzó con tres pasos su viejo cuarto. Vio los lirios florecientes. Vio el casco y la pluma[5]. Miró hacia Camelot.

Y el tejido salió volando y flotó por el aire. Y el espejo se partió de un lado a otro.

—La desgracia me alcanzó —gritó la Dama de Shalott.

◆　◆　◆

La Dama de Shalott baja al río. Encuentra un bote, lo desata y se acuesta dentro. Las aguas se llevan el bote río abajo.

Estaba acostada y su atavío[6] de blanca nieve ondeaba al viento. Las hojas caían suavemente sobre ella. Y través de los sonidos de la noche, navegó hacia Camelot. Mientras la popa[7] avanzaba por los sauzales y los campos, se escuchó el último canto de la Dama de Shalott.

Fue un canto apenado y sagrado. Su tono alto fue disminuyendo hasta que su sangre se congeló lentamente. Sus ojos se oscurecieron por completo; aún miraban las torres de Camelot. Porque antes de que las aguas la arrastrasen a la casa más cercana de la orilla, cantando su canción, murió la Dama de Shalott.

◆　◆　◆

2. **trotaba** *v.* caminaba rápidamente

3. **lustrados** *adj.* pulidos, brillantes

4. **Tira lira** un sonido sin significado que se tararea, como "Tra, la, la"

5. **pluma** los cascos de los caballeros solían estar decorados con plumas

6. **atavío** *s.* ropa

7. **popa** *s.* parte delantera de una embarcación

Desarrollar el vocabulario en inglés: Identificar cognados

Los cognados son palabras que comparten el mismo origen o raíz. En el párrafo que está enmarcado con un corchete, subraya los cognados en español de estas palabras en inglés: *sun, trotted, reflected, clear.*

Verifica tu comprensión

1. ¿A quién vio la Dama de Shalott a través de su espejo?

_____

2. ¿Pensaba la Dama de Shalott que la persona que vio era atractiva? Escribe las frases que indican la respuesta.

_____

_____

_____

Estrategia de lectura

El narrador suele expresar lo que piensa el autor. Para **analizar las suposiciones y creencias filosóficas del autor** debes examinar lo que dice el narrador. ¿Qué **suposición** acerca de las mujeres se revela en el comportamiento de la dama?

a. se arriesgan por el amor
b. odian a los hombres
c. saben tejer bien
d. no miran los palacios

Mientras el bote a la deriva se acerca a Camelot, los caballeros y las damas van a ver quién está dentro. En la proa, o la parte delantera del bote, leen el nombre: *La Dama de Shalott.*

◆　◆　◆

¿Quién es? ¿Qué hay? Y en las salas del palacio iluminado cesó el sonido majestuoso de alegría. Se persignaron, atemorizados, los caballeros de Camelot. Pero solo Lancelot, en un momento de reflexión[8], dijo: —Tiene un rostro muy hermoso. Dios piadoso le conceda gracia[9] eterna a la Dama de Shalott.

Verifica tu comprensión

¿Qué le ocurre a la Dama de Shalott? ¿Crees que en realidad había una maldición?

_____

_____

_____

Desarrollar el vocabulario en inglés: Identificar cognados

En el párrafo que está enmarcado con un corchete, subraya los cognados en español de las siguientes palabras en inglés: *palace, illuminated, majestic, grace, eternal, moment.*

8. **reflexión** *s.* meditación, pensamiento
9. **gracia** *s.* divino amor y protección

Piensa en las selecciones
Thinking About the Selections

1. Los narradores de "En memoria, A. H. H." y "Ulises" hablan sobre cambios en sus vidas. En la tabla, resume los cambios que describe cada narrador.

"En memoria, A. H. H."	"Ulises"

2. **Análisis literario:** Compara los puntos de vista de Ulises y la Dama de Shalott con respecto al tiempo.

   El pasado de Ulises y la Dama de Shalott: _____

   _____

   El presente de Ulises y la Dama de Shalott: _____

   _____

   El futuro de Ulises y la Dama de Shalott: _____

   _____

3. **Estrategia de lectura:** Elige un poema y **analiza las suposiciones y creencias del autor.**

   _____

   _____

Coméntalo **¿Qué piensas tú?**

La Dama de Shalott miró hacia Camelot y la maldición cayó sobre ella. ¿Piensas que miró hacia Camelot por casualidad o a propósito? Comparte tus opiniones con los demás en un grupo pequeño.

Yo pienso que la Dama de Shalott miró hacia Camelot [por casualidad / a

propósito] porque _____

_____.

Vocabulario

Estas palabras están subrayadas en el texto. Escucha cada palabra. Dila. Luego, lee la definición y la oración de ejemplo.

impresionar *v.* Una persona que ha sido **impresionada,** admira o respeta a alguien o algo.

El maestro quedó impresionado al leer el excelente ensayo del estudiante.

dote *s.* Una **dote** es la propiedad y el dinero que una mujer le da a su esposo cuando se casan en algunas sociedades.

La mujer le dio a su esposo una dote después de casarse.

rareza *s.* Una **rareza** es una cosa cuya singularidad la convierte en algo valioso o interesante.

Sus orquídeas son consideradas una rareza en el desierto del suroeste.

Vocabulary

These words are translations of the words that are underlined in the text. Listen to each word. Say it. Then, read the definition and sample sentence.

impressed *(im PREST)* *v.* A person who is **impressed** admires or respects someone or something.

The teacher was impressed by the student's excellent essay.

dowry *(DOW ree)* *n.* A **dowry** is the property and money that a woman gives to her husband when they marry in some societies.

The woman gave her husband a dowry after they were married.

rarity *(RAYR uh tee)* *n.* A **rarity** is a thing whose uniqueness makes it valuable or interesting.

His orchids are considered a rarity in the desert southwest.

A. Práctica: Completa cada oración con la palabra de vocabulario correcta.

1. Me quedé muy _____ por todas las cosas buenas que mis compañeros hicieron por mí.

2. En el pasado, las mujeres solían dar una _____ a su marido después de casarse.

3. Ver un águila calva es una _____.

B. English Practice: Complete each sentence with the correct vocabulary word.

1. The _____ audience cheered Keisha's performance.

2. The woman's _____ included land, jewels, and works of art.

3. Coin collectors considered her 1882 silver dollar a _____.

Mi última duquesa
Robert Browning

Resumen A medida que comienza el poema, el Duque le muestra a un hombre un cuadro de su primera esposa, quien ha muerto. El hombre es un agente que representa al padre de la mujer con la cual el Duque espera casarse. El Duque le cuenta al hombre que su primera esposa se "impresionaba fácilmente" con cualquier cosa que veía o cualquier cosa que alguien hacía por ella. A él le disgustaba que ella no apreciara su "nombre" de familia importante y que no considerara este nombre como un "obsequio" especial. El Duque "dio una orden; y todas las sonrisas cesaron". Los dos hombres comienzan a retirarse. El Duque le dice al agente que él sabe que el padre de la nueva novia cumplirá sus exigencias de una dote adecuada, propiedad que le corresponde por ser el novio.

Summary As the poem begins, the Duke is showing a man a painting of the Duke's first wife, who is now dead. The man is an agent representing the father of the woman the Duke hopes to marry. The Duke tells the man that his first wife was "too easily impressed" by whatever she saw or by whatever anyone did for her. He did not like the way she seemed to rank his "gift" of a great family "name" as equal to "anybody's gift". The Duke "gave commands; / Then all smiles stopped altogether." The two men begin to leave. The Duke tells the agent that he knows his demands for an adequate dowry, property due to him as the groom, will be met by the new bride's father.

Guía para tomar notas

Usa la tabla siguiente para determinar el significado y hacer inferencias sobre las palabras y acciones del narrador.

Palabras / acciones del narrador	Significado	Inferencias
"Aquella pintura sobre la pared es de mi última duquesa".		

Copyright © Pearson Education, Inc. All rights reserved.

Análisis literario

Un **monólogo dramático** es un discurso largo que hace un personaje.

1. ¿Quién hace este monólogo dramático?

_____

_____

2. ¿Con quién habla?

_____

_____

3. ¿Por qué se han reunido?

_____

_____

_____

Verifica tu comprensión

¿Por qué se enoja el Duque con su esposa? Encierra en un círculo las frases del texto que te indican la respuesta.

Mi última duquesa
Robert Browning

El Duque de Ferrara es un noble italiano del siglo XVI. Su primera esposa muere después de solo tres años de matrimonio. Ahora espera casarse con la hija de otro noble, un conde. Él está hablando con el representante del Conde acerca de la boda.

◆ ◆ ◆

Aquella pintura sobre la pared es de mi última duquesa. Pareciera que estuviera viva. Llamo a esa pieza una maravilla. Las manos de Frà Pandolf[1] trabajaron diligentemente durante un día y ahora ella allí está.

◆ ◆ ◆

El Duque explica que la alegría en la cara de la Duquesa no solo proviene de la presencia de su marido.

◆ ◆ ◆

Ella tenía un corazón —¿cómo podría decirlo?— muy fácil de alegrar, muy fácil de impresionar. Le gustaba todo lo que veía y su mirada se extendía a todas partes.

◆ ◆ ◆

Todo le agradaba: el amor del Duque, la salida del sol, un pequeño obsequio y hasta la mula que montaba.

◆ ◆ ◆

Siempre daba las gracias, lo que está bien. Pero lo hacía de una forma —qué sé yo— como si el regalo de mi nombre, con novecientos años de linaje, fuera igual a los regalos de cualquier otro.

◆ ◆ ◆

El Duque está disgustado por su actitud. Pero él nunca se rebajaría para corregir algo tan pequeño. Él es un hombre que nunca se rebaja.

◆ ◆ ◆

---

1. **Frà Pandolf** pintor imaginario del cuento

Oh señor, no hay duda que sonreía cada vez que pasaba. Pero, ¿quién no pasaba sin recibir la misma sonrisa? Esto aumentó, di órdenes y entonces las sonrisas cesaron. Allí está ella como si estuviera viva. ¿Podría usted levantarse?

◆ ◆ ◆

Mientras bajan a otro piso, el Duque menciona la buena dote, o propiedad que se ofrece en matrimonio, de la hija del Conde. También señala una estatua de bronce del dios romano del mar, Neptuno.

◆ ◆ ◆

Sin embargo, observe usted a Neptuno. Está domando un caballo de mar, que todos creen una rareza. ¡Claus de Innsbruck[2] lo ha tallado en bronce para mí!

---

2. **Claus de Innsbruck** escultor austríaco imaginario

Desarrollar el vocabulario en inglés: Identificar cognados

Los cognados son palabras que comparten el mismo origen o raíz. En el primer párrafo que está enmarcado con un corchete, subraya los cognados en español de las siguientes palabras en inglés: *Sir, passed, receiving, orders.*

Estrategia de lectura

Puedes adquirir mayor entendimiento de una obra literaria al **comparar y contrastar los elementos** de esta con los de otra obra. Compara el amor profundo y perdurable de otras obras con el tipo de amor que se expresa en "Mi última duquesa".

_____

_____

_____

Desarrollar el vocabulario en inglés: Identificar cognados

En el último párrafo que está enmarcado con un corchete, subraya los cognados en español de las siguientes palabras en inglés: *observe, rarity, bronze.*

UNIDAD 5

ANTES DE LEER: VIDA EN UN AMOR • AMOR ENTRE LAS RUINAS • SONETO 43
Before You Read: Life in a Love • Love Among the Ruins • Sonnet 43

Vocabulario

Escucha cada palabra. Dila. Luego, lee la definición y la oración de ejemplo.

eludir *v.* Si algo que quieres te **elude,** no puedes encontrarlo ni lograrlo.

Un conejo suele correr para eludir sus enemigos.

intersecarse *v.* Si dos líneas o caminos **se intersecan,** se unen o se cruzan.

Hay un puente nuevo donde la autopista y el río se intersecan.

pasión *s.* La **pasión** es un sentimiento muy fuerte por algo.

El adolescente tenía pasión por el fútbol y el canto.

Vocabulary

Listen to each word. Say it. Then, read the definition and sample sentence.

eludes *(i LOODZ) v.* If something that you want **eludes** you, you fail to find or achieve it.

A rabbit typically eludes his enemies by running away.

intersect *(in ter SEKT) v.* If two lines or roads **intersect,** they meet or cross each other.

There is a new bridge where the highway and the river intersect.

passion *(PA shuhn) n.* **Passion** is a very strong feeling for something.

The teen had a passion for both football and singing.

A. Práctica: Completa cada oración con la palabra de vocabulario correcta.

1. Las personas que _____ la declaración de impuestos, cometen un delito grave.

2. El cruce de las vías del tren se _____ con la ruta 10.

3. Ser escritor es mi gran _____.

B. English Practice: Complete each sentence with the correct vocabulary word.

1. The thing that _____ our team is the championship.

2. Those two hallways _____ next to the chemistry lab.

3. The speaker presented her session with _____ and skill.

Vida en un amor · Amor entre las ruinas
Robert Browning

Soneto 43
Elizabeth Barrett Browning

Resúmenes Estos poemas presentan el amor romántico desde diferentes ángulos. **"Vida en un amor"** presenta a un narrador que sufre por amor y explica que siempre seguirá a su amada. En **"Amor entre las ruinas"**, un pastor describe las ruinas en donde él vive con su amada. Estas son las ruinas de una maravillosa civilización antigua, pero él llega a la conclusión de que su amor actual es más grande que las glorias de aquella civilización. En **"Soneto 43"**, la narradora describe el amor eterno que siente por su amado.

Summaries
These poems look at romantic love from different angles. **"Life in a Love"** features a love-struck speaker who explains that he will follow his beloved forever. In **"Love Among the Ruins,"** a shepherd describes the ruins where he and his beloved live. These ruins are of a wonderful past civilization, but he concludes that his present love is greater than that civilization's glories. In **"Sonnet 43,"** the speaker describes her unending love for her beloved.

Guía para tomar notas

Usa esta tabla para anotar la opinión de cada narrador acerca del amor. Marca con una palomita (✓) los recuadros que apliquen a cada narrador. Las categorías pueden aplicarse a más de un poema.

Narrador	Cree que el amor es para siempre	Cree que el amor continuará después de la muerte	Cree que su amor es aún más grande que una gran civilización	Cree que el amor hiere a los que aman
"Vida en un amor"				
"Amor entre las ruinas"				
"Soneto 43"				

Piensa en las selecciones
Thinking About the Selections

1. El escenario de "Amor entre las ruinas" es un área cerca del hogar del narrador. El narrador compara el lugar como era en el pasado al lugar como es en sus tiempos. Completa el organizador gráfico con dos líneas que describan el escenario como era en el pasado y otras dos que describan el escenario como es en los tiempos del narrador. Sigue el ejemplo.

```
                    ┌──────────────┐
                    │   Escenario  │
                    └──────────────┘
              ↙                           ↘
```

En el pasado	En la época del narrador
"una ciudad grande y alegre"	"pastos solitarios"

2. **Análisis literario:** El **monólogo dramático** nos dice mucho acerca del narrador porque revela lo que piensa y siente. Describe dos cosas que aprendiste sobre el narrador de "Mi última duquesa" a través de su monólogo dramático.

_____

_____

3. **Estrategia de lectura: Compara y contrasta** el amor que expresan los narradores de "Vida en un amor" y "Soneto 43".

_____

_____

Coméntalo

Comparte tu opinión

En "Mi última duquesa", ¿qué opina el Duque acerca de su esposa fallecida? ¿Qué secciones del poema te lo indican? ¿Qué opinas acerca del Duque? Comparte tu opinión en un grupo pequeño.

_____

_____

_____

Vocabulario

Estas palabras están subrayadas en el texto. Escucha cada palabra. Dila. Luego, lee la definición y la oración de ejemplo.

monótono(a) *adj.* Algo **monótono** es aburrido porque nunca cambia.

El cielo invernal era de un color gris monótono.

representaciones *s.* Las **representaciones** son dibujos o ilustraciones de algo.

Las representaciones de las hojas adornaban los platos de la cena.

regocijado(a) *adj.* Cuando alguien está **regocijado,** él o ella está animado(a).

El equipo se sintió regocijado al ganar el campeonato estatal.

Vocabulary

These words are translations of the words that are underlined in the text. Listen to each word. Say it. Then, read the definition and sample sentence.

monotonous *(muh NAHT uh nuhs) adj.* Something that is **monotonous** is boring because it never changes.

The winter sky was a monotonous gray color.

representations *(rep ri zen TAY shuhnz) n.* **Representations** are pictures or illustrations of something.

Representations of leaves decorated the dinner plates.

elated *(i LAYT id) adj.* When someone is **elated,** he or she is excited.

The team was elated at winning the state championship.

A. Práctica: Completa cada oración con la palabra de vocabulario correcta.

1. Estoy harta de escuchar esa canción _____.

2. Al artista le gusta pintar _____ de frutas.

3. ¡Me sentí _____ al saber que había ganado la lotería!

B. English Practice: Complete each sentence with the correct vocabulary word.

1. I was lulled to sleep by the _____ tone of her voice.

2. The artist specialized in making _____ of birds in flight.

3. Sebastian was _____ when his father bought a new car.

de Tiempos difíciles

Charles Dickens

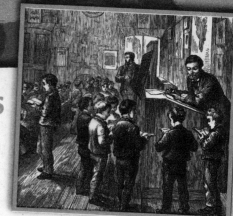

Resumen El Sr. Gradgrind, director de una escuela, enseña a sus alumnos la importancia de la realidad. Llama a una joven de nombre Sissy Jupe y, cuando se entera de su nombre, le dice que lo cambie por Cecilia. Al escuchar que su padre trabaja con caballos, le pide a la joven que defina qué es un caballo. Ella no sabe cómo hacerlo. Entonces, un muchacho define irónicamente a un caballo como un "Cuadrúpedo. Herbívoro. Cuarenta dientes…", y así gana la aprobación de Gradgrind. Un profesor llamado M'Choakumchild enseña a sus alumnos de modo tal que los desalienta a utilizar la imaginación.

Summary
Mr. Gradgrind, who runs a school, lectures his students on the importance of facts. He calls on a girl named Sissy Jupe and, learning her name, tells her to change it to Cecilia. On hearing her father works with horses, he asks her to define a horse. She cannot do so. Then, a boy drily defines a horse as "Quadruped. Graminivorous. Forty teeth…" and wins Gradgrind's approval. A teacher named M'Choakumchild teaches the students in such a way as to discourage the exercise of imagination.

Guía para tomar notas

Lee el propósito en la tabla siguiente. Luego, identifica detalles del texto que respalden ese propósito. Escribe los detalles en la columna a la derecha.

Propósito	Detalles que respaldan el propósito
• Criticar de forma humorística la filosofía llamada utilitarismo, que enfatiza los hechos y disuade a las personas de usar la imaginación	

de Tiempos difíciles
Charles Dickens

En la ciudad industrial de Coketown, Inglaterra, vive un empresario rico y retirado, llamado Gradgrind. Ha fundado una escuela para niños pobres. Gradgrind cree que los hechos y la razón deben ser el enfoque de todas las actividades. Piensa que todo puede ser pesado y medido y que las cosas materiales hacen feliz a la gente. Explica sus ideas cuando se reúne con un oficial del gobierno y el maestro que ha contratado, el señor M'Choakumchild[1].

◆ ◆ ◆

—Ahora bien, lo que quiero son hechos. No enseñe a estos niños sino hechos. Solo hechos se necesitan en la vida. No siembre otra cosa y arranque de raíz todo lo demás. Las mentes de seres razonables solo se pueden formar con hechos: ninguna otra cosa les servirá jamás. Con este principio educo a mis propios hijos y con este principio educo a estos niños. ¡Aténgase a los hechos, señor!

Esta escena se llevó a cabo en un salón de clases poco atractivo, sin adornos y <u>monótono</u> como una cámara de seguridad.

◆ ◆ ◆

Los niños están sentados en orden numérico. El señor Gradgrind los imagina como pequeños cántaros que esperan por los hechos que se verterán dentro de ellos. Ahora, él se dirige a la clase.

◆ ◆ ◆

—Niña número veinte —dijo el señor Gradgrind, y con su índice señaló directamente a la niña—. Yo no conozco a esa niña. ¿Quién es esa niña?

—Me llamo Sissy Jupe, Señor —explicó la niña número veinte, ruborizada. Se paró e hizo una reverencia.

—Sissy no es un nombre —dijo el señor Gradgrind—. Deja de llamarte Sissy. Llámate Cecilia.

—Mi padre es quien me llama Sissy, Señor —contestó la niña con voz trémula e hizo otra reverencia.

---

1. **señor M'Choakumchild** un nombre inventado que en inglés suena a "señor Yo-estrangulo-niños"; a través de su nombre, el autor nos indica que al maestro no le gustan los niños

Análisis literario

En esta novela se **evalúan las influencias éticas y sociales.** Dickens incluyó pistas sobre sus opiniones. *Coke*, o coque, es un producto del carbón. También es un residuo negro que se obtiene al quemar combustibles.

1. ¿Qué querría Dickens que pensáramos acerca de la ciudad llamada Coketown?

a. que estaba contaminada y sucia

b. que era lujosa y limpia

c. que era soleada y bonita

d. que estaba apartada y solitaria

2. ¿Qué influencia social o ética de la sociedad victoriana evalúa Dickens en esta novela?

_____

Verifica tu comprensión

¿Qué es lo único que el señor Gradgrind quiere que se enseñe en su escuela? Encierra en un círculo la respuesta en el texto.

Estrategia de lectura

Puedes **analizar el propósito del autor,** o razón por la que escribió su obra. ¿Cuál es el propósito de Dickens?

a. revelar el personaje de Sissy

b. burlarse de la arquitectura

c. criticar a los millonarios

d. mostrar cómo las escuelas reprimen la individualidad

Verifica tu comprensión

¿Pudo Sissy Jupe contestar la pregunta del señor Gradgrind? Subraya las oraciones que te indican la respuesta.

Estrategia de lectura

Vuelve a leer los párrafos enmarcados por un corchete. Marca con una palomita (✓) la frase que describe el **propósito del autor**.

_____ presentar el personaje de Bitzer

_____ burlarse del método de enseñanza basado solo en hechos

_____ dar información sobre los caballos

_____ burlarse de la vestimenta del señor Gradgrind

Desarrollar el vocabulario en inglés: Identificar cognados

Los cognados son palabras que comparten el mismo origen o raíz. En el texto que está enmarcado con un corchete, subraya los cognados en español de las siguientes palabras en inglés: *quadruped, herbivore, molars, incisors, number.*

—Entonces él no debe hacerlo —dijo el señor Gradgrind—. Dile que no debe. Cecilia Jupe. Déjame ver. ¿A qué se dedica tu padre?

—Monta caballos, Señor.

◆　◆　◆

El padre de Sissy monta en un circo. Al señor Gradgrind le parece malo ese trabajo. Le ordena a Sissy que diga que su padre entrena, hierra[2] y trata a los caballos cuando están enfermos. Él continúa:

◆　◆　◆

—Dame una definición para caballo.

(Sissy Jupe, ante esta petición, se pasmó, atemorizada.)

—¡La niña número veinte es incapaz de definir un caballo! —dijo el señor Gradgrind para el beneficio[3] de todos los pequeños cántaros—. ¡La niña número veinte no conoce ningún hecho relativo a uno de los animales más comunes! Que algún niño dé una definición para caballo. Bitzer, tú.

◆　◆　◆

Bitzer es el tipo de cántaro que al señor Gradgrind le gusta. Tiene una excelente memoria y ha asimilado muchos hechos. Es un muchacho pálido y pecoso de mirada fría.

◆　◆　◆

—Cuadrúpedo[4]. Herbívoro[5]. Cuarenta dientes, a saber: veinticuatro molares, cuatro colmillos y doce incisivos. En países pantanosos, muda su pelaje en primavera; también muda sus pezuñas. Tiene cascos duros, pero hay que herrarlos. La edad se conoce por las marcas en el hocico.

Eso y mucho más dijo Bitzer.

—Ahora, niña número veinte —dijo el señor Gradgrind—, ya sabes lo que es un caballo.

◆　◆　◆

El otro visitante ahora toma un paso hacia adelante. Es un oficial del gobierno que ha pasado su vida siguiendo reglas insignificantes y una rutina aburrida.

◆　◆　◆

---

2. **hierra** *v.* pone herraduras a los caballos para proteger sus patas

3. **para el beneficio** para llamar la atención

4. **cuadrúpedo** *s.* animal que camina en cuatro patas

5. **herbívoro** *adj.* que come hierbas

—Ahora permítanme preguntarles, niños. ¿Empapelarían un cuarto con representaciones de caballos?

Después de una pausa, la mitad de los niños gritó a coro: —¡Sí, Señor!

Viendo en la cara del caballero que "sí" era la respuesta incorrecta, la otra mitad gritó a coro: —¡No, Señor! —como es costumbre en estas evaluaciones.

—Por supuesto que no. ¿Por qué no se debería?

◆ ◆ ◆

Los niños no tienen idea. El visitante señala que los caballos no recorren los cuartos en realidad. Así que no tiene ningún sentido que lo hagan en papel de empapelar. Luego, pregunta si deberían tener alfombras con representaciones de flores. Ahora, la mayoría de los niños sabe que deberían responder "no". Algunos aún dicen "sí", incluida Sissy Jupe.

◆ ◆ ◆

Sissy se sonrojó y se puso de pie.

—¿Entonces alfombrarías tu cuarto o el de tu esposo, cuando seas una mujer casada, con representaciones de flores? ¿Lo harías? —preguntó el caballero—. ¿Por qué?

—Si me permite, Señor, soy muy aficionada a las flores —respondió la niña.

—¿Y por eso pondrías mesas y sillas encima de ellas, y tendrías gente caminando sobre ellas con botas pesadas?

—Eso no las lastimaría, Señor. Ellas no se aplastarían ni **se marchitarían,** Señor. Serían imágenes de algo lindo y placentero, y yo las imaginaría…

—¡Ay, ay, ay! pero no debes imaginarlas —exclamó el caballero, realmente regocijado por volver tan alegremente a su punto—. ¡Ahí está! Nunca debes usar tu imaginación.

—Nunca debes hacer algo de ese tipo, Cecilia Jupe —Thomas Gradgrind repitió solemnemente.

—¡Hechos, hechos, hechos! —dijo el caballero.

—¡Hechos, hechos, hechos! —repitió Thomas Gradgrind.

◆ ◆ ◆

Palabras de uso diario

se marchitarían v. se arrugarían, secarían y morirían

Desarrollar el vocabulario en inglés: Identificar cognados

En el párrafo que está enmarcado con un corchete, subraya los cognados en español de estas palabras en inglés: *visitor, reality, paper, representations, respond, including.*

Verifica tu comprensión

¿Por qué quiere Sissy una alfombra con dibujos de flores?

_____

_____

Comprensión cultural

Las escuelas durante los tiempos de Dickens eran muy diferentes a las escuelas de hoy. Las reglas eran muy estrictas y se les pedía a los niños que no usaran su imaginación. Compara tu escuela con la que describe Dickens.

El ambiente de mi escuela es

_____

El ambiente de la escuela de Dickens es

_____

Los exámenes en mi escuela son

_____

Los exámenes en la escuela de Dickens son

_____

Los maestros de mi escuela son

_____

Los maestros de la escuela de Dickens son

_____

Verifica tu comprensión

Usa tus propias palabras para completar las oraciones siguientes y explicar lo que significa la oración subrayada.

Si el señor M'Choakumchild

_____

_____

él podría ser

_____

_____

El oficial le dice a Sissy que olvide la palabra imaginación porque es lo opuesto a hechos. Luego pide al señor M'Choakumchild que comience a enseñar la primera lección.

◆　◆　◆

Así que el señor M'Choakumchild comenzó a su mejor manera. Él y algunos de los otros ciento cuarenta maestros habían sido producidos recientemente, al mismo tiempo, en la misma fábrica y con los mismos principios, como numerosas patas de una pianola[6].

◆　◆　◆

El señor M'Choakumchild ha aprendido los hechos en una larga lista de asignaturas. Él sabe todo acerca de los idiomas, la geografía y las ciencias.

◆　◆　◆

Si solamente hubiera aprendido un poco menos, ¡cuán infinitamente mejor podría haber enseñado mucho más!

6. **pianola** s. piano

Piensa en la selección
Thinking About the Selection

1. Los escritores suelen usar las palabras de un personaje para expresar sus propias ideas a los lectores. Vuelve a leer el pasaje en la primera columna de la tabla. Para completar la tabla, identifica el efecto del pasaje sobre el lector y el mensaje deseado de Dickens.

Pasaje	Efecto deseado	Mensaje deseado
"Ahora bien, lo que quiero son hechos. No enseñe a estos niños sino hechos. Solo hechos se necesitan en la vida. No siembre otra cosa y arranque de raíz todo lo demás. Las mentes de seres razonables solo se pueden formar con hechos: ninguna otra cosa les servirá jamás".		

2. **Análisis literario:** En *Tiempos difíciles,* el escenario es "un salón de clases poco atractivo, sin adornos y monótono como una cámara de seguridad". ¿Cómo usa Dickens esta descripción para **analizar las influencias éticas y sociales** de la sociedad victoriana?

_____

_____

3. **Estrategia de lectura:** Para **analizar el propósito del autor** debes identificar los detalles y pensar en la razón por la que el autor decidió incluirlos. En inglés, la palabra *grind* significa "trabajo pesado o aburrido". En *Tiempos difíciles,* ¿por qué el autor le da el nombre de "señor Gradgrind" al director?

_____

_____

Coméntalo **Explicar la causa y el efecto**

Según el Sr. Gradgrind, ¿qué es lo opuesto de los hechos? ¿Cómo influye esta opinión en su punto de vista sobre la educación? Comparte tus ideas con los demás en un grupo pequeño.

La creencia del Sr. Gradgrind de que _____ *es lo opuesto de los*

hechos, lo hace enfocarse en la educación _____

_____ *.*

Vocabulario

Estas palabras están subrayadas en el texto. Escucha cada palabra. Dila. Luego, lee la definición y la oración de ejemplo.

comenzar *v.* Si algo **comenzó,** empezó.

El concierto por fin comenzó después de un retraso causado por las personas que llegaron tarde.

contemplar *v.* **Contemplar** significa pensar mucho en algo.

Raúl se sentó en las escaleras para contemplar cómo mejorar sus notas.

meditar *v.* **Meditar** significa pensar profunda y seriamente en algo o estar pensativo.

Los estudiantes tuvieron tiempo para meditar sobre el nuevo problema de matemáticas.

Vocabulary

These words are translations of the words that are underlined in the text. Listen to each word. Say it. Then, read the definition and sample sentence.

commenced *(kuh MENST) v.* If something **commenced,** it began.

The concert finally commenced after a delay caused by late arrivals.

contemplate *(KUHN tem playt) v.* **Contemplate** means to think a great deal about something.

Raul sat on the steps to contemplate how to improve his grades.

meditate *(med i TAYT) v.* To **meditate** is to think deeply and seriously about something or to be thoughtful.

The students had time to meditate on the new math problem.

A. Práctica: Completa cada oración con la palabra de vocabulario correcta.

1. Nadie sabe quién _____ el pleito.

2. Nunca he _____ las flores porque no me gustan.

3. A veces es necesario ir a un lugar tranquilo y retirado para

_____ .

B. English Practice: Complete each sentence with the correct vocabulary word.

1. The inspectors believed that the fire _____ in the attic.

2. Ramón _____ his fate as he observed the crowded courtroom.

3. Antwan likes to _____ every morning to relax.

de Jane Eyre
Charlotte Brontë

Resumen En este capítulo de la novela, Jane se encuentra en un internado para niñas huérfanas llamado Lowood. Ella describe las severas condiciones físicas, la falta de comida y la forma cruel en la que una de las profesoras, la Srta. Scatcherd, trata a una niña llamada Helen Burns. Luego Jane tiene la oportunidad de hablar con Helen en privado. Jane se sorprende de que Helen acepte todos los maltratos contra ella.

Summary In this chapter of the novel, Jane is at a boarding school for orphan girls called Lowood. She describes the harsh physical conditions, the lack of sufficient food for the girls, and the cruel way in which one of the teachers, Miss Scatcherd, treats a girl named Helen Burns. Later, Jane has the opportunity to speak with Helen in private. Jane is surprised by Helen's acceptance of the wrongs done to her.

Guía para tomar notas

Usa la tabla siguiente para comparar y contrastar los personajes de Jane Eyre y Helen Burns.

	Jane Eyre	Helen Burns
Semejanzas		
Diferencias		

de Jane Eyre
Charlotte Brontë

Después de morir los padres de Jane Eyre, su tía egoísta la envía a una escuela para niñas pobres, llamada Lowood. La escuela es un lugar austero con una rutina estricta que a Jane no le gusta. Poco dinero se usa para la alimentación y la comodidad de las niñas. Aunque era el mes de enero, tenían poca calefacción. Jane, quien narra la novela, ha estado en Lowood durante dos días.

◆　◆　◆

El día siguiente comenzó como el anterior. Me levanté y me vestí con la luz de una vela hecha de junco[1]. Pero esta mañana estuvimos **obligadas** a **prescindir de** la ceremonia del lavado; el agua en los cántaros estaba congelada... Antes de que terminaran la larga hora y media de oración y lectura de la Biblia, estaba lista para **fallecer** de frío. Por fin llegó la hora del desayuno... ¡Qué pequeña parecía mi porción! Deseaba que fuera el doble.

◆　◆　◆

Jane no está familiarizada con la rutina escolar. Se siente contenta cuando sus lecciones terminan a las tres en punto y le dan un dobladillo para coser. Pero algunas de las niñas mayores están leyendo con la señorita Scatcherd, la maestra de historia. Las niñas están sentadas en un orden específico. La que mejor lee ocupa el primer lugar. La mejor lectora es una niña que había hablado amablemente con Jane el día anterior. Jane se sorprende cuando la maestra manda a esta niña a sentarse en el último lugar sin ninguna explicación.

◆　◆　◆

Análisis literario

Los autores suelen hacer **suposiciones,** o tener sus propias ideas, acerca de personas, lugares o sucesos. Vuelve a leer las oraciones subrayadas. Marca con una palomita (✓) la línea delante de las suposiciones que la autora podría haber tenido sobre las escuelas como Lowood.

_____ Las escuelas no están muy alumbradas.

_____ Las escuelas no tienen calefacción.

_____ Las estudiantes se visten muy bien.

_____ Las porciones de comida son muy pequeñas.

Verifica tu comprensión

¿Por qué es imposible para las niñas lavarse en las mañanas?

_____

_____

_____

Desarrollar el vocabulario en inglés: Identificar cognados

Los cognados son palabras que comparten el mismo origen o raíz. En el párrafo que está enmarcado con un corchete, subraya los cognados en español de las siguientes palabras en inglés: *familiar, routine, specific, history, explanation.*

Palabras de uso diario

obligadas *adj.* forzadas

prescindir de *v.* evitar, eliminar

fallecer *v.* morir

1. **junco** s. planta cuyos tallos y ramas se usaban para fabricar velas baratas que producían un olor desagradable y un humo amarillo

La señorita Scatcherd continuó haciéndola objeto de constante atención; continuamente **se dirigía** a ella con frases como estas:

—Burns, (aquel debía ser su nombre de familia[2] porque en este lugar, a las niñas les llamaban por su nombre de familia, como a los muchachos) no te pises los zapatos; apunta los pies hacia fuera de inmediato. Burns, tu barbilla sobresale de una manera desagradable; bájala. Burns, levanta la cabeza; no quiero verte ante mí con esa postura —etcétera, etcétera.

Después de leer un capítulo dos veces, se cerraron los libros y todas las muchachas fueron interrogadas... Cada preguntita era contestada instantáneamente cuando alcanzaba a Burns. Su memoria parecía haber retenido toda la materia de la lección y contestaba todo con facilidad. Yo esperaba que la señorita Scatcherd elogiara su atención, pero en vez de ello, de repente exclamó:

—¡Oh, qué niña sucia y desagradable! ¡No te limpiaste las uñas esta mañana!

Burns no contestó y me pregunté por qué guardaba silencio. "¿Por qué no explica", pensé, "que no pudo limpiarse las uñas ni lavarse la cara porque el agua estaba congelada?"

◆ ◆ ◆

A Jane la llama otra maestra que necesita ayuda para bordar tejidos para coser. Cuando Jane regresa a su asiento, la señorita Scatcherd acaba de enviar a Burns a conseguir un haz de ramitas que usaría para castigarla.

◆ ◆ ◆

Luego, tranquilamente y sin que se lo pidieran, se quitó el mandil[3], y en un instante, la señorita Scatcherd le descargó una docena de fuertes golpes con el haz, debajo de la nuca. Ni una lágrima le saltó a Burns, ni un rasgo de sus facciones se alteró. Yo había suspendido la costura porque mis manos comenzaron a temblar. Contemplaba la escena con un profundo sentimiento de impotente angustia.

Palabras de uso diario

se dirigía *v.* hablaba, decía

2. **nombre de familia** *s.* apellido
3. **mandil** *s.* delantal

TOMAR NOTAS
Take Notes

Comprensión cultural

Un apellido es el nombre de una familia. En inglés, las personas suelen usar solo el apellido de su padre.

Estrategia de lectura

Para saber cómo las opiniones de la autora afectan su obra, debes **analizar sus suposiciones.** Estas se expresan a través de sus descripciones de las personas, los lugares y los sucesos.

1. ¿Cómo describe la autora a Burns?

_____

2. ¿En qué suposición acerca de las niñas de Lowood se basa esta descripción?

a. Las niñas son víctimas del sistema educativo.

b. Las niñas son muy maleducadas.

c. Las niñas aprenden la lección.

d. Las niñas no se limpian las uñas por las mañanas.

Verifica tu comprensión

¿Quién es la más brillante alumna? Encierra en un círculo la respuesta y la evidencia del texto.

Verifica tu comprensión

Lee el párrafo enmarcado con un corchete. Según la autora, ¿cuáles de estas palabras describen a Burns?

a. empedernida y cochina

b. estoica y fuerte

c. impotente y angustiada

d. limpia y organizada

Desarrollar el vocabulario en inglés: Identificar cognados

En los primeros párrafos que están enmarcados con un corchete, subraya los cognados en español de estas palabras en inglés: *exclaimed, habits, introduced, delicate, obeyed.*

Estrategia de lectura

¿Qué **suposición** hace la autora cuando escribe que Jane detestaría a la maestra si esta le pegara?

_____

_____

_____

Desarrollar el vocabulario en inglés: Identificar cognados

En los últimos párrafos que están enmarcados con un corchete, subraya los cognados en español de las siguientes palabras en inglés: *instruct, severe, detest, resist, decision, consequences.*

Comprensión cultural

Burns le dice a Jane: "La Biblia nos enseña a devolver bien por mal". En el pasado, la Biblia era la base de gran parte de la enseñanza en las escuelas. Piensa en los extractos de la Biblia que leíste en las últimas unidades. ¿Qué mensajes tenían?

—¡Qué niña tan empedernida! —exclamó la señorita Scatcherd—. No hay modo de quitarle esos hábitos **de cochino.**

Burns obedeció. La miré de reojo cuando salió del almacén de libros. En aquel momento introducía su pañuelo en el bolsillo y la huella de una lágrima se veía en su delicada mejilla.

◆ ◆ ◆

Pronto, es la hora del recreo. Le parece a Jane el mejor momento del día. Aún hambrienta, está feliz de tener algo de pan y café. Luego busca a Burns y la encuentra leyendo al lado de la chimenea.

◆ ◆ ◆

Me senté en el suelo, a su lado.

—¿Cómo te llamas, además de Burns?

—Helen.

—¿Vienes desde lejos?

—No, soy de un pueblo del Norte, cerca de la frontera con Escocia.

—¿Piensas volver alguna vez?

—Espero que sí, pero nunca se sabe lo que pueda ocurrir.

—Debes tener ganas de irte de Lowood, ¿verdad?

—No, ¿por qué debería tenerlas? Me han enviado aquí para instruirme y no me iré hasta lograrlo.

—Pero esa profesora, la señorita Scatcherd, es muy cruel contigo.

—¿Cruel? Para nada. Es severa y no me perdona ninguna falta.

—Si yo estuviera en tu lugar, la detestaría y me resistiría a ella. Si me pegara con aquella vara, se la arrancaría de la mano y se la rompería en la cara.

—Seguramente no harías nada de eso, pero si lo hicieras, el señor Brocklehurst[4] te expulsaría del colegio y eso sería muy humillante para tu familia. Así que vale más aguantar con paciencia un poco de dolencia[5], que tomar una decisión precipitada cuyas malas consecuencias se extenderían a tus familiares. Además, la Biblia nos enseña a devolver bien por mal.

◆ ◆ ◆

Palabras de uso diario

de cochino *adj.* como un cerdo, sucio

4. **señor Brocklehurst** el director del colegio
5. **dolencia** *s.* dolor

Jane no comprende el punto de vista de Helen. Ella piensa que no tiene ningún sentido premiar a las personas malas con bondad y buena conducta, porque entonces nunca cambiarán. Sin embargo, ella admira mucho a Helen por ser tan noble.

◆　◆　◆

—Dices que tienes faltas. ¿Cuáles son? A mí me pareces una niña muy buena.

—No debes juzgar por las apariencias. La señorita Scatcherd tiene razón; tengo hábitos de cochino. Muy pocas veces ordeno mis cosas, soy muy descuidada, se me olvidan las reglas, me pongo a leer cuando debiera aprender las lecciones, no tengo método y a veces digo, como tú, que no puedo soportar las cosas sistemáticas.

—Todo eso **provoca** a la señorita Scatcherd, quien es muy ordenada, puntual y muy particular.

—Y muy **malhumorada** y cruel —agregué, pero Helen Burns no hizo ningún comentario con respecto a lo que yo había agregado. Guardó silencio.

Ella no tuvo mucho tiempo para meditar. Una monitora, una muchacha grande y tosca, se acercó y le dijo, con su rudo acento de Cumberland[6]: —Helen Burns, si no ordenas tus gavetas y doblas tu trabajo ahora mismo, ¡iré a decírselo a la señorita Scatcherd!

Palabras de uso diario

provoca *v.* irrita, enfurece

malhumorada *adj.* que se irrita fácilmente, enojada

6. **Cumberland** un condado en el norte de Inglaterra

Verifica tu comprensión

Escribe las siete faltas que supuestamente tiene Burns.

_____

_____

_____

_____

_____

_____

Análisis literario

1. ¿Por qué crees que la monitora es brusca con Helen Burns? Ella es brusca porque

_____

_____

2. ¿Qué **suposiciones** sobre las escuelas muestra el comportamiento de la monitora?

_____

_____

Piensa en la selección
Thinking About the Selection

1. Completa el organizador gráfico con ejemplos de la historia que demuestren cuán severo es Lowood. Sigue el ejemplo.

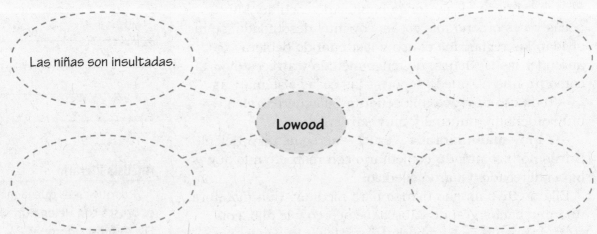

Las niñas son insultadas.

Lowood

2. **Análisis literario:** Anota una **suposición** que hace la autora en cada una de estas situaciones.

   La tía de Jane la envía a Lowood: _____

   Las niñas oran por una hora y media: _____

   La Srta. Scatcherd golpea a Helen: _____

3. **Estrategia de lectura:** Según la autora, ¿cómo son las niñas de las familias pobres de Inglaterra en aquellos tiempos?

   _____

   _____

   ? Escribir acerca de la Pregunta esencial

   ¿Cómo la literatura influye y refleja la sociedad? ¿Qué demuestra la selección acerca de las escuelas como Lowood? ¿De qué forma piensas que *Jane Eyre*, como novela popular, afectó las condiciones en estas escuelas?

   _____

   _____

   _____

Vocabulario

Escucha cada palabra. Dila. Luego, lee la definición y la oración de ejemplo.

tranquilo(a) *adj.* Algo **tranquilo** es agradablemente calmado, callado y pacífico.

La familia disfrutó de una comida campestre a la orilla del arroyo <u>tranquilo</u>.

cadencia *s.* Una **cadencia** es un patrón de sonidos o movimientos repetidos y regulares.

La gente que asistió al concierto movía su cabeza a la <u>cadencia</u> de la música.

fruncir *v.* **Fruncir** el ceño significa formar una expresión de enojo, tristeza o confusión con las cejas y la frente.

Cuando vi a mi padre <u>fruncir</u> el ceño, supe que me había metido en un lío.

Vocabulary

Listen to each word. Say it. Then, read the definition and sample sentence.

tranquil *(TRAN kwil) adj.* When something is **tranquil,** it is pleasantly calm, quiet, and peaceful.

The family enjoyed a picnic beside the <u>tranquil</u> stream.

cadence *(KAY duhns) n.* A **cadence** is a regular repeated pattern of sounds or movements.

People at the concert nodded along to the <u>cadence</u> of the music.

frown *(FROWN) v.* To **frown** is to make an angry, unhappy, or confused expression by moving the eyebrows together.

When I saw my father <u>frown</u>, I knew that I was in trouble.

A. Práctica: Completa cada oración con la palabra de vocabulario correcta.

1. Después de la hora de cerrar, la tienda estaba muy _____.

2. Ella bailó a la _____ de los tambores.

3. Mi mamá dice que no se debe _____ el ceño porque esto causa arrugas.

B. English Practice: Complete each sentence with the correct vocabulary word.

1. The summer nights in the country were _____ and warm.

2. The sergeant made the recruits keep _____ with songs.

3. She will _____ if her friend arrives late for lunch.

La playa de Dover
Matthew Arnold

La viuda de Windsor
Rudyard Kipling

Resúmenes "La playa de Dover" describe el imperio británico durante la era victoriana. El narrador de "La playa de Dover" mira por una ventana desde los blancos acantilados de roca caliza de Dover. Le describe a su amada la playa iluminada por la luna. Le dice que piense en el océano. A él esto le recuerda la tristeza de los tiempos pasados. Concluye que los amantes solo se tienen a sí mismos en el mundo moderno, donde no existe la fe, la felicidad, el amor ni la esperanza.

"La viuda de Windsor" también describe la era victoriana. El poema describe a la reina Victoria. El narrador es un soldado. Él está orgulloso de la riqueza, el poder y la fuerza militar de la reina. Pero al mismo tiempo, comprende el sufrimiento de los soldados. Ellos deben luchar por la reina. El narrador les recuerda a los británicos que gobernar una gran parte del mundo tiene un alto precio.

Summaries "Dover Beach" is about the British Empire in the Victorian Period. The speaker in "Dover Beach" looks out a window from the white chalk cliffs of Dover. He describes the moonlit beach to his love. He tells her to think about the ocean. It reminds him of the sadness of the times. He decides that lovers have only each other in the modern world, which has neither faith, happiness, love, nor hope.

"The Widow at Windsor" is also about the Victorian Period. The poem describes Queen Victoria. The speaker is a soldier. The speaker is proud of the queen's wealth, power, and military strength. At the same time, he understands the suffering of the soldiers. They must fight for the queen. The speaker reminds the people of Britain that their rule over much of the world comes at a high price.

Guía para tomar notas

En la tabla, anota imágenes de cada poema que ilustren el mundo que describe el narrador.

"La playa de Dover"	"La viuda de Windsor"

Vocabulario

Escucha cada palabra. Dila. Luego, lee la definición y la oración de ejemplo.

contrito(a) *adj.* La palabra **contrito** implica un sentimiento de culpa por algo malo que alguien ha hecho.

Él ofreció una disculpa <u>contrita</u> porque lamentaba lo que había hecho.

asombro *s.* El **asombro** es un sentimiento de gran respeto por alguien o algo.

Noé sentía <u>asombro</u> por su entrenador y mentor.

valiente *adj.* Cuando alguien es **valiente,** él o ella es muy heroico, especialmente en una situación difícil.

El bombero <u>valiente</u> rescató el gatito en peligro.

Vocabulary

Listen to each word. Say it. Then, read the definition and sample sentence.

contrite *(kuhn TRYT) adj.* The word **contrite** implies a feeling of guilt for something bad that someone has done.

He offered a <u>contrite</u> apology because he was sorry for what he had done.

awe *(AW) n.* **Awe** is a feeling of great respect for someone or something.

Noah was in <u>awe</u> of his coach and mentor.

valiant *(VAL yuhnt) adj.* When someone is **valiant,** he or she is very brave, especially in a difficult situation.

The <u>valiant</u> fireman rescued the stranded kitten.

A. Práctica: Completa cada oración con la palabra de vocabulario correcta.

1. Emma se sintió _____ porque sabía que tenía la culpa.

2. María no salía de su _____ al ver el Gran Cañón por primera vez.

3. Me dicen que soy muy _____ porque no le tengo miedo a nada.

B. English Practice: Complete each sentence with the correct vocabulary word.

1. Malcolm was _____ after he broke his mom's favorite vase.

2. The spectators felt _____ as they watched the circus performers.

3. The sergeant was _____ in saving his troops from harm.

Himno de fin de oficio
Rudyard Kipling

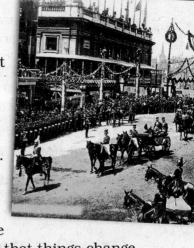

Resumen Este poema también trata sobre la era victoriana. El título en inglés, "Recessional", se refiere al fin del servicio religioso. También significa el fin del imperio británico. El narrador advierte a la población de Inglaterra que las cosas cambian a través del tiempo. Les dice que las glorias de hoy pueden desaparecer. Afirma que las personas deben ser humildes y depender de Dios.

Summary This poem is also about the Victorian Period. The title, "Recessional," means the end of a religious service. It also means the end of the British Empire. The speaker warns the people of England that things change over time. He tells them that today's glories can disappear. He says that the people should still be humble, and depend on God.

Guía para tomar notas

Usa esta tabla para anotar la idea principal de cada estrofa del poema. Luego, escribe la idea principal del poema completo.

Estrofa 1	Estrofa 2	Estrofa 3	Estrofa 4	Estrofa 5

Idea principal del poema:

Piensa en las selecciones
Thinking About the Selections

1. "La playa de Dover" incluye imágenes que apelan a los sentidos del lector. Para completar el organizador gráfico, elige dos frases u oraciones del poema que apelen a tus sentidos. Luego, describe lo que cada frase u oración te hace imaginar que estás viendo, oyendo, oliendo, probando o tocando. Sigue el ejemplo.

Oración que apela a los sentidos	Lo que pienso de la oración
"El mar está en calma esta noche".	Me imagino un *océano* oscuro con agua tranquila y el suave sonido de las olas.

2. Nínive y Tiro son ciudades antiguas que fueron alguna vez grandes, pero ya no lo son. Cuando el narrador de "Himno de fin de oficio" dice "Oigan, toda nuestra pompa del ayer. / Está unida con Nínive y Tiro", quiere decir que

_____

_____.

 Pensar en el narrador

En tu opinión, ¿qué piensa el narrador acerca de la viuda, el sujeto de "La viuda de Windsor"? Comenta tus ideas con un(a) compañero(a) y usa ejemplos del poema.

 Escribir acerca de la Pregunta esencial

¿Cuál es la relación entre el lugar y la literatura? ¿Qué comentario piensas que hace el narrador sobre el alcance y el poder del imperio británico?

_____

_____

_____

UNIDAD 5

ANTES DE LEER: RECUERDO • EL TORDO... • AH, ¿ESTÁS...

Before You Read: Remembrance • The Darkling Thrush • Ah, Are You...

Vocabulario

Escucha cada palabra. Dila. Luego, lee la definición y la oración de ejemplo.

oscurecer *v.* Cuando algo **oscurece**, está escondido o es difícil de ver, saber o entender.

Él intentó oscurecer la verdad con una mentira.

demacrado(a) *adj.* Alguien que está **demacrado** se ve muy delgado y pálido.

La enfermedad la dejó demacrada.

aguijonear *v.* Si estás **aguijoneando** algo, lo estás empujando rápidamente con tu dedo o un objeto puntiagudo.

Al aguijonear la culebra con el palo, esta se enfureció.

Vocabulary

Listen to each word. Say it. Then, read the definition and sample sentence.

obscure *(uhb SKYOOR) v.* When you **obscure** something, you hide it or make it difficult to see, know, or understand.

He tried to obscure the truth with a lie.

gaunt *(GAWNT) adj.* Someone who is **gaunt** looks very thin and pale.

The illness left her gaunt.

prodding *(PRAHD ing) v.* If you are **prodding** something, you are quickly pushing it with your finger or a pointed object.

Prodding the snake with the stick made it angry.

A. Práctica: Completa cada oración con la palabra de vocabulario correcta.

1. Se está poniendo el sol y va a _____.

2. Laura no come bien y por eso se ve _____.

3. El niño estaba _____ al cachorro con su espada de juguete.

B. English Practice: Complete each sentence with the correct vocabulary word.

1. The banker tried to _____ the loss by making deposits.

2. He appeared _____ and frail after the marathon.

3. The student kept _____ the lab mice with a pencil.

Recuerdo
Emily Brontë

El tordo a oscuras ·
Ah, ¿estás cavando sobre mi tumba?
Thomas Hardy

Resúmenes La narradora de **"Recuerdo"** es una mujer que le habla a su marido, quien murió hace quince años. Le pide que la perdone si ella lo olvida. Aunque su alegría murió con él, ahora su mente está enfocada en otros deseos y esperanzas. En **"El tordo a oscuras"**, el narrador describe un día frío y sombrío de invierno que de repente se ilumina gracias a un pájaro llamado tordo. El canto del pájaro llena de esperanza al narrador. El narrador de **"Ah, ¿estás cavando sobre mi tumba?"** es una mujer muerta que se pregunta quién está cavando sobre su tumba. ¿Es su amado, su familia o un enemigo?

Summaries The speaker in **"Remembrance"** is a woman addressing her love, who died fifteen years before. She asks him to forgive her if she forgets him. Although her joy died with him, her mind is now on other desires and hopes. In **"The Darkling Thrush,"** the speaker describes a bleak winter day that is suddenly brightened by a bird called a thrush. The bird's song gives the speaker hope. The speaker in **"Ah, Are You Digging on My Grave?"** is a dead woman wondering who is digging on her grave. Is it her loved one, her family, or an enemy?

Guía para tomar notas

Usa esta tabla para anotar los sentimientos de tristeza y esperanza que estén descritos en cada poema. Anota las estrofas en las que encuentras cada emoción.

Poema	Tristeza	Estrofa	Esperanza	Estrofa
"Recuerdo"				
"El tordo a oscuras"				
"Ah, ¿estás cavando sobre mi tumba?"				

Piensa en las selecciones
Thinking About the Selections

1. Describe al/a la narrador(a) de cada poema. Completa la tabla siguiente.

Poema	Narrador(a)
"Recuerdo"	
"El tordo a oscuras"	
"Ah, ¿estás cavando sobre mi tumba?"	

2. En "El tordo a oscuras", el pájaro le trae al narrador

_____

_____ .

Coméntalo **Explorar la ironía**

La palabra *ironía* significa "una situación que es inusual o divertida porque pasa algo extraño o sucede lo contrario de lo que se espera". ¿En qué poema es la ironía una característica importante? ¿Qué partes del poema te lo indican? Comparte tu opinión con los demás en un grupo pequeño.

Yo pienso que la ironía es una característica importante en ["Recuerdo" / "El tordo a oscuras" / "Ah, ¿estás cavando sobre mi tumba?"] porque _____

_____ .

Escribir acerca de la Pregunta esencial
¿Cuál es la relación entre el lugar y la literatura? ¿Qué desea comunicar Hardy a través de la ubicación del/de la narrador(a)?

_____

_____

_____

Vocabulario

Escucha cada palabra. Dila. Luego, lee la definición y la oración de ejemplo.

grandeza *s.* La **grandeza** es una belleza, un poder o un tamaño impresionante.

Se quedaron asombrados por la grandeza del palacio.

mancha *s.* Una **mancha** es una marca de suciedad.

El niño tenía una mancha de tierra en el cachete.

plaga *s.* Una **plaga** es algo que daña o estropea otra cosa.

La mafia es una plaga de la sociedad.

Vocabulary

Listen to each word. Say it. Then, read the definition and sample sentence.

grandeur *(GRAN jer) n.* **Grandeur** is impressive beauty, power, or size.

They were amazed at the grandeur of the palace.

smudge *(SMUJ) n.* A **smudge** is a dirty mark.

The boy had a smudge of dirt on his cheek.

blight *(BLYT) n.* A **blight** is something that damages or spoils something else.

The mafia is a blight on society.

A. Práctica: Completa cada oración con la palabra de vocabulario correcta.

1. Me quedé impactada con la _____ de las Cataratas del Niágara.

2. Tienes una _____ en tu camisa.

3. Una _____ de mosquitos está infestando la ciudad.

B. English Practice: Complete each sentence with the correct vocabulary word.

1. The _____ of the lush gardens impressed the visitors.

2. The rubber mallet left a dark _____ on the wall.

3. Graffiti is a _____ on our city.

La grandeza de Dios · Primavera y otoño: para una niña

Gerard Manley Hopkins

Resúmenes Ambos poemas hablan acerca de la naturaleza. En **"La grandeza de Dios"**, el narrador pregunta por qué la gente destruye la naturaleza. Dice que la naturaleza siempre muestra la grandeza, o majestuosidad, de Dios. Se mantiene renovada a pesar de lo que le hace la gente. En **"Primavera y otoño: para una niña"**, el narrador habla sobre la tristeza de una niña. Ella está triste porque las hojas de otoño caen. El narrador dice que todo muere. Dice que la niña en realidad está triste porque piensa en su propia mortalidad, o el hecho de que ella también morirá algún día.

Summaries Both of these poems talk about nature. In **"God's Grandeur,"** the speaker asks why people hurt nature. He says that nature always shows the grandeur, or greatness, of God. Nature remains fresh no matter what people do to it. In **"Spring and Fall: To a Young Child,"** the speaker talks about a girl's sadness. The girl is sad because the autumn leaves are falling. The speaker says that everything dies. He says the girl is really sad over her own mortality, or the knowledge that she too will die one day.

Guía para tomar notas

Usa esta tabla para anotar las líneas de cada poema que describan la belleza o la mortalidad de las cosas.

Poema	Belleza	Línea	Mortalidad	Línea
"La grandeza de Dios"				
"Primavera y otoño: para una niña"				

Vocabulario

Escucha cada palabra. Dila. Luego, lee la definición y la oración de ejemplo.

dintel *s.* Un **dintel** es un pedazo de piedra o madera en la parte superior de una ventana o puerta, que forma parte del marco o umbral.

El dintel impidió que los ladrillos encima de la ventana se cayeran.

renombre *s.* Alguien de **renombre** tiene la fama y admiración de los demás por alguna habilidad, logro o cualidad especial.

Ella adquirió renombre por sus destrezas de actuación.

desilusión *s.* La **desilusión** es el remordimiento o deseo de no haber hecho algo.

Él se sumió en la desilusión por el error que había cometido.

Vocabulary

Listen to each word. Say it. Then, read the definition and sample sentence.

lintel *(LIN tl) n.* A **lintel** is a piece of stone or wood across the top of a window or door, forming part of the frame or threshold.

The lintel prevented the bricks above the window from crashing down.

renown *(ri NOWN) n.* Someone who has **renown** has fame and the admiration of others for a special skill, achievement, or quality.

She won renown for her acting skills.

rue *(ROO) n.* **Rue** is regret or a wish that one had not done something.

He was consumed with rue over the mistake he had made.

A. Práctica: Completa cada oración con la palabra de vocabulario correcta.

1. Cuando mi padre arregló la ventana rota, instaló un _____ sobre ella.

2. Elvis Presley fue un cantante y actor de mucho _____.

3. Siento mucha _____ porque reprobé el examen de ciencias.

B. English Practice: Complete each sentence with the correct vocabulary word.

1. The carpenter placed the _____ above the old door.

2. The politician enjoyed _____ for her humanitarian efforts.

3. Her greatest _____ was that she never traveled.

A un joven atleta muerto ·
Cuando tenía veintiún años
A. E. Housman

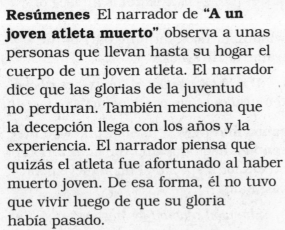

Resúmenes El narrador de **"A un joven atleta muerto"** observa a unas personas que llevan hasta su hogar el cuerpo de un joven atleta. El narrador dice que las glorias de la juventud no perduran. También menciona que la decepción llega con los años y la experiencia. El narrador piensa que quizás el atleta fue afortunado al haber muerto joven. De esa forma, él no tuvo que vivir luego de que su gloria había pasado.

En **"Cuando tenía veintiún años"**, el narrador habla de los consejos que él recibió cuando era joven. Los consejos hablaban de entregar regalos a las jóvenes, pero nunca darles el corazón. El tema de este poema es similar al de "A un joven atleta muerto". El tema se centra en que las glorias de la juventud no perduran y la decepción llega con los años y la experiencia.

Summaries The speaker in **"To an Athlete Dying Young"** watches as people carry home the body of a young athlete. The speaker says that the glories of youth do not last. He also says that disappointment comes with age and experience. The speaker thinks that perhaps the athlete was lucky to have died young. That way, he did not have to live past his glory.

In **"When I was One-and-Twenty,"** the speaker talks about advice he received when he was a young man. The advice was to give young women gifts, but not his heart. The theme of this poem is similar to that of "To an Athlete Dying Young." The theme is that the glories of youth do not last, and that disappointment comes with age and experience.

Guía para tomar notas

Usa esta tabla para anotar las palabras y frases que respalden el tema del poeta.

Poema	Palabras/Frases	Número de línea
"A un joven atleta muerto"		
"Cuando tenía veintiún años"		

Piensa en las selecciones
Thinking About the Selections

1. La tabla muestra dos versos de cada poema. Escribe el significado de cada verso en la columna a la derecha. Sigue el ejemplo.

Verso	Significado
"Y aun así llorarás y sabrás por qué".	Margaret llorará, pero al ser mayor sabrá por qué llora.
"Es Margaret por quien guardas luto".	
"Qué muchacho listo, por haberse escapado a tiempo".	
"Y el nombre murió antes que el hombre".	

2. En el poema "Cuando tenía veintiún años", el narrador ha escuchado a un

   hombre sabio advertirle que _____. El hombre sabio

   quiere decir que _____.

Coméntalo **Comentar el significado**

¿Qué piensa el narrador de "La grandeza de Dios" acerca de la naturaleza? ¿Qué piensa el narrador acerca de la humanidad? ¿Qué partes del poema te lo indican? Comparte tu opinión con los demás en un grupo pequeño.

   El narrador piensa que la naturaleza es _____

   _____.

   El narrador piensa que la humanidad es _____

   _____.

 Escribir acerca de la Pregunta esencial

¿Cuál es la relación entre el escritor y la tradición? ¿Qué prefieres: las palabras inventadas y los ritmos poéticos de Hopkins o el enfoque más tradicional de la poesía de Housman?

Vocabulario

Escucha cada palabra. Dila. Luego, lee la definición y la oración de ejemplo.

conquista *s.* Una **conquista** es el acto de ganar la sumisión o el aprecio de alguien.

El entrenador hizo una <u>conquista</u> importante: se ganó el respeto del equipo.

anarquía *s.* Cuando hay **anarquía,** hay desorden y no hay gobierno.

Después de una revolución puede haber <u>anarquía</u>.

miserable *adj.* Algo **miserable** es prácticamente inútil o insignificante.

A Tomás le dio tristeza descubrir que con un día entero de trabajo solo ganó la <u>miserable</u> suma de tres dólares.

Vocabulary

Listen to each word. Say it. Then, read the definition and sample sentence.

conquest *(KAHN kwest) n.* A **conquest** is the act of winning the submission or affection of someone.

The coach made an important <u>conquest</u>: he won the respect of the team.

anarchy *(AN er kee) n.* When there is **anarchy,** there is disorder and no government.

After a revolution, there may be <u>anarchy</u>.

paltry *(PAWL tree) adj.* Something **paltry** is practically worthless or unimportant.

Thomas was sad to discover that his entire day of work earned him the <u>paltry</u> sum of three dollars.

A. Práctica: Completa cada oración con la palabra de vocabulario correcta.

1. Efrén hizo una gran _____: se ganó la confianza de su maestra.

2. Después de la revolución hubo mucha _____ en todo el país.

3. Gloria tenía tres _____ canicas en su colección.

B. English Practice: Complete each sentence with the correct vocabulary word.

1. Beth made a _____ by being kind to her neighbor.

2. Without police to maintain order, there was _____.

3. Nadia inherited a _____ collection of recipes.

Cuando eres viejo · La isla del lago de Innisfree · Los cisnes salvajes de Coole · El segundo advenimiento · Navegando hacia Bizancio

William Butler Yeats

Resúmenes Yeats se enfoca en los temas de envejecimiento, pérdida y cambios. **"Cuando eres viejo"** está dirigido a una mujer que el narrador amaba. Él le dice que de todos los hombres que la amaron, solo él la amó por su alma. En **"La isla del lago de Innisfree"**, un poeta de la ciudad desea la vida simple del campo. En **"Los cisnes salvajes de Coole"**, el narrador recuerda su pasado y se compara con los cisnes que no cambian. Él ha tenido que hacer muchos cambios en su vida. En **"El segundo advenimiento"**, Yeats muestra su punto de vista con respecto a la historia. En **"Navegando hacia Bizancio"**, Yeats expresa que si bien los humanos morirán, el arte seguirá existiendo.

Summaries Yeats focuses on the themes of aging, loss, and change. **"When You Are Old"** is written to a woman the speaker loved. He tells her that of all the men who loved her, only he loved her for her soul. In **"The Lake Isle of Innisfree,"** a poet in the city wishes for the simple country life. In **"The Wild Swans at Coole,"** the speaker thinks about his past and compares himself to the swans that do not change. He had to make many changes in his life. In **"The Second Coming,"** Yeats gives his view of history. In **"Sailing to Byzantium,"** Yeats says that though humans will die, art lives on.

Guía para tomar notas

En la tabla anota si estos temas se presentan en cada poema. Marca con una palomita (✓) cada casilla que aplique.

Poema	El envejecimiento	La pérdida	Los cambios
"Cuando eres viejo"			
"La isla del lago de Innisfree"			
"Los cisnes salvajes de Coole"			
"El segundo advenimiento"			
"Navegando hacia Bizancio"			

Piensa en las selecciones
Thinking About the Selections

1. Indica en cuál de los poemas se menciona cada uno de los siguientes animales y criaturas.

Animales y criaturas	Poemas
_____ una criatura con el cuerpo de un león y la cabeza de un hombre	1. Los cisnes salvajes de Coole
_____ el grillo y el pardillo	2. El segundo advenimiento
_____ criaturas brillantes que nadan en el frío	3. La isla del lago de Innisfree

2. El poema "Cuando eres viejo" está dirigido a una persona amada por un

   hombre que admira _____.

Coméntalo

Destino: Bizancio

¿Qué espera encontrar el narrador de "Navegando hacia Bizancio" cuando llegue a su destino? ¿Qué detalles del poema te ayudan a llegar a esa conclusión? Habla sobre tus ideas con un compañero o una compañera.

Escribir acerca de la Pregunta esencial

¿El lugar influye en la literatura o la literatura influye en el lugar? ¿Qué efecto tienen los lugares reales y los lugares imaginarios en la poesía de Yeats?

_____

_____

_____

_____

_____

Vocabulario

Escucha cada palabra. Dila. Luego, lee la definición y la oración de ejemplo.

mugroso(a) *adj.* Algo **mugroso** está cubierto de suciedad.

Después de manejar por el campo lodoso, Esteban lavó su camioneta mugrosa.

marchito(a) *adj.* Una planta **marchita** se ha secado, es más pequeña y está muerta o muriendo.

Quité la planta marchita y regué las plantas saludables.

vacante *adj.* Algo **vacante** no está ocupado y se puede usar.

La familia ocupó el último cuarto vacante del hotel abarrotado.

Vocabulary

Listen to each word. Say it. Then, read the definition and sample sentence.

grimy *(GRYM ee) adj.* Something **grimy** is covered with dirt.

After driving though the muddy field, Steve washed his grimy truck.

withered *(WITH erd) adj.* A **withered** plant has become drier and smaller and is dead or dying.

I removed the withered plant and watered the healthy ones.

vacant *(VAY kuhnt) adj.* Something **vacant** is empty and available for use.

The family checked into the busy hotel's last vacant room.

A. Práctica: Completa cada oración con la palabra de vocabulario correcta.

1. Carlos y sus amigos tenían la ropa _____ después de jugar al fútbol.

2. La planta _____ perdió su verdor.

3. Valeria está interesada en el puesto de trabajo _____ en la oficina.

B. English Practice: Complete each sentence with the correct vocabulary word.

1. I could not see through the _____ windows.

2. No one watered the plant, so it _____ in the hot sun.

3. Lyle noticed a _____ chair and sat down.

Preludios

T. S. Eliot

Resumen Este poema presenta una visión pesimista de un mundo cuyas principales características son el sufrimiento, la suciedad y la monotonía. Puede que Eliot no solo se haya entregado a la desesperación; también puede haber interpretado la situación como un "preludio" necesario para el despertar espiritual. Cada segmento, o preludio, describe un escenario urbano deprimente y diferente. En "Preludio IV", sin embargo, se escucha una nueva nota: una nota de algo "infinitamente gentil / infinitamente doloroso".

Summary
This poem presents a bleak vision of a world in which suffering, grime, and dreariness are the main features. Eliot may not just have been reveling in despair, however; he may have seen it as a necessary "prelude" to spiritual awakening. Each segment, or prelude, describes a different depressing urban scene. In "Prelude IV," however, a new note is sounded—that of something "infinitely gentle / Infinitely suffering."

Guía para tomar notas

Usa la tabla siguiente para anotar una descripción de cada escenario. Luego, coloca una palomita (✓) en la columna de "esperanza" o de "desesperación".

Segmentos	Descripción del escenario	Esperanza	Desesperación
I			
II			
III			
IV			

Vocabulario

Escucha cada palabra. Dila. Luego, lee la definición y la oración de ejemplo.

terco(a) *adj.* Una persona o un animal **terco** se niega a hacer algo o a seguir órdenes.

El niño terco se negó a comer las verduras.

temperado(a) *adj.* En un lugar **temperado,** nunca hace mucho calor ni mucho frío.

Los residentes pueden estar afuera todo el año en esa región temperada.

vegetación *s.* La **vegetación** se refiere a las plantas en general, en especial todas las plantas en un lugar específico.

El terreno que compró Martín tiene árboles y una densa vegetación.

Vocabulary

Listen to each word. Say it. Then, read the definition and sample sentence.

stubborn *(STUB ern) adj.* A **stubborn** person or animal refuses to do something or to follow orders.

The stubborn child refused to eat the vegetables.

temperate *(TEM prit) adj.* In a **temperate** place, it is never very hot or very cold.

Residents can be outdoors year round in that temperate region.

vegetation *(vej uh TAY shuhn) n.* **Vegetation** refers to plants in general, especially all the plants in one particular area.

The land Martin bought has trees and thick vegetation.

A. Práctica: Completa cada oración con la palabra de vocabulario correcta.

1. El estudiante es muy _____ y no quiso hacer su tarea de geometría.

2. Mario vive en un lugar _____ así que nunca tiene que usar un abrigo.

3. El bosque tropical tiene _____ en abundancia.

B. English Practice: Complete each sentence with the correct vocabulary word.

1. The _____ man refused to admit that he was wrong.

2. We want to build a house in a _____ location.

3. A decrease in _____ resulted from a long drought.

El viaje de los Reyes Magos
T. S. Eliot

Resumen En este poema, el narrador es uno de los tres Reyes Magos, u hombres sabios, que viajaron a Belén para honrar al niño Jesús. Él ya es un hombre anciano y reflexiona sobre el significado del viaje que hizo varios años atrás. Narra varias dificultades que tuvo que enfrentar junto con sus compañeros. Finalmente, confiesa que el nacimiento que presenció fue como una muerte porque fue "duro y amargo" para él y sus compañeros. Luego de ver al niño Jesús, cada uno retornó a su reino. Sin embargo, ya no se sentían cómodos entre las personas que adoraban a muchos dioses en vez de a uno.

Summary
In this poem, the speaker is one of the three Magi (MAY jy), or wise men, who traveled to Bethlehem to honor the baby Jesus. Now he is an old man, and he reflects on the meaning of the journey he made many years ago. He tells about the various difficulties that he and his companions encountered. Finally, he confesses that the scene he witnessed was like a death, because it was "hard and bitter" for him and his companions. Having seen the baby Jesus, they returned to their own kingdoms. However, they no longer felt at ease among people who worshiped many gods rather than one.

Guía para tomar notas
Usa la tabla siguiente para anotar información del poema.

Personaje:

Objetivo:

Dificultades enfrentadas:

Resultado:

Resolución → Años después, los problemas siguen:
o falta de
resolución

Vocabulario

Escucha cada palabra. Dila. Luego, lee la definición y la oración de ejemplo.

súplica *s.* Una **súplica** es el acto de pedir ayuda de alguien poderoso u orarle a Dios para que te ayude.

El buen rey aceptó la <u>súplica</u> por más comida del campesino.

temblar *v.* **Temblar** es agitar el cuerpo con sacudidas pequeñas e incontrolables porque sientes enojo o temor.

Sus manos <u>temblaban</u> mientras se dirigía a una gran audiencia.

túmido(a) *adj.* Algo **túmido** está hinchado.

Los médicos tuvieron que estirparle el apéndice <u>túmido</u>.

Vocabulary

Listen to each word. Say it. Then, read the definition and sample sentence.

supplication *(sup li KAY shuhn) n.* A **supplication** is the act of asking for help from someone in power or praying for help from God.

The good king accepted the peasant's <u>supplication</u> for more food.

trembling *(TREM bling) v.* **Trembling** is shaking slightly but uncontrollably because you feel angry or frightened.

His hands were <u>trembling</u> as he spoke to a large audience.

tumid *(TOO mid) adj.* Something **tumid** is swollen.

The doctors had to remove his <u>tumid</u> appendix.

A. Práctica: Completa cada oración con la palabra de vocabulario correcta.

1. Los padres oyeron la _____ de Julia y le compraron una bicicleta nueva.

2. Las personas _____ de miedo al ver la gran tormenta.

3. Su mano estaba _____ después de picarle la abeja.

B. English Practice: Complete each sentence with the correct vocabulary word.

1. The boss accepted his _____ for an extra day of vacation.

2. The man was _____ after the judge declared him guilty.

3. After the rainstorm, the _____ river overflowed its banks.

Los hombres vacíos
T. S. Eliot

Resumen "Los hombres vacíos"
describe un mundo donde habitan
personas sin fe, coraje, espíritu ni
conciencia. Recitado por los mismos
hombres vacíos, el poema es un
autorretrato de la típica persona
moderna.

Summary
**"The Hollow
Men"** describes
a world in
which people
have no faith, no courage, no spirit, and
no awareness. Spoken by the hollow
men themselves, the poem is a self-
portrait of the typical modern person.

Guía para tomar notas

Usa el diagrama siguiente para identificar y anotar las imágenes de las cinco
partes de "Los hombres vacíos".

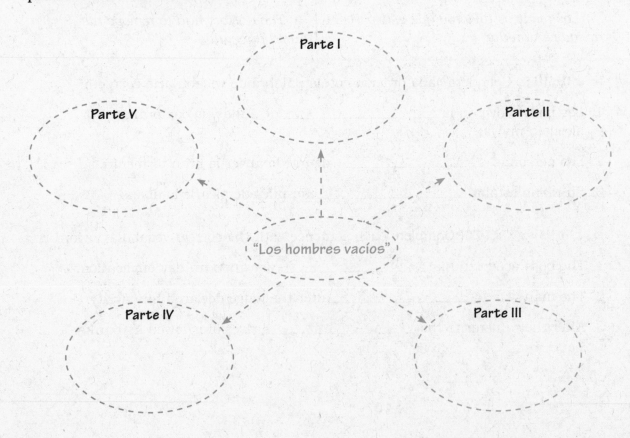

Parte I

Parte V

Parte II

"Los hombres vacíos"

Parte IV

Parte III

Piensa en las selecciones
Thinking About the Selections

1. Las imágenes descritas en "Preludios" apelan a los diferentes sentidos. Une con una línea cada frase a la izquierda con un sentido a la derecha.

> "oíste los gorriones en las alcantarillas"   vista
>
> "con las palmas de ambas manos sucias te agarraste
> fuertemente las plantas amarillas de los pies"   olfato
>
> "el olor de los bistecs en los pasillos"   oído
>
> "la luz se escurrió entre los portillos"   tacto

2. En "Los hombres vacíos", los labios de los hombres que despiertan solos

   forman oraciones en vez de _____

   _____.

Coméntalo   **Una entrevista con un Rey Mago**

¿Valió la pena el viaje de los Reyes Magos a pesar de las dificultades que enfrentaron? Trabaja con un compañero o una compañera para hacer una entrevista con uno de los Reyes Magos. El estudiante que juega el papel del Rey Mago debe contestar las preguntas desde el punto de vista del narrador de "El viaje de los Reyes Magos".

 Escribir acerca de la Pregunta esencial

¿Ganan más los escritores al aceptar o al rechazar la tradición? Los poemas de Eliot no usan los ritmos y las rimas tradicionales. ¿Cuán efectivo es Eliot en romper con la tradición?

_____

_____

_____

Vocabulario

Escucha cada palabra. Dila. Luego, lee la definición y la oración de ejemplo.

secuestrar *v.* Alguien o algo que está **secuestrado,** se mantiene alejado de los demás.

Denzel fue secuestrado junto con el resto del jurado durante el juicio.

afinidades *s.* Las **afinidades** son los enlaces familiares o las simpatías.

Nadia asistió a la reunión familiar por su afinidad por sus primos.

intrigar *v.* Aguien que **intriga,** trama o maquina algo.

Avery intriga para que su amigo deje a su novia.

Vocabulary

Listen to each word. Say it. Then, read the definition and sample sentence.

sequestered *(si KWES terd) v.* When someone or something is **sequestered,** it is kept apart from others.

Denzel was sequestered with the rest of the jury during the trial.

affinities *(uh FIN i teez) n.* **Affinities** are family connections or sympathies.

Nadia attended her family reunion because of her affinity for her cousins.

intrigues *(in TREEGZ) v.* When someone **intrigues,** he or she plots or schemes.

Avery intrigues to get his friend to break up with his girlfriend.

A. Práctica: Completa cada oración con la palabra de vocabulario correcta.

1. Los pacientes fueron _____ en el hospital durante dos semanas.

2. Marta tiene _____ por los animales en peligro de extinción.

3. Pedro _____ para quedarse con los libros de Daniel.

B. English Practice: Complete each sentence with the correct vocabulary word.

1. The jury was _____ while it deliberated.

2. We both have _____ for homeless animals.

3. My coworker _____ to have me fired.

En memoria de W. B. Yeats ·
Museo de Bellas Artes
W. H. Auden

Nueva visita a Carrick
Louis MacNeice

Sin palacios
Stephen Spender

Resúmenes "En memoria de W. B. Yeats" conmemora la muerte de Yeats y explora la naturaleza de la poesía. **"Museo de Bellas Artes"** describe escenas de cuadros que representan eventos trágicos —como, la caída y muerte de Ícaro— que suceden mientras las personas viven su vida diaria. **"Nueva visita a Carrick"** explora los sentimientos del poeta sobre el hogar de su infancia. **"Sin palacios"** invita al lector a dejar atrás los palacios del pasado e incorporar la energía de los cambios sociales en el presente.

Summaries "In Memory of W. B. Yeats" memorializes Yeats's death and explores the nature of poetry. **"Musée des Beaux Arts"** describes scenes from paintings showing tragic events, such as the fall and death of Icarus, that happen while people go about their daily lives. **"Carrick Revisited"** explores how the poet feels about his childhood home. **"Not Palaces"** urges readers to leave behind the palaces of the past and take in the energy of social change in the present.

Guía para tomar notas

Anota el tópico o la inspiración para cada poema en la columna 2 y el tema del poema en la columna 3.

Poema	Tópico/Inspiración	Tema
"En memoria de W. B. Yeats"		
"Museo de Bellas Artes"		
"Nueva visita a Carrick"		
"Sin palacios"		

Piensa en las selecciones
Thinking About the Selections

1. Anota tres ejemplos de las cosas del mundo natural que los narradores usan para expresar sus ideas en "En memoria de W. B. Yeats" y "Sin palacios".

Ejemplos del mundo natural	
"En memoria de W. B. Yeats"	"Sin palacios"
1.	1.
2.	2.
3.	3.

2. En "Museo de Bellas Artes", los "antiguos maestros" nunca se equivocaban

   sobre _____.

 Filmar el regreso a Carrick

Con un compañero o una compañera, describe qué les gustaría ver en una película del poema "Nueva visita a Carrick". ¿Qué imágenes, sonidos y efectos especiales incluirían en la película para documentar el regreso del narrador a su lugar de nacimiento?

❓ Escribir acerca de la Pregunta esencial

¿El lugar influye en la literatura o la literatura influye en el lugar? ¿Refleja el poema de Spender un lugar o tiempo específico?

_____

_____

_____

_____

Vocabulario

Escucha cada palabra. Dila. Luego, lee la definición y la oración de ejemplo.

bañar *v.* Si el calor, un color o un líquido **bañó** algo o a alguien, lo llenó o se dispersó por él.

El sol la bañaba mientras estaba acostada en la playa.

reproches *s.* Los **reproches** son regaños o palabras fuertes de desaprobación.

Al romper el florero, supo que recibiría reproches.

reservado(a) *adj.* Si eres **reservado,** eres callado y no quieres hablar sobre lo que sientes o lo que sabes.

El público quería saber la verdad, pero la niña reservada no quiso hablar.

Vocabulary

Listen to each word. Say it. Then, read the definition and sample sentence.

suffused *(suh FYOOZD) v.* If warmth, color, or liquid **suffused** something or someone, it filled or spread through it.

She was suffused with the warmth of the sun as she lay on the beach.

upbraidings *(up BRAYD ings) n.* **Upbraidings** are scoldings or stern words of disapproval.

When he broke the vase, he knew that he would receive upbraidings.

reticent *(RET i suhnt) adj.* If you are **reticent,** you are quiet and unwilling to talk about what you feel or what you know.

The crowd wanted to know the truth, but the reticent girl would not talk.

A. Práctica: Completa cada oración con la palabra de vocabulario correcta.

1. La lluvia _____ las carreteras sucias.

2. Luis no quería escuchar los _____ de su mamá, así que limpió su cuarto.

3. Ana es una niña _____ porque es muy inteligente y no lo dice.

B. English Practice: Complete each sentence with the correct vocabulary word.

1. Redness _____ Omar's cheeks when he blushed.

2. Julio received _____ for arriving home two hours late.

3. Despite my pressure to explain, Susanna remained _____.

La mujer del espejo: un reflejo
Virginia Woolf

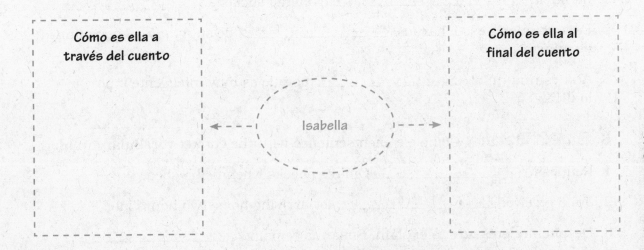

Resumen Isabella Tyson es una mujer rica que vive sola. El narrador mira los objetos del hogar de Isabella y el reflejo de la mujer en el espejo. Las descripciones de su hogar y su reflejo la muestran feliz y exitosa. Mientras recoge flores de su jardín, un cartero entrega la correspondencia. Isabella vuelve del jardín y se ve a sí misma en el espejo. En ese momento vemos la verdadera naturaleza de Isabella.

Summary
Isabella Tyson is a wealthy woman who lives alone. The narrator looks at the objects in Isabella's home and at Isabella's reflection in a mirror. The descriptions of her home and of her reflection show that she is happy and successful. While she picks flowers from her garden, a mailman delivers letters. Isabella returns from the garden and looks at herself in the mirror. At that moment, we see Isabella's true nature.

Guía para tomar notas

Usa el diagrama siguiente para anotar información que indique cómo el narrador describe a Isabella en el cuento.

Cómo es ella a través del cuento

Cómo es ella al final del cuento

Isabella

Vocabulario

Escucha cada palabra. Dila. Luego, lee la definición y la oración de ejemplo.

desaparecer *v.* Algo que **desaparece** se va de repente y de una manera que no se puede explicar fácilmente.

La policía no podía entender cómo la evidencia había desaparecido.

vivaz *adj.* Alguien que es **vivaz** tiene mucha energía y un comportamiento feliz y agradable.

Había muchos niños vivaces en la fiesta de cumpleaños.

irrevocable *adj.* Una decisión o acción **irrevocable** no puede ser cambiada o detenida.

Su decisión de cortar el alambre era irrevocable.

Vocabulary

Listen to each word. Say it. Then, read the definition and sample sentence.

vanished *(VAN isht) v.* Something that has **vanished** has disappeared suddenly, especially in a way that cannot be easily explained.

The police could not understand how the evidence had vanished.

vivacious *(vi VAY shuhs) adj.* Someone who is **vivacious** has a lot of energy and a happy, attractive manner.

The birthday party was full of vivacious youngsters.

irrevocable *(i REV uh kuh buhl) adj.* An **irrevocable** decision or action cannot be changed or stopped.

His decision to cut the wire was irrevocable.

A. Práctica: Completa cada oración con la palabra de vocabulario correcta.

1. Samuel _____ de nuestra vista cuando dobló en la esquina.

2. Mercedes es muy _____ y le cae bien a todo el mundo.

3. El acuerdo de quitarle un riñón a un donante es _____.

B. English Practice: Complete each sentence with the correct vocabulary word.

1. The rabbit hopped into the woods and _____ from sight.

2. Because of her _____ personality, Kristen is popular.

3. After the contract is signed, the deal is _____.

de Sra. Dalloway
Virginia Woolf

Resumen Clarissa Dalloway sale de su casa a comprar flores para una fiesta que va a tener. El bello día le trae a la memoria una mañana cuando tenía dieciocho años. Recuerda cómo su amigo Peter hizo un comentario gracioso mientras ella miraba por una ventana de su casa. Ahora Clarissa espera que un camión de repartos pase para cruzar la calle. Su vecino, Scrope Purvis, se fija en ella. Él piensa que Clarissa es vivaz, como un pájaro, aunque tiene más de cincuenta años y está enferma. Clarissa piensa en cuánto le gusta vivir en su vecindario y escuchar el sonido del *Big Ben*, el reloj. Ella se da cuenta de que le encanta la actividad de Londres y su vida allí.

Summary Clarissa Dalloway leaves her home to buy flowers for a party that she will host. The beautiful day reminds her of a morning when she was eighteen. She recalls how her friend Peter made a witty comment as she stood looking out a window in her house. Clarissa now waits for a delivery van to pass so that she can cross the street. Her neighbor, Scrope Purvis, notices her. He thinks Clarissa is lively, like a bird, even though she is more than fifty years old and has been ill. Clarissa thinks about how much she enjoys living in her neighborhood and hearing the sound of Big Ben, the clock. She realizes that she loves the busyness of London and her life there.

Guía para tomar notas

Usa la tabla siguiente para anotar las descripciones y características de los personajes principales.

Características de Clarissa	Características de Peter

Vocabulario

Escucha cada palabra. Dila. Luego, lee la definición y la oración de ejemplo.

escapada *s.* Una **escapada** es una aventura o serie de sucesos que son emocionantes o tienen algún riesgo.

La noche que los dos amigos se perdieron en la ciudad fue una escapada que nunca olvidarían.

garabatear *v.* Cuando se **garabatea,** se escribe algo rápidamente y con poca claridad.

La doctora garabateó su firma en el reporte mientras caminaba.

rugir *v.* Alguien que ha **rugido,** ha gritado con una voz ronca.

El entrenador de fútbol americano le rugió al equipo para que trabajara más duro.

Vocabulary

Listen to each word. Say it. Then, read the definition and sample sentence.

escapade *(ES kuh payd) n.* An **escapade** is an adventure or series of events that are exciting or contain some risk.

The evening the two friends got lost in the city was an escapade they would never forget.

scribbled *(SKRIB uhld) v.* Something that is **scribbled** is written quickly and is messy.

The doctor scribbled her signature on the report as she walked.

bellowed *(BEL ohd) v.* Someone who has **bellowed** has shouted loudly in a deep voice.

The football coach bellowed at the team to work harder.

A. Práctica: Completa cada oración con la palabra de vocabulario correcta.

1. Gladys les contó sobre una _____ que tuvo durante las vacaciones.

2. El niñito _____ su nombre porque no sabía escribir.

3. El teniente les _____ a sus soldados por la falta de disciplina.

B. English Practice: Complete each sentence with the correct vocabulary word.

1. The book tells of his _____ while traveling through Europe.

2. He _____ his notes and now he cannot read them.

3. "Clean up this messy room!" Dad _____.

de La hermana de Shakespeare: de Una habitación propia

Virginia Woolf

Resumen En **"La hermana de Shakespeare"**, la narradora crea la existencia de la hermana de Shakespeare para mostrar los obstáculos que una dramaturga hubiera enfrentado en esa época.

Summary In **"Shakespeare's Sister,"** the narrator creates the existence of Shakespeare's sister to show the obstacles a woman playwright would have faced in that era.

Guía para tomar notas

Usa la tabla siguiente para comparar y contrastar las oportunidades que William Shakespeare y su hermana imaginaria, Judith, tuvieron en el ensayo de Woolf. La tabla ya contiene alguna información biográfica sobre William Shakespeare.

	William Shakespeare	Judith Shakespeare
Educación		
Matrimonio	William se casa y se muda a Londres.	
Carrera	William es exitoso en el teatro de Londres.	

Piensa en las selecciones
Thinking About the Selections

1. Completa la tabla siguiente con las causas y los efectos que faltan de "La hermana de Shakespeare: *de* Una habitación propia".

Causa	Effect
	→ El padre de Judith la golpea.
William Shakespeare se va a Londres. →	
	→ La gente se ríe de Judith y dice que las mujeres no pueden actuar.
Judith no puede vivir como quiere. →	

2. El vecino piensa que la señora Dalloway parece

_____

_____.

 Una conversación con Isabella

Imagina que puedes escuchar una conversación entre el narrador e Isabella cuando ella regresa del jardín. ¿Qué crees que diría y haría Isabella durante su visita con el narrador? ¿Qué imagen proyectaría Isabella durante la conversación: la imagen reflejada en sus pertenencias, la imagen reflejada en el espejo o una combinación de las dos? Habla sobre tus respuestas con un compañero o una compañera.

 Escribir acerca de la Pregunta esencial

¿Cuál es la relación entre el escritor y la tradición? ¿En qué se diferenciaría el cuento de Woolf sobre la hermana de Shakespeare si usara un estilo de narración más tradicional?

_____

_____

_____

Vocabulario

Escucha cada palabra. Dila. Luego, lee la definición y la oración de ejemplo.

invencible *adj.* Cuando algo es **invencible,** no puede ser destruido ni conquistado.

> *El ejército de Gengis Kan parecía invencible.*

propiciar *v.* Cuando **propicias** a alguien, haces que esa persona sea más amigable al hacer algo para complacerla.

> *La niña trató de propiciar a su hermano al ofrecerle un helado.*

conflagración *s.* Una **conflagración** es un incendio muy grande.

> *Las llantas se quemaron en una gran conflagración que produjo humo tóxico.*

Vocabulary

Listen to each word. Say it. Then, read the definition and sample sentence.

invincible *(in VINS uh buhl) adj.* When something is **invincible,** it cannot be destroyed or defeated.

> *Genghis Kahn's army seemed invincible.*

propitiate *(pruh PI shee ayt) v.* When you **propitiate** someone, you make that person feel more friendly by doing something to please him or her.

> *The child tried to propitiate her brother by offering him ice cream.*

conflagration *(kahn fluh GRAY shuhn) n.* A **conflagration** is a very large fire.

> *The tires burned in a great conflagration that released toxic smoke.*

A. Práctica: Completa cada oración con la palabra de vocabulario correcta.

1. Los romanos parecían _____, pero fueron derrotados.

2. Julia me trató de _____ después de romper mi videojuego.

3. El bosque se quemó en una gran _____ tras el impacto del rayo.

B. English Practice: Complete each sentence with the correct vocabulary word.

1. Achilles seemed _____, but his heel was his one weakness.

2. I tried to _____ my parents by doing extra chores.

3. The _____ of burning trees darkened the sky with smoke.

La laguna
Joseph Conrad

Resumen En esta historia, un hombre blanco visita a Arsat, un malayo que vive junto a una laguna en la jungla. La esposa de Arsat está agonizando y el visitante se entera de su historia. Ella y Arsat habían huido de un monarca malayo con la ayuda del hermano de Arsat. Fueron perseguidos y Arsat abandonó a su hermano para salvar a la mujer. Mientras Arsat está contando la historia, su esposa muere y Arsat decide regresar para enfrentarse a sus antiguos perseguidores.

Summary In this story, a white man visits Arsat, a Malay who lives by a jungle lagoon. Arsat's wife is dying, and the visitor learns her story. She and Arsat had run away from a Malaysian ruler with the help of Arsat's brother. They were pursued, and Arsat abandoned his brother to save the woman. While Arsat tells the story, his wife dies, and Arsat decides to return to face his former pursuers.

Guía para tomar notas

Usa el diagrama siguiente para anotar los sucesos del cuento que Arsat le hace a su amigo.

Clímax:

Acción al *comienzo*

Acción al final

Vocabulario

Estas palabras están subrayadas en el cuento. Escucha cada palabra. Dila. Luego, lee la definición y la oración de ejemplo.

vagamente *adv.* Si haces algo **vagamente,** lo haces de una manera que no es clara ni precisa.

Él recuerda vagamente haberlo conocido en la conferencia el año pasado.

mofarse *v.* Si **te mofas** de alguien o algo, haces comentarios o burlas para mostrar que es tonto o inútil.

Josué se mofó del hombre que montaba un triciclo en el circo.

vanidad *s.* La gente que tiene **vanidad** es demasiado orgullosa de sí misma.

Debido a su vanidad, Teresa pensaba en su apariencia constantemente.

Vocabulary

These words are translations of the words that are underlined in the text. Listen to each word. Say it. Then, read the definition and sample sentence.

vaguely *(VAYG lee) adv.* Doing something **vaguely** means that you do it in a way that is not clear or exact.

He vaguely remembered meeting him at last year's conference.

derided *(di RYD ed) v.* If you **derided** someone or something, you made remarks or jokes to show that it is silly or useless.

Josh derided the man riding the tricycle at the circus.

vanity *(VAN uh tee) n.* People who have **vanity** are too proud of themselves.

Because of her vanity, Terry continually thought of her appearance.

A. Práctica: Completa cada oración con la palabra de vocabulario correcta.

1. Paulina escuchaba _____ la conversación entre sus compañeras de clase.

2. Jaime dejó de jugar después de que sus amigos se _____ de él.

3. La _____ de Vanesa es evidente porque siempre se maquilla.

B. English Practice: Complete each sentence with the correct vocabulary word.

1. She _____ recalled the article but had forgotten its details.

2. After being _____ by his friends, James left the party.

3. He showed his _____ by admiring himself in the mirror.

Arabia

James Joyce

Resumen El narrador cuenta una experiencia que vivió cuando era niño en Dublín, Irlanda, a fines del siglo diecinueve. Estaba enamorado de la hermana de otro niño. La primera vez que ella le habló, le preguntó si iba a ir a un bazar llamado Arabia. Ella no podía ir. Sin embargo, él se ofreció a traerle algo de Arabia. Le pidió dinero a su tío (él vivía con su tío y su tía) para ir al bazar. La noche del bazar, su tío llegó tarde al hogar, y ya eran más de las nueve cuando le dio el dinero. Cuando el narrador llegó al bazar, estaba a punto de cerrar. El gran salón en el que se llevaba a cabo el bazar ya estaba oscuro. En uno de los puestos, una joven con acento inglés conversaba y se reía con dos jóvenes. El narrador rechazó su oferta de atenderlo. De pronto se dio cuenta de que se había comportado de manera absurda y se sintió triste y enojado.

Summary The narrator tells about an experience he had as a boy growing up in Dublin, Ireland, in the late nineteenth century. He had a crush on another boy's sister. The first time she spoke to him, she asked whether he was going to a bazaar called Araby. She herself could not go. However, he offered to bring her something from Araby. He asked his uncle—he lived with his uncle and aunt—for the money to go to the bazaar. The night of the bazaar, his uncle came home late, and it was after nine when he gave the narrator the money. By the time the narrator arrived at the bazaar, it was nearly over. The hall in which the bazaar was being held was already dark. At one stall, a young woman with an English accent was talking and laughing with two young men. The narrator refused her offer to serve him. He suddenly realized that he had been foolish about everything, and he felt both grief and anger.

Guía para tomar notas

Usa la tabla siguiente para examinar la trama de *Arabia*.

Exposición	Acción antes del clímax	Clímax	Acción después del clímax	Resolución

Estrategia de lectura

Una **causa** es una persona, un suceso o una cosa que produce un **efecto,** o resultado. ¿Por qué sigue el narrador a la hermana de Mangan? Subraya la oración del texto que indica la causa.

Comprensión cultural

El personaje principal vive en Dublín, Irlanda. Allí visita un bazar, o un mercado público donde se venden mercancías en diferentes puestos. Un bazar es parecido a los pulgueros, o *flea markets,* de los Estados Unidos. ¿Alguna vez has visitado un bazar o un pulguero? ¿Qué tipos de mercancías viste? Conversa con un(a) compañero(a) acerca de tu experiencia.

Desarrollar el vocabulario en inglés: Identificar cognados

Los cognados son palabras que comparten el mismo origen o raíz. En el párrafo que está enmarcado con un corchete, subraya los cognados en español de las siguientes palabras en inglés: *bracelet, convent, lamp, illuminate.*

Arabia
James Joyce

El narrador, o el relator del cuento, vive en una tranquila calle sin salida. Disfruta de jugar en la calle con sus amigos. Ellos exploran los oscuros callejones, jardines y establos detrás de las casas. En invierno, los niños permanecen afuera hasta que oscurece. Desde las sombras, ven al tío del narrador volver a casa. También observan a la hermana de un niño cuyo apellido es Mangan. El narrador está desesperadamente enamorado de la hermana de Mangan. Cada mañana, él vigila su puerta hasta que ella sale. Luego, la sigue hasta la escuela. Piensa en ella cuando ayuda a su tía con sus compras, en los sucios y atestados mercados de Dublín. Aunque el relator tiene fuertes sentimientos por la hermana de Mangan, nunca le ha dicho ni una sola palabra.

◆　◆　◆

Finalmente ella habló conmigo. Cuando **se dirigió** a mí, me sentí tan confundido que no supe qué responder. Me preguntó si iría a *Arabia.* No recuerdo si respondí que sí o que no. Me dijo que era un bazar[1] fabuloso, que le encantaría ir.

—¿Y por qué no puedes ir? —le pregunté.

Mientras hablaba, daba vueltas y más vueltas a un brazalete de plata en su muñeca. Dijo que no podía ir porque habría un retiro[2] esa semana en el convento[3]. Su hermano y otros muchachos peleaban por una gorra y yo estaba a solas en el enrejado, recostado sobre unas de las barandas. Ella se aferró a uno de los hierros e inclinó la cabeza hacia mí. La luz de la lámpara frente a nuestra puerta alumbró la blanca curva de su cuello y el cabello que reposaba allí; fue bajando hasta iluminar su mano sobre el hierro. Se deslizó por un lado de su vestido e iluminó el blanco borde de sus enaguas[4] que se asomaban al pararse de manera relajada.

◆　◆　◆

Palabras de uso diario

se dirigió *v.* habló

1. **bazar** *s.* lugar de venta o mercado, donde se venden varios artículos en barracas de feria
2. **retiro** *s.* período de aislamiento que se usa para la oración, el estudio religioso y la meditación
3. **convento** *s.* una escuela dirigida por monjas
4. **enaguas** *s.* prenda interior que se usaba debajo de la falda y tenía bordados de encaje o volantes

La hermana de Mangan se siente feliz por el narrador, quien le promete traerle algo del bazar.

El narrador no puede dejar de pensar en la hermana de Mangan. Está ansioso por ir al bazar. No puede hacer su tarea y sueña despierto en la clase. El sábado por la mañana, el narrador le recuerda a su tío que quiere ir al bazar esa noche. Su tío sale. El narrador observa el reloj mientras espera ansiosamente que su tío regrese y le dé dinero. Durante una hora, se para frente a la ventana y observa a sus amigos que juegan afuera. Se imagina a la hermana de Mangan.

◆ ◆ ◆

A las nueve en punto, escuché el llavín de mi tío en la puerta del pasillo. Oí a mi tío hablar solo y escuché el crujir del estante del pasillo cuando recibió el peso de su abrigo. Sabía interpretar estas señales. Cuando iba por la mitad de la cena, le pedí que me diera dinero para ir al bazar. Se le había olvidado.

—Ya todo el mundo está en la cama y en su segundo sueño —me dijo.

No sonreí. Mi tía le dijo, muy animada: —¿No puedes darle el dinero y dejarlo ir? Bastante lo hiciste esperar.

Mi tío dijo que sentía mucho haberse olvidado. Dijo que estaba de acuerdo con el viejo dicho: *Mucho estudio y poco juego hacen a Juan un majadero*. Me preguntó adónde iba y cuando se lo dije por segunda vez, me preguntó que si conocía *Un árabe dice adiós a su corcel*[5]. Cuando salía de la cocina, se preparaba para recitarle los primeros versos del poema a mi tía.

◆ ◆ ◆

El narrador sale de la casa con el dinero que le da su tío. Toma un tren vacío hasta el bazar. El tren llega poco antes de las diez en punto. El narrador paga la entrada y entra a un gran y oscuro vestíbulo. Por ser tarde, la mayoría de los puestos están cerrados. El bazar parece una iglesia de tan callado que está.

◆ ◆ ◆

5. **Un árabe dice adiós a su corcel** un poema muy popular del siglo XIX

Desarrollar el vocabulario en inglés: Identificar cognados

En el párrafo que está enmarcado con un corchete, subraya los cognados en español de las siguientes palabras en inglés: *class, bazaar, observe, hour.*

Verifica tu comprensión

En el párrafo subrayado, el narrador escucha a su tío llegar a casa. Encierra en un círculo los detalles que dicen lo que su tío hace.

Verifica tu comprensión

Escribe tres palabras que usarías para describir al tío del narrador.

1. _____

2. _____

3. _____

Estrategia de lectura

¿Qué **efecto** tiene el hecho de que el tío llega tarde a la casa? Encierra en un círculo la respuesta correcta.

a. Cuando el narrador llega a Arabia, él no encuentra nada bonito.

b. Cuando el narrador llega a Arabia, el bazar está a punto de comenzar.

c. Cuando el narrador llega a Arabia, una joven está hablando con dos caballeros.

d. Cuando el narrador llega a Arabia, el bazar está a punto de terminar.

Desarrollar el vocabulario en inglés: Identificar cognados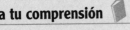

En el párrafo que está enmarcado con un corchete, subraya los cognados en español de las siguientes palabras en inglés: *porcelain, difficulty, accent, tea.*

Verifica tu comprensión

¿Quién trata de ayudar al narrador? ¿Acepta su ayuda el narrador?

_____

_____

_____

Análisis literario

Una **epifanía** es un momento de comprensión. Las epifanías revelan una verdad importante, ocurren mientras el personaje hace una actividad común y crean el clímax, o punto de mayor interés, de un cuento. Lee el último párrafo. Usa tus propias palabras para contar de qué se da cuenta el narrador durante su epifanía.

_____

_____

_____

Recordando con dificultad por qué había venido, caminé hacia uno de los puestos y examiné vasijas de porcelana[6] y juegos de té adornados con flores. En la puerta del puesto, una jovencita hablaba y se reía con dos caballeros. **Me percaté** de que tenían acento inglés y escuché vagamente la conversación.

—¡Oh, nunca dije eso!

—¡Oh sí!

—¡Oh no!

—¿No fue eso lo que dijo ella?

—Sí. Yo la oí.

—¡Eso es mentira!

♦ ♦ ♦

La jovencita ofrece ayudar al narrador. Él responde que no necesita ayuda y ella no insiste. Se le queda mirando mientras regresa a conversar con los dos caballeros.

El narrador se demora y simula estar interesado en un artículo en ese puesto. Luego sale, dejando caer las monedas en su bolsillo.

♦ ♦ ♦

Desde un extremo de la galería, oí una voz que decía que iban a apagar las luces. La parte superior del salón ya estaba completamente oscura.

Levantando la vista hacia la oscuridad, me vi a mí mismo como una criatura llevada a la deriva por los vaivenes de la vanidad que me había manipulado; se mofaba de mí; y mis ojos ardieron con angustia y rabia.

Palabras de uso diario

me percaté *v.* noté, me di cuenta

---

6. **porcelana** *s.* un tipo de cerámica blanca y resistente, también conocida como loza

Piensa en las selecciones
Thinking About the Selections

1. Usa el organizador gráfico para decir si los siguientes sucesos son ciertos o falsos.

La laguna: ¿Cierto o falso?	Arabia: ¿Cierto o falso?
_____ Tuan le dice a Arsat que Diamelen se sentirá bien en la mañana.	_____ Tienen que recordarle al tío que debe darle dinero al narrador.
_____ Los dos hombres hablan durante toda la noche.	_____ Le es difícil al narrador elegir un regalo para la hermana de Mangan.
_____ Arsat no siente pena ni vergüenza por la muerte de su hermano.	_____ El narrador le compra una bonita bufanda a la hermana de Mangan.

2. **Análisis literario:** Escribe un párrafo para describir los sentimientos del narrador cuando tiene su **epifanía** en "Arabia".

   _____

   _____

3. **Estrategia de lectura:** Para completar la siguiente cadena de **causa y efecto**, explica la causa por la que Arsat hace su cuento dentro de otro cuento y qué efecto tiene.

   Causa: _____ ⟶

   Efecto/Causa: Arsat cuenta cómo escapó con Diamelen. ⟶

   Efecto: _____ ⟶

   ❓ Escribir acerca de la Pregunta esencial

   ¿Cuál es la relación entre el escritor y la tradición? ¿Qué piensa el narrador de "Arabia" de sus experiencias cuando era joven?

   _____

   _____

   _____

Vocabulario

Escucha cada palabra. Dila. Luego, lee la definición y la oración de ejemplo.

discreto(a) *adj.* Una persona **discreta** es prudente y se cuida de no decir o hacer algo que molestaría a alguien.

   Kim fue <u>discreta</u> y nunca reveló los secretos de otros.

obstinadamente *adv.* Cuando haces algo **obstinadamente,** no estás dispuesto a cambiar tus hábitos, aunque otras personas piensen que es poco razonable.

   El niño se quedó callado <u>obstinadamente</u>, cruzó sus brazos y frunció el ceño.

extraño(a) *adj.* Algo **extraño** es muy misterioso y difícil de explicar.

   El musgo brillaba con una luz <u>extraña</u>.

Vocabulary

Listen to each word. Say it. Then, read the definition and sample sentence.

discreet *(di SKREET) adj.* A **discreet** person is prudent and careful not to say or do anything that would upset someone.

   Kim was <u>discreet</u> and never revealed others' secrets.

obstinately *(AHB stuh nit lee) adv.* When you do something **obstinately,** you are determined not to change your ways, even when other people think you are being unreasonable.

   The young boy <u>obstinately</u> remained silent, with his arms crossed and a frown on his face.

uncanny *(un KAN ee) adj.* Something **uncanny** is very strange and difficult to explain.

   The moss glowed with an <u>uncanny</u> light.

A. Práctica: Completa cada oración con la palabra de vocabulario correcta.

1. Raúl tiene que ser _____ y no contarle a nadie ese secreto.

2. Patricia se negó _____ a estudiar para el examen final.

3. Es un fenómeno muy _____ que ocurre cada cien años.

B. English Practice: Complete each sentence with the correct vocabulary word.

1. The _____ principal corrected the teacher after class.

2. Anna _____ refused to attend the family reunion.

3. The dog's _____ ability to find its way home amazed me.

El caballito de madera
D. H. Lawrence

Resumen Esta historia explora el costo de la codicia. Una mujer infeliz y codiciosa no siente mucho por sus hijos y se queja por la falta de dinero. Le dice a su hijo Paul que la suerte es lo único que trae dinero. Paul quiere hacer feliz a su madre, así que intenta volverse afortunado. Descubre que cuando se sienta en su caballito de madera, de pronto sabe qué caballos ganarán en las carreras. Gana una pequeña fortuna apostando. En secreto le da dinero a su madre, pero ella no está satisfecha. Paul casi se vuelve loco intentando complacerla.

Summary
This story explores the cost of greed. An unhappy, greedy woman feels little for her children and complains about a lack of money. She tells her son, Paul, that luck is the only thing that brings money. Paul wants to make his mother happy, so he tries to become lucky. He discovers that when he sits on his rocking horse, he suddenly knows which horses will win at the races. He wins a small fortune by betting. He secretly gives money to his mother, but she is not satisfied. Paul drives himself nearly crazy trying to please her.

Guía para tomar notas

Usa el diagrama siguiente para anotar los sucesos principales del cuento.

La mamá quiere más dinero.	Ella le dice a Paul que la suerte trae dinero.	
↓	↓	↓
↓	↓	↓

Vocabulario

Escucha cada palabra. Dila. Luego, lee la definición y la oración de ejemplo.

aprensión *s.* Cuando sientes **aprensión,** estás ansioso(a) y tienes un presentimiento de que algo malo ocurrirá pronto.

Su aprensión crecía mientras se acercaba el perro gruñendo.

emprender *v.* Si has **emprendido** algo, has iniciado o te has involucrado en alguna actividad.

La familia cargó el carro antes de emprender el viaje.

intrínsecamente *adv.* **Intrínsecamente** describe algo hecho que refleja la naturaleza o carácter de una cosa.

Su carácter está intrínsecamente relacionado con su personalidad.

Vocabulary

Listen to each word. Say it. Then, read the definition and sample sentence.

apprehension *(a pree HEN shuhn) n.* When you feel **apprehension,** you have an anxious feeling that something bad will happen soon.

His apprehension grew as the growling dog approached.

embarked *(im BAHRKT) v.* If you have **embarked** on something, you have started or become involved in an activity.

The family loaded the car before they embarked on their trip.

intrinsically *(in TRIN zik lee) adv.* **Intrinsically** describes something done that fits in the nature or character of something.

His character is intrinsically related to his personality.

A. Práctica: Completa cada oración con la palabra de vocabulario correcta.

1. La _____ de María creció al acercarse a la casa antigua.

2. Rubén _____ su caminata hacia las montañas.

3. Los aportes de los doctores a la medicina están _____ relacionados con la física.

B. English Practice: Complete each sentence with the correct vocabulary word.

1. The woman waited with _____ for the jury's decision.

2. Before Natalia _____ on her trip, she planned every detail.

3. Beautiful works of art are _____ valuable.

Un accidente absurdo
Graham Greene

Resumen En esta historia, Jerome se entera de que su amado padre ha muerto en un accidente imprevisible. Un cerdo cayó sobre él desde un balcón cuando el hombre caminaba por la calle. Es difícil para Jerome compartir esta historia porque odia ver cómo la gente intenta no reírse. Le preocupa tener que contarle la historia a su prometida. Tiene miedo de que si ve que ella intenta no reírse, él no sea capaz de casarse con ella.

Summary In this story, Jerome learns that his beloved father has been killed in a freak accident. A pig fell on him from a balcony as the man walked down the street. It is difficult for Jerome to share this story because he hates to see people try not to laugh. He worries about telling his fiancée the story. He fears that if he sees her trying not to laugh, he will not be able to marry her.

Guía para tomar notas
Completa el diagrama siguiente para entender mejor el personaje de Jerome.

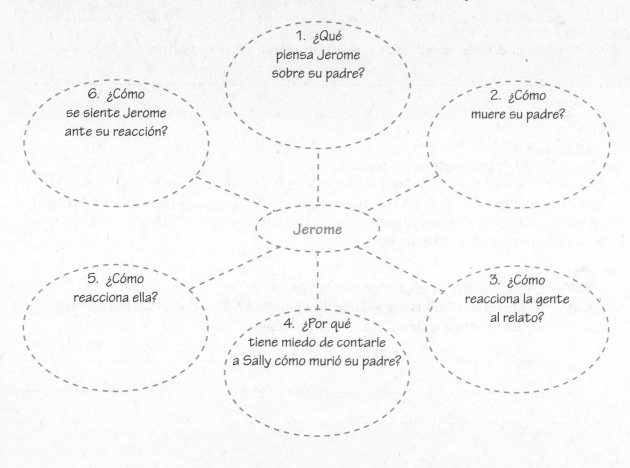

1. ¿Qué piensa Jerome sobre su padre?

6. ¿Cómo se siente Jerome ante su reacción?

2. ¿Cómo muere su padre?

Jerome

5. ¿Cómo reacciona ella?

3. ¿Cómo reacciona la gente al relato?

4. ¿Por qué tiene miedo de contarle a Sally cómo murió su padre?

Piensa en las selecciones
Thinking About the Selections

1. Usa la tabla siguiente para ordenar los sucesos de "El caballito de madera".

Orden de los sucesos	Sucesos de "El caballito de madera"
	Paul hace su apuesta final por Malabar.
	Paul se monta en su caballito de madera para elegir los nombres de los caballos ganadores.
	Paul comparte lo que gana en secreto con su madre.
	La casa empieza a susurrar: "Tiene que haber más dinero".
	Paul se enferma y muere.
	La casa empieza a pedir más dinero a gritos.

2. En "Un accidente absurdo", el padre de Jerome muere porque

_____

_____.

 ¿Inocente o culpaple?

Imagina que a la madre de Paul la estén juzgando por la muerte de su hijo. ¿Es inocente o culpable? Trabaja con un compañero o una compañera para conversar sobre la evidencia y emitir su veredicto. Compartan su veredicto con otros grupos y asegúrense de respaldar su opinión.

? Escribir acerca de la Pregunta esencial

¿Cómo la literatura influye y refleja la sociedad? En "Un accidente absurdo", ¿cómo describe Greene a Jerome cuando es adulto?

_____

_____

_____

UNIDAD
6

ANTES DE LEER: EL SOLDADO • ALAMBRADOS • HIMNO...
Before You Read: The Soldier • Wirers • Anthem...

Vocabulario

Escucha cada palabra. Dila. Luego, lee la definición y la oración de ejemplo.

horrible *adj.* Algo **horrible** da muchísimo miedo o pavor.

    El horrible disfraz de Manuel asustó a los niños.

desolado(a) *adj.* Algo **desolado** está desierto o solitario.

    Todas las ventanas del edificio desolado estaban rotas.

burlas *s.* Las **burlas** son esfuerzos completamente inútiles o decepcionante.

    Las últimas dos elecciones fueron burlas a la democracia.

Vocabulary

Listen to each word. Say it. Then, read the definition and sample sentence.

ghastly *(GAST lee) adj.* Something **ghastly** is extremely horrible or frightening.

    Manuel's ghastly costume frightened the children.

desolate *(DES uh luht) adj.* Something **desolate** is deserted or forlorn.

    All of the windows in the desolate building were broken.

mockeries *(MAHK uh reez) n.* **Mockeries** are completely useless or disappointing effort.

    The last two elections were mockeries of democracy.

A. Práctica: Completa cada oración con la palabra de vocabulario correcta.

1. Los soldados vieron escenas _____ durante la guerra.

2. El pueblo está _____ después de tantos años de abandono.

3. Ese partido fue una _____ al deporte de béisbol.

B. English Practice: Complete each sentence with the correct vocabulary word.

1. The _____ crime shocked the neighbors.

2. The _____ house had been empty for twenty years.

3. Long ago, there were trials that were _____ of justice.

El soldado
Rupert Brooke

Alambrados
Siegfried Sassoon

Himno para la juventud condenada
Wilfred Owen

Resúmenes Estos poemas surgieron de los campos de batalla de la Primera Guerra Mundial. El narrador patriótico de **"El soldado"** imagina que su tumba será una parcela de rico polvo inglés en tierra extranjera. Allí, su alma reflejará la gentileza de Inglaterra. **"Alambrados"** describe una noche entre los soldados que reparan los alambres de púas alrededor de las trincheras. **"Himno para la juventud condenada"** describe las demostraciones de emoción que deben reemplazar los ritos funerarios en tiempos de guerra.

Summaries These poems arose from the battlefields of World War I. The patriotic speaker in **"The Soldier"** imagines that his grave will be a patch of rich English dust in foreign soil. There, his soul will reflect the gentleness of England. **"Wirers"** describes a night among soldiers who repair the barbed wire around the trenches. **"Anthem for Doomed Youth"** describes the shows of emotion that must take the place of funeral rites in times of war.

Guía para tomar notas

Cada uno de estos poemas ofrece un punto de vista diferente sobre el tema de la guerra. Usa la tabla siguiente para anotar la idea o imagen principal de cada poema.

Poema	Imagen/Idea principal
"El soldado"	
"Alambrados"	
"Himno para la juventud condenada"	

Piensa en las selecciones
Thinking About the Selections

1. Usa la tabla siguiente para hacer una lista de las imágenes de "Himno para la juventud condenada" que reemplazan las maneras comunes en que se honran a los muertos.

Honrar a los caídos en batalla					
Las campanas se reemplazan con:	Las oraciones se reemplazan con:	Los coros se reemplazan con:	Las velas se reemplazan con:	Las telas que cubren los ataúdes se reemplazan con:	Las flores se reemplazan con:

2. En "El soldado", el narrador dice que si muere en un campo extranjero, esa

   esquina del campo será _____

   _____ .

 Levantar el ánimo

En "Alambrados", ¿cómo ayuda el grupo que repara los alambres a mantener a los soldados esperanzados aun cuando enfrentan la muerte? Comparte tus ideas con un compañero o una compañera.

 Escribir acerca de la Pregunta esencial

¿Cómo la literatura influye y refleja la sociedad? ¿Piensas que el poema de Sassoon afectaría la actitud de los lectores británicos hacia la guerra?

_____

_____

_____

Vocabulario

Escucha cada palabra. Dila. Luego, lee la definición y la oración de ejemplo.

espectral *adj.* Algo **espectral** es fantasmal.

> *Aquella noche, la niebla creó un ambiente espectral.*

arbóreo(a) *adj.* Algo **arbóreo** está relacionado con árboles o está cerca de o entre los árboles.

> *El zoólogo famoso estudia animales arbóreos.*

abertura *s.* Una **abertura** es un pequeño orificio en algo.

> *La luz entra a la cámara por una abertura especial.*

Vocabulary

Listen to each word. Say it. Then, read the definition and sample sentence.

spectral *(SPEK truhl) adj.* Something **spectral** is ghostly.

> *That night, the fog created a spectral atmosphere.*

arboreal *(ahr BOH ree uhl) adj.* Something **arboreal** is about, near, or among trees.

> *The famous zoologist studies arboreal animals.*

aperture *(AP er cher) n.* An **aperture** is a small opening in something.

> *Light enters the camera through a special aperture.*

A. Práctica: Completa cada oración con la palabra de vocabulario correcta.

1. De noche, la cortina blanca parecía una figura _____.

2. En el bosque tropical viven muchos animales _____.

3. El aceite se escapó por una _____ en el tubo.

B. English Practice: Complete each sentence with the correct vocabulary word.

1. Moonlight gave the fog a _____ glow that frightened me.

2. The sloth is an example of an _____ animal.

3. A small _____ in the dam can cause extensive damage.

El amante demoníaco
Elizabeth Bowen

Resumen Durante la Segunda Guerra Mundial, la Sra. Drover regresa a su casa en Londres, que ha permanecido cerrada, para buscar algunas cosas. Encuentra sobre la mesa una misteriosa carta sin sello, pero no hay pistas de cómo ha llegado hasta allí. La Sra. Drover se horroriza ante la idea de que pueda ser de su ex prometido, quien aparentemente había muerto durante la Primera Guerra Mundial. Para cumplir con una promesa que hizo la pareja comprometida, él ahora promete volver, seguramente ese mismo día, a la "hora acordada". Atormentada, la Sra. Drover busca un lugar seguro y escapa en un taxi, pero descubre que el conductor es precisamente su ex prometido.

Summary During World War II, Mrs. Drover returns to her shut-up London house to pick up some items. A mysterious unstamped letter has appeared on her table, but there is no clue as to how it arrived. Mrs. Drover is horrified at the realization that it appears to be from her ex-fiancé, whom she believes to have died in World War I. Referring to a vow that the engaged couple had made to each other, he now promises to return, most likely on that day, at the "hour arranged." A haunted Mrs. Drover seeks a place of safety and escapes into a taxi, only to discover that the driver is her ex-fiancé.

Guía para tomar notas

Usa la tabla siguiente para describir los sucesos en "El amante demoníaco".

Personajes:	
Ambiente:	
Problema:	
Suceso 1	
Suceso 2	
Suceso 3	
Suceso 4	
Suceso 5	
Suceso 6	
Conclusión:	

Piensa en la selección
Thinking About the Selection

1. Completa la tabla con hechos que da la autora sobre el prometido de Kathleen Drover, el autor de la carta y el taxista.

Prometido	Autor de la carta	Taxista

2. Kathleen Drover tiene miedo porque _____

_____.

 Un desenlace alternativo

¿Qué piensas que pasará después de que el taxista se lleve a Kathleen? Habla sobre tus ideas con un compañero o una compañera.

? **Escribir acerca de la Pregunta esencial**

¿El lugar influye en la imaginación o la imaginación influye en el lugar? Más allá de los efectos *físicos* que tiene la guerra en casa, ¿qué efectos *emocionales* de la guerra sugiere la historia de Bowen?

_____

_____

_____

Vocabulario

Escucha cada palabra. Dila. Luego, lee la definición y la oración de ejemplo.

combatientes *s.* Los **combatientes** son personas que luchan.

Los combatientes de ambos lados sufrieron muchas bajas.

permanecer *v.* Si algo va a **permanecer,** se quedará o se mantendrá.

El perrito que tuve durante mi niñez siempre permanecerá en mi memoria.

elocuente *adj.* Alguien o algo **elocuente** se expresa de forma bella.

El gobernador es un orador elocuente.

Vocabulary

Listen to each word. Say it. Then, read the definition and sample sentence.

combatants *(kuhm BAT uhnts) n.* **Combatants** are people who fight.

Combatants on both sides suffered many casualties.

abide *(uh BYD) v.* If something will **abide,** it will stay or remain.

My pet dog from childhood will always abide in my memory.

eloquent *(EL uh kwuhnt) adj.* Someone or something **eloquent** is beautifully expressive.

The governor is an eloquent public speaker.

A. Práctica: Completa cada oración con la palabra de vocabulario correcta.

1. Los _____ de ambos ejércitos huyeron de la zona de conflicto.

2. Las buenas memorias de mi niñez siempre _____ en mi mente.

3. El niño _____ ganó el debate.

B. English Practice: Complete each sentence with the correct vocabulary word.

1. The _____ fled from the enemy's tanks.

2. She died, but her memory will _____ in my heart.

3. The politician's _____ speech convinced many voters.

Nomeolvides
Keith Douglas

Para Gweno
Alun Lewis

El nombre de las partes
Henry Reed

Resúmenes Los temas de estas poesías están relacionados con la Segunda Guerra Mundial. En **"Nomeolvides"**, un soldado regresa al campo de batalla y estudia el cadáver de un soldado alemán. **"Para Gweno"** es un mensaje de un soldado para su esposa, donde le recuerda que estarán juntos para siempre. Finalmente, **"El nombre de las partes"** habla sobre un sargento inglés que les da instrucciones a sus soldados sobre cómo usar sus rifles mientras las flores que están alrededor lo observan.

Summaries The subjects of these poems connect to World War II. In **"Vergissmeinnicht,"** a soldier returns to a battlefield and studies the dead body of a German soldier. **"Postscript: For Gweno"** is a message from a solider to his wife, reminding her that they will be together forever. **"Naming of Parts,"** details an English drill sergeant giving his soldiers instruction on their rifles while the flowers from nearby gardens watch.

Guía para tomar notas

Usa el diagrama siguiente para hacer una lista de las personas y las cosas que los soldados de estas selecciones recuerdan o que se les haya pedido que recuerden.

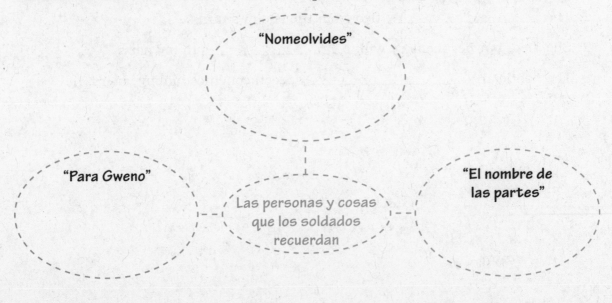

"Nomeolvides"

"Para Gweno"

Las personas y cosas que los soldados recuerdan

"El nombre de las partes"

Piensa en las selecciones
Thinking About the Selections

1. En la columna de la izquierda hay ejemplos de las partes de los rifles y algunas de sus funciones, que se presentan en "El nombre de las partes". Completa el organizador gráfico con descripciones de la primavera floreciente que el narrador relaciona con las partes de los rifles y sus funciones.

"El nombre de las partes"	
Ejemplo de las partes del rifle y algunas de sus funciones	Descripciones de los brotes en primavera
Correas y argollas móviles	
El seguro se quita con el pulgar, no con el dedo.	
Deslicen el cerrojo hacia atrás para abrir la cámara; esta acción se llama "comprimir el resorte".	

2. ¿Cómo describe el narrador a la muerte en "Para Gweno"?

_____

_____.

 Elogio a un soldado

Imagina que te han pedido dar un breve discurso para honrar al soldado muerto de "Nomeolvides". ¿Qué dirías sobre su vida? ¿Qué dirías sobre la manera en que murió? Habla sobre tus ideas con un compañero o una compañera.

 Escribir acerca de la Pregunta esencial

¿Cómo la literatura influye y refleja la sociedad? En estos tres poemas, ¿cómo son afectados o destruidos los enlaces sociales por la guerra?

_____

_____

Vocabulario

Estas palabras están subrayadas en el cuento. Escucha cada palabra. Dila. Luego, lee la definición y la oración de ejemplo.

imperialismo *s.* El **imperialismo** es la política de crear un imperio por medio de la conquista y la colonización.

   El imperialismo romano dejó su marca en muchos países.

despótico(a) *adj.* Una persona **despótica** tiene poder absoluto y se comporta como un tirano.

   Ha habido líderes despóticos a través de la historia.

chillón(ona) *adj.* **Chillón** describe algo con un color demasiado brillante o mal combinado con otro u otros colores.

   Ese carro chillón está pintado de anaranjado y rojo.

Vocabulary

These words are translations of the words that are underlined in the text. Listen to each word. Say it. Then, read the definition and sample sentence.

imperialism *(im PI ree uhl iz uhm) n.* **Imperialism** is the policy of forming an empire by conquest and colonization.

   Roman imperialism left its mark in many countries.

despotic *(de SPAHT ik) adj.* A **despotic** person has absolute power and behaves like a tyrant.

   There have been despotic leaders throughout history.

garish *(GAR ish) adj.* **Garish** describes something with a color that is too bright or incorrectly combined with one or more colors.

   That garish car is painted bright orange and red.

A. Práctica: Completa cada oración con la palabra de vocabulario correcta.

1. El _____ fue una política común en Europa en el siglo XVI.

2. El rey _____ le ordenó a sus tropas que conquistaran más tierras.

3. La mujer entró al palacio vestida con ropa _____.

B. English Practice: Complete each sentence with the correct vocabulary word.

1. British _____ had a lasting effect on many countries.

2. Citizens rebelled against the _____ ruler.

3. People who dress plainly would never wear _____ clothes.

Disparando al elefante

George Orwell

Resumen Orwell describe su experiencia como oficial de policía británico en Birmania. Birmania era en ese entonces una colonia británica. Orwell siente íntimamente que los británicos deberían abandonar Birmania. También está enfadado con los birmanos, ya que todos los días lo insultan. Un día se entera de que un elefante se ha vuelto incontrolable. Orwell busca un arma y sale en busca de la bestia. Una gran multitud lo sigue. El elefante ha dañado propiedades e incluso ha matado a un hombre. Ahora el animal está tranquilo. Orwell decide que debe matarlo para no hacer el ridículo frente a los birmanos.

Summary Orwell describes his experience as a British police officer in Burma. Burma was then a British colony. Orwell secretly feels that the British should leave Burma. He is also angry with the Burmese people who insult him every day. One day, he hears that an elephant has gone wild. Orwell sends for a gun and goes looking for the beast. A large crowd follows him. The elephant has damaged property and even killed a man. The animal is now peaceful. Orwell decides that he must kill it so that he does not look foolish in front of the Burmese.

Guía para tomar notas

Usa la tabla siguiente para anotar detalles importantes del ensayo.

Detalles sobre...			
Dónde ocurre	Los problemas que enfrenta Orwell	Las acciones que toma	Sus sentimientos y pensamientos

Comprensión cultural

Fútbol —football en inglés británico— es el juego que en los Estados Unidos se llama *soccer.* En un partido de fútbol, los jugadores de un equipo tratan de patear una pelota redonda dentro de la portería del equipo opuesto. El fútbol americano es un deporte diferente en el que un equipo trata de pasarse una pelota ovalada hasta llegar a la meta del equipo opuesto.

Estrategia de lectura

Un tema es lo que trata un cuento de ficción o no ficción. Al **analizar y evaluar los temas similares** en diferentes cuentos, tendrás mayor comprensión de la lectura. Uno de los temas de esta selección es el conflicto cultural entre los birmanos y Orwell. Cita un detalle de esta página que demuestre el conflicto cultural.

_____

_____

_____

Verifica tu comprensión

¿Cuál es la opinión de los birmanos con respecto a los ingleses?

a. Los ingleses son buenos jugadores de fútbol.

b. Los ingleses son buenos cazadores.

c. Los ingleses son amigables y alterados.

d. Los ingleses son colonialistas e invasores.

Disparando al elefante
George Orwell

El autor, George Orwell, es un policía en Birmania. A él lo detestan en esta zona antieuropea. Los birmanos no tienen agallas para promover una revuelta, pero él es un blanco individual.

◆ ◆ ◆

Si un **ágil** birmano me hacía tropezar en el campo de fútbol y el árbitro (otro birmano) hacía la vista gorda, la multitud estallaba en sardónicas risas. Eso sucedió más de una vez. Al final, los socarrones rostros amarillos de los chicos que me encontraba por todas partes, los insultos que me proferían cuando estaba a suficiente distancia, me alteraron los nervios. Los jóvenes monjes budistas eran los peores. En la ciudad los había a millares y ninguno parecía tener nada que hacer, sino pararse en las esquinas y burlarse de los europeos.

◆ ◆ ◆

Orwell se siente triste y confundido por el comportamiento de los birmanos. Él decide que la causa del problema es el imperialismo, o el hecho de que Birmania es una colonia de Gran Bretaña. Orwell confiesa que está del lado de los birmanos y en oposición a las reglas británicas. Odia su trabajo porque se siente culpable por la forma en que los británicos tratan a los prisioneros birmanos y por la forma en que los birmanos lo tratan a él.

◆ ◆ ◆

Palabras de uso diario

ágil *adj.* ligero, capaz de moverse con rapidez

Un día sucedió algo que, de forma indirecta, resultó **esclarecedor.** En sí fue un incidente minúsculo, pero me proporcionó una visión más clara de la que había tenido hasta entonces sobre la auténtica naturaleza del imperialismo, de los auténticos motivos por los que actúan los gobiernos despóticos.

◆ ◆ ◆

Una mañana, un subinspector llama a Orwell. Un elefante que se escapó está destruyendo el mercado. El subinspector le pide a Orwell que haga algo.

◆ ◆ ◆

No sabía qué podía hacer, pero quería ver lo que pasaba. Así que me monté en un poni y me puse en marcha. Me llevé el rifle, un viejo Winchester .44, demasiado pequeño para matar un elefante, pero pensé que el ruido me sería útil...

◆ ◆ ◆

Orwell descubre que el elefante ha sido domado. Pero el elefante está en un estado temporario de peligroso frenesí, conocido como "furia". Este había escapado de sus cadenas, destruido una choza de bambú, matado una vaca, comido algunas frutas de los puestos y volcado un camión de basura. Orwell se une a los birmanos y a los policías, quienes interrogan a los residentes de un vecindario pobre para averiguar dónde está el elefante. Los hombres oyen a una mujer que le grita a un grupo de niños. Orwell investiga y encuentra el cuerpo de un trabajador indio en el fango. El elefante ha matado al hombre. Después de encontrar el cuerpo del hombre, Orwell manda a buscar su rifle para elefantes. Algunos birmanos le dicen a Orwell que el elefante está cerca, en los campos de arroz. Están entusiasmados por la idea de que va a dispararle al elefante. Una multitud se reúne y lo sigue. Orwell ve al elefante comiendo hierba al lado de la carretera.

◆ ◆ ◆

Palabras de uso diario

esclarecedor *adj.* que te ayuda a entender algo

Desarrollar el vocabulario en inglés: Identificar cognados

Los cognados son palabras que comparten el mismo origen o raíz. En el párrafo que está enmarcado con un corchete, subraya los cognados en español de las siguientes palabras en inglés: *miniscule, authentic, imperialism, motives, governments.*

Verifica tu comprensión

¿Cuál es el problema por el que llama el subinspector a Orwell?

_____

_____

_____

Verifica tu comprensión

¿Por qué lleva Orwell su rifle?

a. para matar al elefante

b. para asustar al elefante

c. porque es demasiado pequeño

d. porque es un Winchester .44

Análisis literario

Los cuentos en los que se presenta un **conflicto cultural,** o pelea entre grupos diferentes, suelen usar dos tipos de ironía: **ironía verbal,** o diferencia entre lo que el personaje dice y piensa; **ironía situacional,** o sucesos que contradicen las expectativas de los personajes o la audiencia. ¿Qué tipo de ironía usa Orwell en la oración subrayada?

_____

_____

Verifica tu comprensión

¿Piensa Orwell que el elefante es peligroso? Explica.

_____

_____

_____

Desarrollar el vocabulario en inglés: Identificar cognados

En el párrafo que está enmarcado con un corchete, subraya los cognados en español de las siguientes palabras en inglés: *instant, numerous, blocked, directions, convinced.*

Verifica tu comprensión

¿Por qué tiene que dispararle al elefante? Encierra en un círculo las frases u oraciones del texto que indican la respuesta.

Me había detenido en el camino. En cuanto vi al elefante, tuve la absoluta certeza de que no debía matarlo. Matar un elefante útil para el trabajo es algo serio —es como si destruyera una máquina enorme y cara— y claro está que no debe hacerse si hay forma de evitarlo.

◆ ◆ ◆

En ese momento, el elefante parece inofensivo. Orwell piensa que el elefante se ha calmado y ya no es peligroso. Orwell no quiere dispararle. Decide observar al elefante por un tiempo antes de regresar a casa.

◆ ◆ ◆

Pero en ese instante, vi la multitud a mi alrededor. Era un grupo numeroso, de al menos unas dos mil personas, y crecía a cada minuto. Bloqueaba un largo tramo del camino en ambas direcciones. Contemplé ese mar de rostros amarillos sobre los ropajes chillones; eran semblantes felices y animados por un poco de diversión. Todos estaban convencidos de que iba a dispararle al elefante. Me miraban como si miraran a un prestidigitador[1] a punto de realizar un truco. No les caía bien, pero con el rifle mágico en mis manos valía la pena observarme por un momento. Y de repente me di cuenta de que al final tendría que dispararle al elefante. La gente esperaba que lo hiciera y tenía que hacerlo; sentí sus dos mil voluntades empujándome a actuar, de modo irresistible.

◆ ◆ ◆

_____

1. **prestidigitador** s. mago

A pesar de su posición de autoridad, Orwell siente que debe hacer lo que la gente espera de él. No desea causarle daño al elefante, especialmente porque la criatura es más valiosa viva. Sin embargo, siente que no tiene opción. Piensa en lo que podría ocurrir si algo sale mal. Cree que la multitud lo perseguiría y él moriría atropellado si no mata al animal. Orwell se prepara para dispararle al elefante.

◆　◆　◆

La multitud hizo silencio e **innumerables** gargantas exhalaron un suspiro profundo, grave, emocionado, como el del público que ve por fin alzarse el telón en el teatro. Después de todo, iban a tener su momento de diversión.

◆　◆　◆

Orwell en realidad no sabe cómo dispararle a un elefante. Él debe apuntar al oído. En cambio, él apunta a la parte delante del oído porque cree que allí es donde está el cerebro.

◆　◆　◆

Cuando apreté el gatillo, no oí la detonación ni sentí el culatazo —eso nunca sucede si el disparo da en el blanco— pero sí escuché el infernal rugido de júbilo de la multitud.

◆　◆　◆

Hay un cambio inmediato en el elefante. No se cae, pero finalmente se babea y cae de rodillas. Parece deteriorarse.

◆　◆　◆

Uno podría haberse imaginado que tenía miles de años. Volví a dispararle en el mismo lugar. Al segundo impacto, no se desplomó sino que se puso de pie con desesperada lentitud y se mantuvo débilmente erguido, con las patas temblorosas y la cabeza agachada. Realicé un tercer disparo. Ese fue el que acabó con él. Pudo verse cómo la agonía estremecía su cuerpo, arrebatándole el último **remanente** de su fuerza.

◆　◆　◆

Palabras de uso diario

innumerables *adj.* demasiados para contar

remanente *s.* el resto, lo que queda después de que todo se haya usado

---

Desarrollar el vocabulario en inglés: Identificar cognados

En el primer párrafo que está enmarcado con un corchete, subraya los cognados en español de estas palabras en inglés: *position, authority, elephant, prepares, especially.*

Análisis literario

¿Qué tipo de **ironía** se describe en las oraciones subrayadas? Encierra en un círculo la respuesta.

a. ironía verbal

b. ironía situacional

Verifica tu comprensión

¿Qué quiere decir el autor cuando escribe: *Uno podría haberse imaginado que tenía miles de años?*

a. el elefante parecía viejo

b. el elefante parecía alegre

c. el elefante parecía terco

d. el elefante parecía muerto

Desarrollar el vocabulario en inglés: Identificar cognados

En el último párrafo que está enmarcado con un corchete, subraya los cognados en español de estas palabras en inglés: *impact, desperate, agony, trembling.*

TOMAR NOTAS
Take Notes

Verifica tu comprensión

1. ¿Por qué se va Orwell después de dispararle al elefante?

_____

_____

2. ¿Cuánto tiempo le toma al elefante morir?

_____

_____

Estrategia de lectura

¿Qué **conflicto cultural** se presenta en los últimos dos párrafos?

a. El elefante muere lentamente, pero Orwell quiere que muera rápidamente.

b. Los birmanos no quieren que le dispare al elefante, pero Orwell le dispara.

c. La ley birmana permite la matanza del elefante enloquecido, pero los europeos no están de acuerdo.

d. El dueño del elefante está furioso por su muerte, pero no puede hacer nada.

Por un momento, parece que el elefante se va a levantar. Alza su trompa y hace un bramido, pero sus patas traseras se doblegan.

◆　◆　◆

Y entonces se vino abajo, con el vientre hacia mí, y produjo un estrépito que pareció sacudir el suelo, incluso donde yo estaba.

◆　◆　◆

El elefante está muriendo, pero no ha muerto todavía. Orwell dispara más tiros, pero el elefante aún respira.

◆　◆　◆

Al final, no pude soportarlo y me marché. Más tarde oí que había tardado media hora en morir. Los birmanos empezaron a traerme dagas[2] y cestos antes de que me fuese, y me contaron que por la tarde, ya lo habían despojado de la carne casi hasta los huesos.

Por supuesto que después hubieron interminables conversaciones sobre la muerte del elefante. El dueño estaba furioso, pero no era más que un indio y no pudo hacer nada.

◆　◆　◆

En Birmania, la ley establece que se debe matar a un elefante enloquecido. Orwell piensa que hizo lo correcto. Los europeos no están de acuerdo.

◆　◆　◆

Y después me alegré mucho de que el culi[3] hubiese muerto; la ley me respaldaba y me daba suficiente **pretexto** para dispararle al elefante. A menudo me he preguntado si otras personas se habían dado cuenta de que lo había hecho solo para no parecer un idiota.

Palabras de uso diario

pretexto s. excusa

2. **dagas** s. cuchillos

3. **culi** s. palabra ofensiva que significa "obrero inexperto al que se le paga muy poco, especialmente en Asia"

Vocabulario

Estas palabras están subrayadas en el cuento. Escucha cada palabra. Dila. Luego, lee la definición y la oración de ejemplo.

vigorosamente *adv.* Si haces algo **vigorosamente,** lo haces con mucha energía y fuerza o determinación.

Los ciudadanos enfadados se opusieron vigorosamente a la nueva ley.

evaporarse *v.* Si un sentimiento **se evapora,** desaparece poco a poco.

Cuando Will se puso de pie para hablar, su confianza se evaporó.

pícaro(a) *adj.* A una persona **pícara** le gusta divertirse engañando a la gente.

Los niños pícaros escondieron las llaves del carro de Papá.

Vocabulary

These words are translations of the words that are underlined in the text. Listen to each word. Say it. Then, read the definition and sample sentence.

vigorously *(VIG uh ruhs lee) adv.* Something done **vigorously** is done with a great deal of energy, strength, or determination.

The angry citizens vigorously opposed the new law.

evaporated *(i VAP uh rayt id) v.* If a feeling **evaporated,** it slowly disappeared.

As Will stood up to speak, his confidence evaporated.

mischievous *(MIS chuh vuhs) adj.* Someone who is **mischievous** likes to have fun by playing tricks on people.

The mischievous children hid Dad's car keys.

A. Práctica: Completa cada oración con la palabra de vocabulario correcta.

1. Juanita frotó su bici _____ para sacarle la mugre.

2. El enojo de Papá _____ cuando le dijeron dónde estaban sus llaves.

3. Con una sonrisa _____, Daniel escondió el libro de Elena bajo el sofá.

B. English Practice: Complete each sentence with the correct vocabulary word.

1. She lost weight by exercising _____ each day.

2. After laughing at the joke, her anger _____.

3. The magician gave the audience a _____ smile.

No se venden brujerías
Doris Lessing

Resumen Los Farquar son una pareja de raza blanca que posee una granja en el sur de África. Tienen un hijo llamado Teddy. Un africano llamado Gideon trabaja para la familia como cocinero. Gideon aprecia mucho a Teddy. Un día, una serpiente lanza veneno en los ojos de Teddy. Gideon le salva la vista con una medicina que extrae de la raíz de una planta. Los Farquar le están muy agradecidos a Gideon y lo recompensan con obsequios y un aumento de salario. Un científico contacta a los Farquar para averiguar qué planta utilizó Gideon para la cura. Los Farquar nunca pensaron que Gideon se negaría a compartir esta información.

Summary
The Farquars are a white couple who own a farm in southern Africa. They have a young son named Teddy. An African man named Gideon works for the family as a cook. Gideon is very fond of Teddy. One day, a snake spits poison into Teddy's eyes. Gideon saves Teddy's sight with medicine from the root of a plant. The Farquars are grateful to Gideon and reward him with gifts and a raise in pay. A scientist calls on the Farquars to find out what plant Gideon used in his cure. The Farquars never expect that Gideon will refuse to share this information.

Guía para tomar notas

Usa el diagrama siguiente para anotar los sucesos importantes del cuento. Escribe al menos un detalle sobre cada suceso.

Teddy nace.	Suceso:	Suceso:	Suceso:	Suceso:
Detalle:	Detalle:	Detalle:	Detalle:	Detalle:

No se venden brujerías
Doris Lessing

Los Farquar, una pareja blanca en el sur de África, que estuvieron sin hijos por años, finalmente tienen a su primer hijo. Sus sirvientes les llevan regalos y se enamoran de su pelo rubio y sus ojos azules.

◆　◆　◆

Felicitaron a la señora Farquar como si hubiera obtenido un gran logro, y ella así se sentía —su sonrisa para los nativos que se quedaban para admirar a su bebé, era cálida y agradecida.

◆　◆　◆

Gideon, el cocinero de los Farquar, afectuosamente llama a Teddy "Cabecita Amarilla". Gideon juega con el niño y lo ayuda a aprender a caminar. La señora Farquar reconoce el amor de Gideon por su hijo y lo premia con un aumento de salario. Gideon y la señora Farquar se dan cuenta de lo que ocurre cuando un niño nativo y Teddy se encuentran por primera vez. Cada niño curiosamente observa el color de la piel, los ojos, y del cabello del otro.

◆　◆　◆

Gideon, quien estaba mirando, agitó su cabeza, maravillado, y dijo: —Ay, Señora, ambos son niños, pero uno será el patrón[1] cuando crezca y el otro será el sirviente.

La señora Farquar sonrió y le dijo tristemente: —Sí, Gideon, estaba pensando lo mismo.

◆　◆　◆

Gideon sabe que esa es la voluntad de Dios. Gideon y los Farquar comparten las mismas creencias religiosas.

Teddy tenía casi seis años cuando le regalaron un patinete y descubrió lo intoxicante[2] que era la velocidad.

◆　◆　◆

---

1. **patrón** s. jefe
2. **intoxicante** adj. fascinante

Verifica tu comprensión

¿Por qué están contentos los Farquar al nacer Teddy?

_____

_____

_____

Desarrollar el vocabulario en inglés: Identificar cognados

Los cognados son palabras que comparten el mismo origen o raíz. En el párrafo que está enmarcado con un corchete, subraya los cognados en español de las siguientes palabras en inglés: *affectionately, recognizes, salary, occurs.*

Estrategia cultural

En algunos cuentos se presenta un **conflicto cultural,** o pelea entre grupos con diferentes creencias, niveles económicos o tradiciones culturales. **Analiza el tema** que se presenta en las oraciones subrayadas. ¿Presentan estas oraciones un conflicto cultural entre Gideon y la señora Faquar? Explica.

_____

_____

_____

Verifica tu comprensión

Teddy y el hijo de Gideon son de la misma edad, pero sus futuros serán muy diferentes. ¿Cuál será el futuro de cada uno? ¿Cuál es la razón de esta diferencia?

_____

_____

_____

Comprensión cultural

Los personajes de este libro viven en una sociedad donde prevalece el racismo. Los negros como Gideon, el cocinero, y su hijo, el pastor, trabajan para los blancos. En los Estados Unidos también hubo una época donde los negros trabajaban para los blancos. ¿Crees que todavía existe el racismo en nuestro país? ¿Qué medidas se han tomado o se podrían tomar para remediar este problema? Conversa sobre tu opinión en un grupo.

Desarrollar el vocabulario en inglés: Identificar cognados

En el texto que está enmarcado con un corchete, subraya los cognados en español de las siguientes palabras en inglés: *immediately, soup, serpent, entered.*

Teddy corre alrededor de la granja y entra en la cocina. Asusta a los animales de la granja y a las mascotas de la familia. Gideon se ríe mientras lo observa.

◆ ◆ ◆

El hijo menor de Gideon, quien ahora es pastorcillo, llegó especialmente desde el campo para ver el patinete. Tenía miedo de acercarse, pero Teddy se lució al frente de él.

—*Piccanin*[3] —le gritó Teddy—, ¡sal del medio! —y patinó en círculos alrededor del niño negro hasta que este se asustó y huyó corriendo de regreso al campo.

◆ ◆ ◆

Gideon le echa la culpa a Teddy por asustar a su hijo. Teddy le responde groseramente que su hijo es solo un niño negro.

Los sentimientos de Gideon hacia Teddy cambian. Se da cuenta de que Teddy pronto crecerá y se irá de la casa para estudiar. Gideon trata a Teddy amablemente, pero actúa mucho menos amigablemente que antes. Teddy, a su vez, comienza a tratar a Gideon más como un sirviente.

◆ ◆ ◆

Pero un día, Teddy entró a la cocina tambaleándose, con los puños en sus ojos, chillando de dolor. De inmediato, Gideon dejó la olla llena de sopa caliente que sostenía, corrió hacia el niño y movió a un lado sus dedos.

—¡Una serpiente! —exclamó.

◆ ◆ ◆

3. *piccanin s.* término ofensivo para un niño negro

Mientras Teddy descansaba en su patinete, una serpiente de árbol le había escupido en los ojos. La señora Farquar ve que los ojos de Teddy ya están hinchados. Teme que Teddy quedará ciego.

◆　◆　◆

Gideon dijo: —Un momento, Señora. Conseguiré una medicina —y salió corriendo al campo.

La señora Farquar entró a la casa con el niño en sus brazos y lavó sus ojos con permanganato[4]. Apenas había escuchado las palabras de Gideon. Pero cuando vio que sus **remedios** no habían tenido efecto, recordó las veces que había visto a los nativos ciegos por causa de la escupida de una serpiente. Comenzó a esperar con ansiedad el regreso de su cocinero, recordando que había escuchado de la eficacia[5] de las hierbas nativas.

◆　◆　◆

Atemorizada, sostiene a su hijo y espera el regreso de Gideon. Pronto, él aparece con una planta. Le muestra la raíz y le asegura a ella que curará los ojos de Teddy.

◆　◆　◆

Aún sin lavarla, se echó la raíz a la boca y la masticó vigorosamente. Manteniendo la saliva en su boca, tomó al niño a la fuerza de las manos de la señora Farquar. Colocó a Teddy entre sus piernas para inmovilizarlo. Presionó los ojos hinchados con las yemas de sus pulgares hasta que el niño gritó y la señora Farquar exclamó en protesta: —¡Gideon! ¡Gideon!

◆　◆　◆

Gideon la ignora y abre los ojos de Teddy para escupir dentro de ellos. Cuando Gideon termina, le promete a la señora Farquar que Teddy estará bien. Pero para ella es difícil de creer.

◆　◆　◆

Palabras de uso diario

remedios *s.* medicinas o terapias que quitan un dolor o curan una enfermedad

4. **permanganato** *s.* sal del ácido mangánico usado como remedio para las picaduras de víboras
5. **eficacia** *s.* fuerza para producir los efectos deseados

---

Verifica tu comprensión

¿Cómo se lastima Teddy?

a. Se cae del patinete.

b. Salta de un árbol.

c. Una serpiente le lanza veneno en los ojos.

d. Un niño lo asusta.

Análisis literario

Cuando Teddy se lastima, la señora Farquar y Gideon reaccionan de diferentes maneras. Subraya las palabras, frases u oraciones que revelan el **conflicto cultural** en la forma en que reaccionan ambos personajes.

Desarrollar el vocabulario en inglés: Identificar cognados

En el párrafo que está enmarcado con un corchete, subraya los cognados en español de las siguientes palabras en inglés: *vigorously, maintaining, immobilize, protest, exclaimed.*

Verifica tu comprensión

1. Encierra en un círculo el efecto que el remedio de Gideon tiene en Teddy.

a. La hinchazón de los ojos desaparece.

b. Teddy le da las gracias a Gideon.

c. La serpiente escupe debajo del árbol.

d. Teddy duerme un par de horas.

2. ¿Cómo premiaron los Farquar a Gideon?

_____

_____

Análisis literario

¿Qué **conflicto cultural** se presenta en los párrafos enmarcados con un corchete?

_____

_____

_____

Verifica tu comprensión

Anota tres reacciones diferentes que tienen los Farquar a la visita del científico.

1. _____

2. _____

3. _____

En un par de horas, la hinchazón desapareció: los ojos aún estaban **inflamados** y sensibles, pero Teddy podía ver. El señor y la señora Farquar fueron a ver a Gideon a la cocina y le dieron las gracias una y otra vez.

◆ ◆ ◆

Ellos no saben cómo expresar su gratitud. Le dan a Gideon regalos y un aumento de salario, pero nada puede en realidad pagar por los ojos sanos de Teddy.

◆ ◆ ◆

La señora Farquar dijo: —Gideon, Dios te eligió como instrumento de Su bondad.

Y Gideon dijo: —Si, Señora, Dios es muy bueno.

◆ ◆ ◆

La historia de cómo Gideon salvó la vista de Teddy se difunde por toda el área. Los blancos están frustrados porque no saben qué planta usó Gideon. Los nativos no se lo quieren decir. Un doctor del pueblo oye la historia, pero no la cree.

Un día llega un científico de un laboratorio cercano. Trae muchos equipos.

◆ ◆ ◆

El señor y la señora Farquar se sentían nerviosos, agradecidos y halagados. Le pidieron al científico que almorzara con ellos y le contaron toda la historia nuevamente, por centésima vez. El pequeño Teddy estuvo presente. Sus ojos brillaban, muy saludables, como para comprobar la verdad del caso.

◆ ◆ ◆

El científico explica que gente de todas partes se beneficiaría si la droga que ayudó a Teddy pudiera estar disponible para ellos. Los Farquar están complacidos con la idea de poder ayudar.

◆ ◆ ◆

Pero se sintieron incómodos cuando el científico comenzó a hablar del dinero que podrían recibir como resultado.

◆ ◆ ◆

Palabras de uso diario

inflamados *adj.* hinchados y enrojecidos

Ellos no quieren asociar el dinero con el milagro ocurrido. El científico se da cuenta de cómo se sienten y les recuerda que podrían ayudar a otros.

Después de comer, los Farquar le dicen a Gideon por qué vino el científico a visitarlos. Gideon parece sentirse sorprendido y enojado. El señor Farquar le explica a Gideon que miles de personas podrían ser curadas por la medicina que él usó para salvar a Teddy. Gideon escucha, pero obstinadamente se niega a revelar qué raíz usó. Los Farquar se dan cuenta de que Gideon no les dirá lo que ellos quieren saber. Para Gideon, el conocimiento de las plantas medicinales de los africanos, que ha sido pasado de generación en generación, representa poder y sabiduría. De repente, sin embargo, Gideon acepta mostrar la raíz a los Farquar y al científico. Durante una extremadamente calurosa tarde, el grupo camina silenciosamente por dos horas. Gideon parece buscar la raíz.

◆　◆　◆

Finalmente, a seis millas de la casa, Gideon decidió que ya habían caminado lo suficiente; o quizás su enojo se evaporó en ese momento.

◆　◆　◆

Gideon finalmente recoge unas flores como las que han visto a lo largo de su viaje. Se las da al científico y se aparta del grupo para regresar a casa.

Cuando el científico se detiene en la cocina para darle las gracias, Gideon ya se ha ido. Él regresa para preparar la cena, pero pasan muchos días antes de que se dirija a los Farquar como amigo.

◆　◆　◆

Los Farquar hicieron preguntas sobre las raíces a sus empleados. Algunas veces, les respondían con miradas de desconfianza. A veces los nativos decían: "No sabemos. Nunca hemos oído de la raíz".

◆　◆　◆

Un niño que ha cuidado el ganado de la familia durante mucho tiempo les dice que le pregunten a Gideon. Dice que Gideon es hijo de un curandero famoso y puede curar cualquier enfermedad, a pesar de que no es tan bueno como un doctor blanco.

◆　◆　◆

Verifica tu comprensión

Al principio, ¿cómo reacciona Gideon cuando se entera de la razón por la que el científico viene a visitarlos? ¿Por qué? Subraya el texto que indica la respuesta.

Desarrollar el vocabulario en inglés: Identificar cognados

En los párrafos que están enmarcados con un corchete, subraya los cognados en español de las siguientes palabras en inglés: *finally, miles, sufficient, scientist, pass, decided.*

Verifica tu comprensión

¿Qué descubren los Farquar acerca de Gideon?

_____

_____

_____

Análisis literario

Los cuentos con un conflicto cultural suelen usar dos tipos de ironía: **ironía verbal,** o diferencia entre lo que el personaje dice y piensa; **ironía situacional,** o sucesos que contradicen las expectativas de los personajes o la audiencia. ¿Qué tipo de ironía se presenta en el párrafo subrayado? Explica.

_____

_____

_____

Verifica tu comprensión

En la última oración, ¿qué crees que quiso decirle Gideon a Teddy?

a. Cuando seas adulto, serás un sirviente blanco y tendrás jefes negros.

b. Cuando seas adulto, tendrás muchos animales en tu granja.

c. Cuando seas adulto, serás un buen patrón a tus sirvientes.

d. Cuando seas adulto, tendrás sirvientes negros y ya no serás mi amigo.

Desarrollar el vocabulario en inglés: Identificar cognados

En los párrafos que están enmarcados por un corchete, subraya los cognados en español de las siguientes palabras en inglés: *time, disappeared, uncomfortable.*

Después de un tiempo, cuando la amargura entre los Farquar y Gideon había desaparecido, comenzaron a decirle en broma: —¿Cuándo nos vas a mostrar la raíz para la serpiente, Gideon?

Sintiéndose un poco incómodo, se reía y sacudía su cabeza, diciendo: —Pero yo se la mostré, Señora. ¿Se ha olvidado?

◆ ◆ ◆

Más tarde, hasta Teddy le dice en broma a Gideon que engañó a todos con su cura para la picadura de serpiente.

◆ ◆ ◆

Y Gideon se agarró la barriga, riéndose con cortesía. Después de reírse mucho, de repente se enderezó, secó sus viejos ojos y miró tristemente a Teddy, que con su mirada <u>pícara</u> le sonreía de cara a cara, desde el otro extremo de la cocina.

—Ay, Cabecita Amarilla, ¡cómo has crecido! Pronto serás un adulto y tendrás tu propia granja...

Piensa en las selecciones
Thinking About the Selections

1. Completa la tabla siguiente con los detalles que faltan.

"Disparando al elefante"	"No se venden brujerías"
Personajes principales:	**Personajes principales:**
• George Orwell, un _____ británico	• los Farquar, una pareja de raza _____
• los birmanos	• _____, el hijo de los Farquar
• un _____ incontrolable	• Gideon, el _____ africano de los Farquar
	• un científico
Ambiente:	**Ambiente:** el sur de África

2. **Análisis literario:** Explica por qué la creencia de Orwell de que los birmanos lo controlan es **irónica.**

   _____

   _____

3. **Estrategia de lectura: Analiza y evalúa** por qué los **temas** de "Disparando al elefante" y "No se venden brujerías" son **similares.** Da un ejemplo de cada cuento.

   _____

   _____

Coméntalo   **Compartir o no**

Imagina que eres amigo(a) de Gideon y que él necesita un consejo. ¿Le dirías que compartiera el nombre de la planta o que guardara el secreto? Comparte tus respuestas con un compañero o una compañera. Prepárate para explicar tu punto de vista a otros compañeros de clase.

Vocabulario

Escucha cada palabra. Dila. Luego, lee la definición y la oración de ejemplo.

impresionista *adj.* Algo que es **impresionista** comunica una imagen mediante sugerencias de detalles hechos con trazos rápidos.

Los pintores favoritos de Melissa son los impresionistas.

segmentado(a) *adj.* Algo **segmentado** está dividido en partes unidas.

Esta semana estamos estudiando gusanos segmentados en biología.

atrofiar *v.* **Atrofiar** significa deteriorar y perder fuerzas.

Los pacientes tienen que hacer ejercicio después de una operación para evitar que sus músculos se atrofien.

Vocabulary

Listen to each word. Say it. Then, read the definition and sample sentence.

impressionistic *(im presh uhn IS tik) adj.* Something that is **impressionistic** conveys a picture with quickly sketched suggestions of details.

Melissa likes the impressionistic painters best of all.

segmented *(SEG ment id) adj.* Something that is **segmented** is divided into joined parts.

This week we are studying segmented worms in biology.

atrophy *(AT ruh fee) v.* To **atrophy** means to waste away and lose strength.

Patients must exercise after surgery to prevent atrophy of the muscles.

A. Práctica: Completa cada oración con la palabra de vocabulario correcta.

1. Monet fue un artista francés que hacía pinturas _____.

2. Las oficinas del ingeniero están _____ en cinco áreas.

3. Los músculos de los astronautas se pueden _____ si no hacen ejercicio en la nave espacial.

B. English Practice: Complete each sentence with the correct vocabulary word.

1. Her painting consisted of _____ images.

2. The biologists examined the insect's _____ body.

3. Unable to walk, he knew his muscles would _____.

El tren de Rhodesia
Nadine Gordimer

Resumen En esta historia, un tren de Rhodesia llega a una estación de una región pobre de Sudáfrica. Los nativos intentan vender esculturas de madera a los pasajeros. Una joven recién casada quiere comprar un león tallado. Pero le parece demasiado caro. Luego su esposo convence a un anciano para que le venda el león por muy poco dinero. Cuando el esposo entrega el león a su esposa, ella no lo acepta como él pensó que lo haría.

Summary In this story, a train from Rhodesia pulls into a station in a poor section of South Africa. Native people try to sell wooden carvings to the passengers. A newly married young woman wants to buy a carved lion. She decides it is too expensive. Later, her husband convinces an old man to sell the lion for very little money. When the husband gives his wife the lion, she does not accept it the way he thought she would.

Guía para tomar notas

Usa el diagrama siguiente para anotar los detalles del cuento.

Escenario (Lugar)	Detalles
Personajes	Detalles
Problemas	Detalles

Vocabulario

Escucha cada palabra. Dila. Luego, lee la definición y la oración de ejemplo.

frecuentar *v.* Cuando **frecuentas** una tienda en particular, eres un cliente de esa tienda.

> Yo *frecuento* el supermercado de mi vecindario.

destilar *v.* Cuando **destilas** algo, obtienes sus partes esenciales.

> Es bueno *destilar* el agua para quitarle las impurezas.

profundamente *adv.* Cuando sientes algo **profundamente,** lo sientes aguda o intensamente.

> Greg sintió *profundamente* la ausencia de su tío.

Vocabulary

Listen to each word. Say it. Then, read the definition and sample sentence.

patronize *(PAY truhn yz) v.* When you **patronize** a particular store, you are a customer of that store.

> I *patronize* the grocery store in my neighborhood.

distill *(di STIL) v.* When you **distill** something, you obtain its essential parts.

> It is good to *distill* water to remove impurities.

keenly *(KEEN lee) adv.* If you feel something **keenly,** you feel it sharply or intensely.

> Greg felt his uncle's absence *keenly*.

A. Práctica: Completa cada oración con la palabra de vocabulario correcta.

1. Los amigos _____ la pizzería porque la comida es deliciosa.

2. El tirano solía _____ el veneno que llevaba dentro a través de sus discursos.

3. Manuel extrañó _____ su casa cuando se fue a estudiar a la universidad.

B. English Practice: Complete each sentence with the correct vocabulary word.

1. We decided to _____ the store that had lower prices.

2. I tried to _____ my adventure into a brief summary.

3. When her friend left, Ana felt the loss _____.

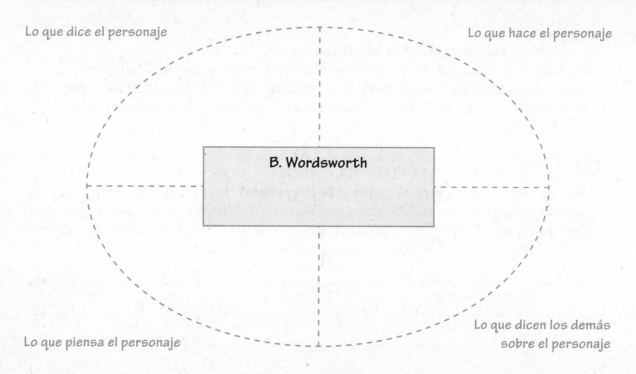

B. Wordsworth
V. S. Naipaul

Resumen Esta historia es relatada por un niño que vive en Trinidad. Un día, un poeta llega a la casa del niño. Pide observar a las abejas. El poeta se hace llamar B. Wordsworth. El hombre habla de manera extraña. Cuando se va, el niño quiere volver a verlo. Los dos se hacen amigos. B. Wordsworth le enseña al niño a apreciar la belleza. Lo ayuda a escapar del dolor en su vida. Un día, el niño visita al poeta y piensa que se ve viejo y débil. B. Wordsworth revela algo que hace que el niño cuestione todo lo que conoce.

Summary This story is told by a young boy who lives in Trinidad. One day, a poet comes to the boy's house. He asks to watch the bees. The poet calls himself B. Wordsworth. The man talks strangely. When he leaves, the boy wants to see him again. The two become friends. B. Wordsworth teaches the boy to appreciate beauty. He helps the boy escape the pain in his life. One day, the boy visits the poet and thinks that he looks old and weak. B. Wordsworth reveals something that makes the boy question everything he knows.

Guía para tomar notas

Usa el diagrama siguiente para anotar lo que aprendes acerca de B. Wordsworth.

Lo que dice el personaje

Lo que hace el personaje

B. Wordsworth

Lo que piensa el personaje

Lo que dicen los demás sobre el personaje

Piensa en las selecciones
Thinking About the Selections

1. Usa el siguiente organizador gráfico para comparar y contrastar a
   B. Wordsworth con el hombre que vende tallas en madera en la estación del
   tren. ¿En qué se parecen? ¿En qué se diferencian?

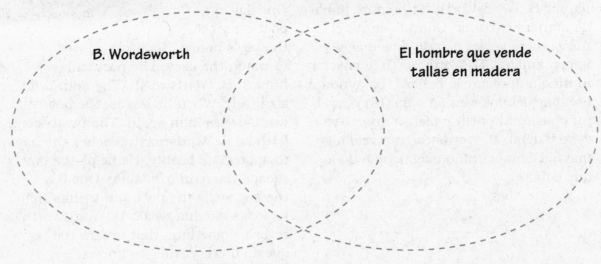

B. Wordsworth

El hombre que vende
tallas en madera

2. En "El tren de Rhodesia", el esposo compra el león tallado en madera porque

_____

_____.

 **Conmemoración histórica**

Imagina que el narrador de "B. Wordsworth" va a colocar algún objeto para
conmemorar el antiguo hogar de B. Wordsworth. ¿Qué información crees que
el narrador incluiría en el objeto? Habla sobre tus ideas con un compañero o
una compañera.

 Escribir acerca de la Pregunta esencial

¿Cuál es la relación entre el lugar y la literatura? En "El tren de Rhodesia", las
suposiciones que tienen los sudafricanos blancos que regatean con los negros no
les permiten ver el valor verdadero de las obras de arte. En tu experiencia, ¿crees
que los estereotipos culturales nublan la percepción de la gente?

_____

_____

_____

Vocabulario

Escucha cada palabra. Dila. Luego, lee la definición y la oración de ejemplo.

rencor *s.* El **rencor** es un odio amargo y persistente o una mala voluntad.

Había un gran rencor entre las dos familias rivales.

eclipse *s.* Un **eclipse** es un desvanecimiento o extinción de poder o gloria.

La banda sufrió un eclipse de su popularidad.

admitir *v.* Cuando alguien te **admite** en una organización, recibes una bienvenida formal.

Emilia fue admitida en la sociedad de honores este año.

Vocabulary

Listen to each word. Say it. Then, read the definition and sample sentence.

rancor *(RANG ker) n.* A feeling of **rancor** is an ongoing, bitter hatred or ill will.

There is great rancor between the feuding families.

eclipse *(i KLIPS) n.* An **eclipse** is a dimming or extinction of power or glory.

The band suffered an eclipse in its popularity.

inducted *(in DUKT id) v.* When you are **inducted,** you are welcomed formally into an organization.

Emilia was inducted into the honor society this year.

A. Práctica: Completa cada oración con la palabra de vocabulario correcta.

1. Arón sintió mucho _____ hacia sus enemigos.

2. Los antiguos egipcios sufrieron un _____ de poder y su cultura desapareció.

3. La comisión _____ al jugador en el salón de la fama.

B. English Practice: Complete each sentence with the correct vocabulary word.

1. After twenty years, he still felt _____ toward the group.

2. Her growing fame caused an _____ in her rival's fame.

3. She was _____ into the hall of fame for her achievement.

de Pleno verano XXIII
Derek Walcott

Resumen Este poema refleja la experiencia y el origen antillano del autor. El poema muestra las reacciones del narrador ante los disturbios en Brixton. Expresa sus sentimientos encontrados con respecto a la cultura y el poder de los británicos. El narrador también habla de su propio origen racial. Considera su posición como poeta caribeño negro en una sociedad británica blanca.

Summary This poem reflects the author's West Indian background and experience. The poem shows the speaker's responses to the Brixton riots. It expresses his mixed feelings about British culture and power. The speaker also talks about his own racial background. He considers his position as a black Caribbean poet in white British society.

Guía para tomar notas

Usa el diagrama siguiente para hacer una lista de los detalles del contexto que están directamente relacionados con el conflicto en la mente del poeta.

Detalles del contexto

El conflicto en la mente del poeta

Vocabulario

Escucha cada palabra. Dila. Luego, lee la definición y la oración de ejemplo.

murmurar *v.* Cuando alguien **murmura,** él o ella habla en voz baja, especialmente para quejarse.

Pude escucharlo murmurar cada vez que se congelaba su computadora.

abrasador(a) *adj.* Algo que es **abrasador** es extremadamente caliente.

Causa dolor caminar sobre una acera abrasadora.

radiar *v.* Cuando algo **radia,** se difunde desde un punto central.

Los rayos del sol radiaban desde la ventana.

Vocabulary

Listen to each word. Say it. Then, read the definition and sample sentence.

muttering *(MUT er ing) v.* When someone is **muttering,** he or she is speaking in a quiet voice, especially to complain.

I could hear him muttering each time the computer froze.

scorching *(SKORTSH ing) adj.* Something that is **scorching** is extremely hot.

It is painful to walk on a scorching sidewalk.

radiated *(RAY dee ayt id) v.* When something has **radiated,** it has spread out from a central point.

Rays of sunlight radiated from the window.

A. Práctica: Completa cada oración con la palabra de vocabulario correcta.

1. El niño _____ algo después de ser regañado.

2. En verano, la calle se vuelve _____ al mediodía.

3. El sonido _____ desde una gran bocina en el parque.

B. English Practice: Complete each sentence with the correct vocabulary word.

1. I could hear only part of his angry _____.

2. I use sunscreen to protect my skin against the _____ sun.

3. Pain _____ all the way down his leg.

de Omeros, del Capítulo XXVIII

Derek Walcott

Resumen Esta parte del poema da una mirada al doloroso pasado en el que los africanos eran traídos a Estados Unidos y el Caribe y se les obligaba a trabajar como esclavos. Un narrador de cuentos africanos, conocido como *griot*, narra la historia en una canción. La historia que relata trata sobre las horribles experiencias en los barcos de esclavos. Otro narrador habla sobre cómo la esclavitud todavía afecta a la gente en la actualidad.

Summary This part of the poem looks at the painful past of how Africans were brought to America and the Caribbean and forced to work as slaves. An African storyteller, called a *griot*, tells the story in song. The story he tells is about the horrible experiences on the slave ships. Another speaker talks about how slavery still affects the people today.

Guía para tomar notas

En el diagrama siguiente, haz una lista de los detalles que respaldan el tema.

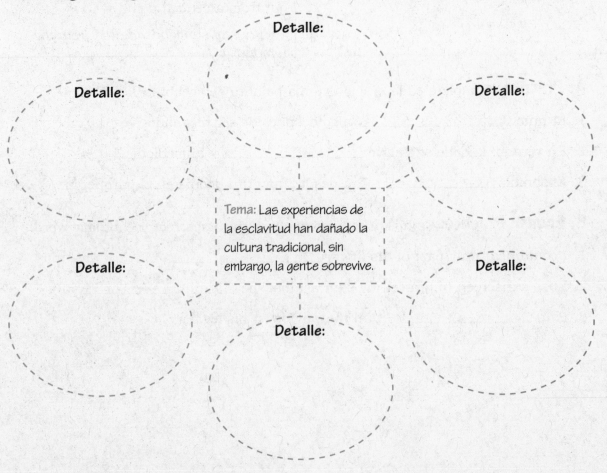

Detalle:

Detalle:

Detalle:

Detalle:

Detalle:

Detalle:

Tema: Las experiencias de la esclavitud han dañado la cultura tradicional, sin embargo, la gente sobrevive.

Piensa en las selecciones
Thinking About the Selections

1. Completa la tabla siguiente con una lista de imágenes relacionadas con la esclavitud que aparecen en las selecciones.

de Pleno verano XXIII	*de* Omeros, *del* Capítulo XXVIII

2. Según el *griot* en la selección de "Omeros", los cadáveres que se tiraron del

   barco regresaron flotando a _____

   _____.

 **Las noticias en televisión**

¿Cómo piensas que describiría un reportero o una reportera de la televisión los motines de Brixton? Habla sobre tus ideas con un compañero o una compañera.

 Escribir acerca de la Pregunta esencial

¿Cuál es la relación entre el escritor y la tradición? ¿Qué eventos históricos se mencionan en los poemas?

_____

_____

_____

UNIDAD 6

ANTES DE LEER: DISCÍPULO • DOS CAMIONES • HISTORIA EXTERIOR
Before You Read: Follower • Two Lorries • Outside History

Vocabulario

Escucha cada palabra. Dila. Luego, lee la definición y la oración de ejemplo.

surco *s.* Un **surco** es un carril angosto, o corte, que hace un arado en la tierra.

Los agricultores siembran semillas en cada surco y las tapan con tierra.

fastidio *s.* Un **fastidio** es un acto, una cosa o una condición que causa molestia.

Su tarareo es un fastidio cuando estoy estudiando.

indicios *s.* Los **indicios** son sugerencias indirectas o ideas vagas sobre algo.

El discurso dio indicios de los planes del candidato.

Vocabulary

Listen to each word. Say it. Then, read the definition and sample sentence.

furrow *(FER oh) n.* A **furrow** is a narrow groove, or long cut, that a plow makes in the ground.

Farmers plant seeds in each furrow and cover them with soil.

nuisance *(NOO suhns) n.* A **nuisance** is an act, a thing, or a condition that causes trouble.

Her humming is a nuisance when I am studying.

inklings *(INGK lingz) n.* **Inklings** are indirect suggestions or vague ideas about something.

The speech gave inklings of the candidate's plans.

A. Práctica: Completa cada oración con la palabra de vocabulario correcta.

1. Este gran campo de maíz tiene cientos de _____.

2. La gritería de mi hermano es un _____.

3. El secretario dio _____ de su política exterior en su discurso.

B. English Practice: Complete each sentence with the correct vocabulary word.

1. The tractor blade cut a straight _____ in the soil.

2. The puppy's constant chewing is a _____ at our house.

3. Her letter contained _____ about their move.

Discípulo · Dos camiones
Seamus Heaney

Historia exterior
Eavan Boland

Resúmenes En **"Discípulo"**, el narrador recuerda tropezones y traspiés detrás de su padre mientras este labraba los campos. Ahora él afirma que es su padre quien tropieza detrás de él. En **"Dos camiones"**, el narrador recuerda dos camiones. Uno de los camiones era conducido por un hombre que coqueteaba con su madre. El otro transportaba explosivos que hicieron estallar la estación de autobuses. En **"Historia exterior"**, la narradora dice que ella no será como las estrellas que son parte de la historia exterior. Ella formará parte de la historia de su propio país, a pesar de que ya sea demasiado tarde para ayudar a los que han muerto.

Summaries In **"Follower,"** the speaker recalls stumbling and tripping behind his father as he plowed the fields. Now, he says, his father stumbles behind him. In **"Two Lorries,"** the speaker remembers two trucks. One truck was driven by a man who flirted with his mother. The other truck carried explosives that blew up the bus station. In **"Outside History,"** the speaker says she will not be like the stars which are outside history. She will be a part of her country's own history, even though she is too late to help those who have already died.

Guía para tomar notas

Usa la tabla siguiente para anotar las imágenes que se presentan en cada poema. Luego, escribe la imagen o el concepto principal de cada uno.

Poema	Imágenes	Imagen / Concepto principal
"Discípulo"		
"Dos camiones"		
"Historia exterior"		

Piensa en las selecciones
Thinking About the Selections

1. Completa la tabla con una lista de palabras de "Discípulo" que muestran al hijo como un discípulo y las palabras que muestran al padre como un discípulo.

"Discípulo"	
El hijo como discípulo	El padre como discípulo

2. De acuerdo a la narradora de "Historia exterior", las estrellas están

_____ y los humanos siempre _____.

 Otro punto de vista

¿En qué se diferenciaría este poema si fuera escrito por la mamá del narrador? Habla sobre tus ideas con un compañero o una compañera.

? **Escribir acerca de la Pregunta esencial**

¿Cómo la literatura influye y refleja la sociedad? Escribe sobre los detalles de los poemas que demuestran cómo el pasado puede existir en el presente.

_____

_____

_____

Vocabulario

Escucha cada palabra. Dila. Luego, lee la definición y la oración de ejemplo.

agarrar *v.* Cuando has **agarrado** algo, lo has sujetado o estrechado firmemente.

> Pilar *agarró* el trofeo y gritó de alegría.

pasmar *v.* Si algo te **pasmó,** te llenó de consternación o desaliento.

> Las fotos de guerra *pasmaron* a Roshaun.

reasumir *v.* Cuando **reasumes** una actividad, continúas haciéndola.

> Voy a regresar al trabajo para *reasumir* el puesto de gerente.

Vocabulary

Listen to each word. Say it. Then, read the definition and sample sentence.

clasped *(KLASPT) v.* When you have **clasped** something, you have held it tightly.

> Pilar *clasped* the trophy and shouted for joy.

appalled *(uh PAWLD) v.* If you are **appalled,** you are shocked or filled with horror.

> Roshaun was *appalled* by the war photos.

resume *(ri ZOOM) v.* When you **resume** an activity, you continue it.

> I will return to the job to *resume* as manager.

A. Práctica: Completa cada oración con la palabra de vocabulario correcta.

1. Rubén _____ la mano de su madre para cruzar la calle.

2. El acto de aquel dictador _____ a todos los ciudadanos.

3. La profesora va a _____ su oficio después del año sabático.

B. English Practice: Complete each sentence with the correct vocabulary word.

1. Bonita _____ the purring kitten in her arms.

2. My mother was _____ by the messy state of my bedroom.

3. We planned to _____ the meeting after lunch.

Ir y venir
Samuel Beckett

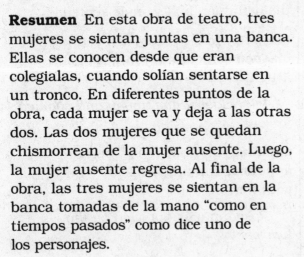

Resumen En esta obra de teatro, tres mujeres se sientan juntas en una banca. Ellas se conocen desde que eran colegialas, cuando solían sentarse en un tronco. En diferentes puntos de la obra, cada mujer se va y deja a las otras dos. Las dos mujeres que se quedan chismorrean de la mujer ausente. Luego, la mujer ausente regresa. Al final de la obra, las tres mujeres se sientan en la banca tomadas de la mano "como en tiempos pasados" como dice uno de los personajes.

Summary In this play, three women sit together on a bench. They have known each other since they were schoolgirls, when they used to sit together on a log. At different times during the play, each woman exits, leaving behind the other two. The two remaining women discuss the absent woman. The absent woman then returns. At the end of the play, all three women sit on the bench and hold hands "in the old way," as one character puts it.

Guía para tomar notas

Usa esta tabla para anotar información sobre "Ir y venir".

La primera pregunta que hace cada mujer	
La respuesta de cada mujer a la pregunta	
Los temas sobre los que las mujeres no hablan	

Vocabulario

Escucha cada palabra. Dila. Luego, lee la definición y la oración de ejemplo.

carnicero *s.* Un **carnicero** es alguien que es dueño de o trabaja en una tienda donde se venden carnes.

Mi tío se hizo carnicero como mi abuelo.

casualidad *s.* Si haces algo por **casualidad,** lo haces al azar.

Por casualidad, Mario vio a su hermana cuando fue al centro comercial.

usual *adj.* Algo **usual** es algo que ocurre la mayor parte del tiempo o en muchas situaciones.

Pedimos nuestro plato usual en el restaurante.

Vocabulary

Listen to each word. Say it. Then, read the definition and sample sentence.

butcher *(BOOCH er) n.* A **butcher** is someone who owns or works in a shop where meat is sold.

My uncle became a butcher like my grandfather.

happened *(HAP uhnd) v.* If you **happened** to do something, then you did it by chance.

Mario happened to see his sister when he went to the mall.

usual *(YOO joo uhl) adj.* Something **usual** happens or occurs most of the time or in most situations.

We ordered our usual dish at the restaurant.

A. Práctica: Completa cada oración con la palabra de vocabulario correcta.

1. El _____ nos hizo diez cortes de bistec para la fiesta de Juliana.

2. Araceli escuchó la conversación por _____ cuando pasaba.

3. Las amigas dieron su caminata _____ de cada jueves.

B. English Practice: Complete each sentence with the correct vocabulary word.

1. Greta asked the _____ to slice the roast for her.

2. Pio _____ to find shoes on sale when he went to buy socks.

3. My _____ route home was blocked by a traffic accident.

Eso es todo
Harold Pinter

Resumen Esta obra de teatro consiste en una conversación entre dos mujeres. La obra no proporciona ninguna descripción de los personajes y no incluye instrucciones del escenario. Las dos mujeres, Sra. A. y Sra. B., hablan sobre una tercera mujer que ha cambiado su rutina semanal.

Summary This play consists of a conversation between two women. The play does not provide any descriptions of the characters, and it does not include stage directions. The two women, Mrs. A. and Mrs. B., discuss a third woman who has changed her weekly routine.

Guía para tomar notas

Usa esta tabla para anotar detalles de "Eso es todo".

¿Quién habla más?	
¿Quién escucha más y contesta "Sí" u "Oh, sí"?	
¿Quién ha cambiado el día en que va a la carnicería?	
¿Quién parece evitar tomar un té con la Sra. A.?	

Piensa en las selecciones
Thinking About the Selections

1. Completa el siguiente organizador gráfico con detalles sobre las personas que hablan y lo que dicen en las selecciones "Ir y venir" y "Eso es todo".

	"Ir y venir"				"Eso es todo"
¿Quién habla?	Flo	Vi		Vi	Sra. A.
¿A quién?	Ru		Vi	Flo y Ru	Sra. B.
¿Sobre qué?		Ru	Flo		

2. Justo antes de que se cae el telón en "Ir y venir", Flo dice que puede sentir

_____.

Coméntalo   **Di lo que piensas**

Imagina que la Sra. B. quiere hablar con la Sra. A. sobre lo que realmente piensa sobre el tema de su conversación. ¿Qué diría la Sra. B.? ¿Por qué lo diría la Sra. B.? Habla sobre tus respuestas con un compañero o una compañera.

Escribir acerca de la Pregunta esencial

¿Cuál es la relación entre el escritor y la tradición? En "Eso es todo", Pinter reduce el ambiente, la trama y los personajes al mínimo posible. ¿Qué efecto piensas que esto tiene sobre el público?

_____

_____

_____

Vocabulario

Escucha cada palabra. Dila. Luego, lee la definición y la oración de ejemplo.

afligirse *v.* Cuando alguien **se aflige,** él o ella siente mucho pesar por alguien.

> *Keith se afligió por la pérdida de su mascota.*

encantado(a) *adj.* Alguien que está **encantado** está maravillado como por un hechizo.

> *Quedamos encantados por la película llena de suspenso.*

tortuoso(a) *adj.* Algo que es **tortuoso** está lleno de curvas, vueltas o giros.

> *Ese camino antiguo es panorámico pero tortuoso.*

Vocabulary

Listen to each word. Say it. Then, read the definition and sample sentence.

grieved *(GREEVD) v.* When someone **grieved,** he or she felt deep grief for another.

> *Keith grieved the loss of his pet dog.*

spellbound *(SPEL bownd) adj.* Someone who is **spellbound** is enchanted, as if held by a magic spell.

> *We were spellbound by the suspenseful movie.*

tortuous *(TAHR choo uhs) adj.* Something that is **tortuous** is full of twists or curves.

> *That old road is scenic but tortuous.*

A. Práctica: Completa cada oración con la palabra de vocabulario correcta.

1. Miguel _____ por la pérdida de su colección de monedas antiguas.

2. Beatriz quedó _____ por los adornos en el teatro.

3. El automóvil perdió el control y se salió del camino _____.

B. English Practice: Complete each sentence with the correct vocabulary word.

1. Mikhail _____ for the books that had been destroyed.

2. Ana and Tio sat _____, listening to the beautiful music.

3. We chose not to take the _____ mountain road.

No entres dócilmente en esa noche quieta · La loma de helechos
Dylan Thomas

Los caballos
Ted Hughes

Resúmenes Estos tres poemas ofrecen diferentes visiones sobre la naturaleza. En **"No entres dócilmente en esa noche quieta"**, el narrador aconseja a los lectores a resistirse a la muerte con todas sus fuerzas y no ceder dócilmente a ella. En **"La loma de helechos"**, el narrador recuerda su niñez en una granja, cuando desconocía que estaba creciendo. **"Los caballos"** describe un encuentro temprano en la mañana con una manada de caballos salvajes.

Summaries These three poems provide different views of nature. In **"Do Not Go Gentle into That Good Night,"** the speaker advises readers to resist death with all of their strength and not to yield quietly to it. In **"Fern Hill,"** the speaker recalls his childhood on a farm, when he was unaware that he was growing older. **"The Horses"** describes an early morning encounter with a herd of wild horses.

Guía para tomar notas
Usa esta tabla para anotar el mensaje del escritor de cada obra.

Poema	Idea principal/Mensaje del escritor
"No entres dócilmente…"	
"La loma de helechos"	
"Los caballos"	

Piensa en las selecciones
Thinking About the Selections

1. En "No entres dócilmente en esa noche quieta", el narrador le da a su papá, quien se encuentra en su lecho, ejemplos de hombres que se negaron a rendirse tranquilamente a la muerte. Usa el organizador gráfico para hacer una lista de estos hombres.

Ejemplos de hombres que se negaron a rendirse tranquilamente a la muerte

2. En "La loma de helechos", el narrador dice que, inclusive cuando era un niño sin preocupaciones, él estaba a merced de(l) _____
_____.

 Coméntalo

Captar el momento

¿Cómo captarías la escena que el narrador describe en "Los caballos"? ¿Tomarías una fotografía; harías un dibujo o una pintura? ¿Qué colores y efectos visuales incluirías? Toma turnos con un compañero o una compañera para hablar sobre sus ideas.

Escribir acerca de la Pregunta esencial

¿Cuál es la relación entre el lugar y la literatura? ¿Cómo se relacionan estos poemas con la naturaleza?

_____

_____

_____

Vocabulario

Escucha cada palabra. Dila. Luego, lee la definición y la oración de ejemplo.

supino(a) *adj.* Cuando algo está **supino**, yace sobre su espalda.

   Algunos ejercicios se hacen cuando uno está supino.

fidelidad *s.* **Fidelidad** es lealtad.

   La fidelidad es la clave para una larga amistad.

retozar *v.* **Retozar** significa divertirse despreocupada y caprichosamente.

   Pasamos la tarde retozando en la playa.

Vocabulary

Listen to each word. Say it. Then, read the definition and sample sentence.

supine *(SOO pyn) adj.* Something that is **supine** is lying on its back.

   Some exercises are done while supine.

fidelity *(fi DEL uh tee) n.* **Fidelity** is faithfulness.

   Fidelity is the key to a long friendship.

larking *(LARK ing) v.* **Larking** means having free-spirited, whimsical fun.

   We spent the afternoon larking on the beach.

A. Práctica: Completa cada oración con la palabra de vocabulario correcta.

1. Después de un largo día de trabajo, me quedé _____ en el sofá.

2. Los estudiantes mostraron _____ al equipo de su escuela.

3. Leti y Sara quieren _____ todo el día al lado de la piscina.

B. English Practice: Complete each sentence with the correct vocabulary word.

1. The _____ cat lounged lazily on the rug.

2. Abu's _____ to his studies enabled him to graduate.

3. The children stopped their _____ to eat the snacks.

Un sepulcro en Arundel · La explosión
Philip Larkin

En el patio
Peter Redgrove

No agita los brazos, se ahoga
Stevie Smith

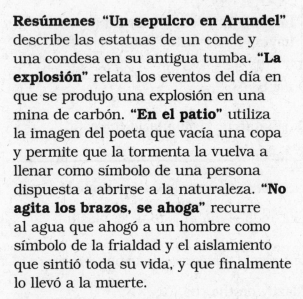

Resúmenes "Un sepulcro en Arundel" describe las estatuas de un conde y una condesa en su antigua tumba. **"La explosión"** relata los eventos del día en que se produjo una explosión en una mina de carbón. **"En el patio"** utiliza la imagen del poeta que vacía una copa y permite que la tormenta la vuelva a llenar como símbolo de una persona dispuesta a abrirse a la naturaleza. **"No agita los brazos, se ahoga"** recurre al agua que ahogó a un hombre como símbolo de la frialdad y el aislamiento que sintió toda su vida, y que finalmente lo llevó a la muerte.

Summaries "An Arundel Tomb" describes the statues of an earl and a countess on their ancient tomb. **"The Explosion"** recounts the events on the day of an explosion in a coal mine. **"On the Patio"** uses the image of the poet draining a glass and allowing the thunderstorm to refill it as a symbol of a person willing to be open to nature. **"Not Waving but Drowning"** uses the water that drowned a man as a symbol of the coldness and isolation that he felt his whole life and that finally led to his death.

Guía para tomar notas
Usa esta tabla para comparar y contrastar los poemas.

Poema	Símbolos/Significados	Tema
"Un sepulcro en Arundel"		
"La explosión"		
"En el patio"		
"No agita los brazos, se ahoga"		

Piensa en las selecciones
Thinking About the Selections

1. Parafrasea las palabras del hombre muerto y de las personas a su alrededor en "No agita los brazos, se ahoga" para completar esta tabla.

Hombre muerto	Las personas alrededor del hombre muerto

2. En "Un sepulcro en Arundel", las figuras en piedra del conde y de la condesa

   parecen decir que _____.

 Coméntalo   **Comparar y contrastar**

¿En qué se parecen los poemas "La explosión" y "En el patio"? ¿En qué se diferencian? Habla sobre tus ideas con un compañero o una compañera de clase.

 Escribir acerca de la Pregunta esencial

¿Cuál es la relación entre el escritor y la tradición? ¿Cómo rompe con la tradición poética el contenido de "La explosión"?

_____

_____

_____

Vocabulario

Escucha cada palabra. Dila. Luego, lee la definición y la oración de ejemplo.

pronunciar *v.* Cuando alguien **pronuncia** algo, él o ella habla.

El nuevo entrenador pronuncia los nombres de los jugadores varias veces.

lustroso(a) *adj.* Algo **lustroso** tiene lustre o brillo.

La mujer llevaba un anillo de plata lustroso.

resueltamente *adv.* Cuando haces algo **resueltamente,** lo haces con dirección fija o dirigido con firmeza.

Joshua insistió resueltamente en unirse al equipo de fútbol.

Vocabulary

Listen to each word. Say it. Then, read the definition and sample sentence.

utters *(UT erz) v.* When someone **utters** something, he or she speaks.

The new coach utters the players' names several times.

lustrous *(LUHS truhs) adj.* Something **lustrous** is gleaming or shining.

The woman wore a lustrous silver ring.

steadfastly *(STED fast lee) adv.* When you do something **steadfastly,** you do it firmly and without wavering.

Joshua steadfastly insisted on joining the soccer team.

A. Práctica: Completa cada oración con la palabra de vocabulario correcta.

1. Paco _____ las palabras de su discurso sin problemas.

2. La puerta tiene una _____ perilla de bronce.

3. Mateo se dirigió al campo _____ para ayudar a su amigo.

B. English Practice: Complete each sentence with the correct vocabulary word.

1. The woman _____ her name shyly, without looking up.

2. The _____ moon shone above us as we walked.

3. Katsuo _____ refused to leave his friends behind.

Plegaria
Carol Duffy

En la cocina
Penelope Shuttle

Resúmenes En **"En la cocina"**, la narradora personifica los objetos comunes que se encuentran en la cocina.

En **"Plegaria"**, la narradora habla sobre cómo una plegaria puede afectar de diferentes formas a las personas.

Summaries In **"In The Kitchen,"** the narrator personifies ordinary items found in a kitchen.

In **"Prayer,"** the speaker talks about how prayer can affect people differently.

Guía para tomar notas

Tanto "Plegaria" como "En la cocina" describen objetos que hacen acciones humanas. Usa la tabla siguiente para nombrar el objeto y la acción humana que hace.

"Plegaria"		"En la cocina"	
Objeto	Acción humana que hace el objeto	Objeto	Acción humana que hace el objeto

Piensa en las selecciones
Thinking About the Selections

1. Completa el siguiente organizador gráfico con imágenes y sonidos cotidianos que tienen un significado especial en los poemas "En la cocina" y "Plegaria".

> Imágenes y sonidos cotidianos que tienen un significado especial

> "En la cocina"

> "Plegaria"

2. En "Plegaria", el sonido de un tren en la distancia hace que un hombre

   recuerde _____.

 **Una remodelación de cocina**

¿Qué diría la narradora de "En la cocina" a un(a) amigo(a) que sugiere una remodelación de su cocina? Con un compañero o una compañera toma turnos para responder a la sugerencia desde la perspectiva de la narradora.

? Escribir acerca de la Pregunta esencial

¿Cuál es la relación entre el escritor y la tradición? Escoge uno de los poemas. ¿Cómo emplea el poeta las tradiciones poéticas del pasado?

_____

_____

_____

Vocabulario

Escucha cada palabra. Dila. Luego, lee la definición y la oración de ejemplo.

ejemplar *adj.* Cuando algo es **ejemplar,** podría servir como modelo.

Admiramos el comportamiento ejemplar del equipo durante el torneo.

complaciente *adj.* Una persona **complaciente** es afable y está dispuesta a agradar a otros.

El mesero complaciente era muy popular entre los clientes.

comprender *v.* Cuando **comprendes** algo, lo entiendes cabalmente.

Era difícil comprender las razones por las que renunció.

Vocabulary

Listen to each word. Say it. Then, read the definition and sample sentence.

exemplary *(ig ZEM pluh ree) adj.* When something is **exemplary,** it is worthy of serving as a model.

We admired the team's exemplary behavior during the tournament.

complaisant *(kuhm PLAY suhnt) adj.* A **complaisant** person is agreeable and willing to please others.

The complaisant waiter was popular with the clients.

fathom *(FATH uhm) v.* When you **fathom** something, you understand it completely.

It was difficult to fathom his reasons for quitting.

A. Práctica: Completa cada oración con la palabra de vocabulario correcta.

1. Roberto es un estudiante _____.

2. El niño _____ tiene muchos amigos en la escuela.

3. Mariana no pudo _____ por qué su amiga llegó tarde a la fiesta.

B. English Practice: Complete each sentence with the correct vocabulary word.

1. We won an award for our _____ effort to clean the lot.

2. The _____ boy rarely caused any trouble.

3. Carly could not _____ why her friend left early.

Un hijo devoto
Anita Desai

Resumen Esta historia se desarrolla en un suburbio de la India. Un vendedor de verduras y su familia se sacrifican para mandar a su hijo Rakesh a la escuela de medicina. Rakesh tiene mucho éxito, pero cumple su deber y vuelve al hogar con su familia una vez que se gradúa. Rakesh, un hijo devoto, cumple con las expectativas tradicionales de su familia. El padre de Rakesh está orgulloso de su hijo, pero cuando envejece y se enferma y Rakesh tiene mayor autoridad, los dos se enfrentan. El padre comienza a sentirse molesto por el control que lleva Rakesh sobre su dieta y su salud, y desea morir en paz.

Summary This story takes place in a suburb in India. A vegetable seller and his family sacrifice to send their son, Rakesh, to medical school. Rakesh is very successful, but he dutifully returns home to his family after graduating. A devoted son, Rakesh fulfills the traditional expectations of his family. Rakesh's father is proud of his son, but as the father grows old and ill and Rakesh assumes more authority, the two come into conflict. The father comes to resent Rakesh's control of his diet and health matters and wishes to die in peace.

Guía para tomar notas

En la tabla siguiente escribe si Rakesh y Varma son personajes estáticos o dinámicos. Luego, anota detalles que apoyen tu decisión.

Personaje	Estático	Dinámico	Detalles
Rakesh			
Varma			

Piensa en la selección
Thinking About the Selection

1. Completa la tabla siguiente con una lista de las maneras en que Rakesh complace a sus padres.

Rakesh complace a sus padres porque...	

2. Rakesh le muestra respeto a su padre al _____
   _____.

 Reaccionar a una petición difícil

¿De qué manera reaccionó Rakesh al deseo de su padre de morir? ¿Por qué piensas que reaccionaría así? Habla sobre tus respuestas con un compañero o una compañera.

 Escribir acerca de la Pregunta esencial

¿Cuál es la relación entre el escritor y la tradición? ¿Intenta la historia cambiar y reflejar la sociedad hindú al mismo tiempo?

_____

_____

_____

Vocabulario

Escucha cada palabra. Dila. Luego, lee la definición y la oración de ejemplo.

reprimido(a) *adj.* **Reprimido** significa más callado o bajo de lo normal.

El niño reprimido no jugaba afuera.

avaluar *v.* **Avaluar** significa juzgar o valorar algo o a alguien después de pensar cuidadosamente.

El entrenador estaba avaluando las destrezas del nuevo miembro del equipo.

desprecio *s.* El **desprecio** es una actitud que comunica que eres mejor o más importante que los demás.

Los estudiantes se quejaron del desprecio de su profesor.

Vocabulary

Listen to each word. Say it. Then, read the definition and sample sentence.

subdued *(suhb DOOD) adj.* **Subdued** means unusually quiet or low.

The subdued boy did not play outside.

assessing *(uh SES ing) v.* **Assessing** means making a judgment about something or someone after thinking carefully.

The coach was assessing the skills of the new team member.

condescension *(kahn di SEN shuhn) n.* **Condescension** is the attitude that you are better or more important than other people.

Students complained about the professor's condescension.

A. Práctica: Completa cada oración con la palabra de vocabulario correcta.

1. El sonido _____ de la lavadora no se escuchó fuera de la casa.

2. Un agente de bienes raíces está _____ la casa de los vecinos.

3. El _____ de Pedro le costó muchos amigos.

B. English Practice: Complete each sentence with the correct vocabulary word.

1. The children seemed _____ after playing outside all day.

2. The merchant spent hours _____ his competitor's goods.

3. Jillian's _____ angered her little brother.

En el próximo semestre, te aplastaremos

Penelope Lively

Resumen En esta historia, un niño y sus padres visitan una escuela privada en las afueras de Londres. Los padres y el niño tienen diferentes impresiones con respecto a la escuela. Los padres deciden enviar a su hijo a esa escuela sin averiguar si él realmente desea asistir.

Summary
In this story, a young boy and his parents tour a private school outside of London. The parents and the boy have different impressions of the school. The parents decide to send their son there without finding out if he really wants to attend.

Guía para tomar notas

Usa esta tabla para escribir los detalles de las opiniones y reacciones de cada personaje sobre la escuela preparatoria de St. Edward's.

Las opiniones o reacciones de la Sra. Manders	Las opiniones o reacciones del Sr. Manders	Las opiniones o reacciones de Charles

Piensa en la selección
Thinking About the Selection

1. Completa el organizador gráfico con detalles que describan a Charles.

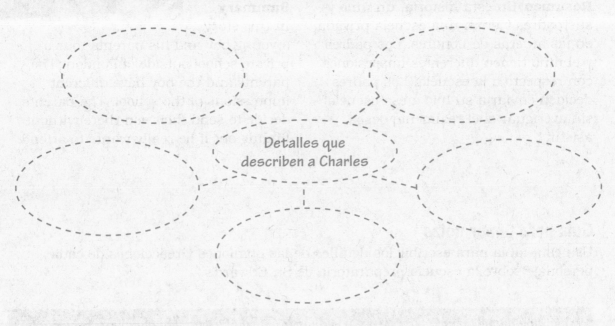

Detalles que
describen a Charles

2. Durante su visita, Charles escucha una voz que le advierte, _____

_____.

 A veces, es más fácil hablar con un amigo

¿Qué le diría Charles a un amigo sobre su visita a St. Edward's? Con un compañero o una compañera, imagina una conversación entre Charles y un amigo. El/la compañero(a) que juega el papel del amigo puede usar estas preguntas para empezar la conversación: ¿Charles, qué te pareció St. Edward's? ¿Qué te parecieron los estudiantes? ¿Quieres asistir a St. Edward's? ¿Por qué?

? Escribir acerca de la Pregunta esencial

¿Cómo la literatura influye y refleja la sociedad? ¿Qué muestra la historia sobre las clases sociales y sus efectos en la sociedad británica?

_____

_____

_____

Vocabulario

Escucha cada palabra. Dila. Luego, lee la definición y la oración de ejemplo.

irrevocable *adj.* Cuando algo es **irrevocable,** no puede ser cambiado o cancelado.

> *Después de que él firmó el contrato, el acuerdo se hizo irrevocable.*

instantáneo(a) *adj.* Algo que es **instantáneo** se hace o sucede en un instante.

> *El relámpago causó un incendio instantáneo en el bosque.*

enigma *s.* Un **enigma** es un acertijo o una declaración, persona o situación perpleja.

> *El comportamiento inesperado del niño fue un enigma para la familia.*

Vocabulary

Listen to each word. Say it. Then, read the definition and sample sentence.

irrevocable *(i REV uh kuh buhl) adj.* When something is **irrevocable,** it is unable to be undone or cancelled.

> *After he signed the contract, the agreement became irrevocable.*

instantaneous *(in stun TAY nee uhs) adj.* Something that is **instantaneous** happens or is done in an instant.

> *The lightning caused an instantaneous fire in the forest.*

enigma *(i NIG muh) n.* An **enigma** is a riddle or a perplexing statement, person, or situation.

> *The child's unexpected behavior was an enigma to the family.*

A. Práctica: Completa cada oración con la palabra de vocabulario correcta.

1. Algunos daños al medio ambiente causados por la contaminación son

   _____.

2. El impacto del asteroide creó un cráter _____ en la superficie de la Luna.

3. El universo es un _____ para muchos científicos hasta la fecha.

B. English Practice: Complete each sentence with the correct vocabulary word.

1. The speaker spoke about the _____ consequences of war.

2. Ben's _____ response surprised Ana.

3. The dog's sudden illness was an _____ to Juan.

de Nunca conquistaremos el espacio
Arthur C. Clarke

Resumen Este ensayo comienza con la afirmación de que "El hombre nunca conquistará el espacio". El autor afirma que el espacio es demasiado grande para que los seres humanos lo conquisten. La velocidad de la luz limita la rapidez con que las personas pueden comunicarse entre sí. Las personas que viven en diferentes galaxias no podrán conversar. Solo podrán enterarse de los acontecimientos años más tarde. Los que colonicen el espacio perderán sus vínculos con la Tierra.

Summary This essay begins with the statement, "Man will never conquer space." The author claims that space is too large for humanity to conquer. The speed of light limits how quickly people can communicate with one another. People living in different galaxies will be unable to have conversations. They will only be able to hear about events years later. Those who colonize space will lose their ties with Earth.

Guía para tomar notas

Hay tres encabezados en este extracto del ensayo de Clarke. Usa esta tabla para anotar el pensamiento más importante debajo de cada encabezado.

> **Siempre será demasiado grande**

> **La barrera del tiempo**

> Nunca conquistaremos el espacio

> **"Colonias" independientes**

Piensa en la selección

Thinking About the Selection

1. Completa la tabla siguiente para explicar cómo la distancia entre los planetas y las estrellas afectaría la comunicación y el transporte.

La distancia entre los planetas y las estrellas afectaría...

→ **La comunicación:**

→ **El transporte:**

2. Según Clarke, el precio de la exploración del espacio es _____.

 Una entrevista especial

¿Cómo habrá cambiado la opinión de Clarke sobre la exploración del espacio desde la década de 1960? Con un compañero o una compañera, haz una entrevista con Clarke. El/la compañero(a) que haga el papel de Clarke debe contestar las preguntas desde la perspectiva de Clarke.

 Escribir acerca de la Pregunta esencial

¿Cuál es la relación entre el lugar y la literatura? ¿Cómo influye la opinión de Clarke sobre los viajes espaciales en la imagen que él pinta del espacio?

_____

_____

_____

Vocabulario

Escucha cada palabra. Dila. Luego, lee la definición y la oración de ejemplo.

incesante *adj.* Algo **incesante** continúa sin interrupción.

   La incesante cháchara del niño se hizo irritante.

cínicamente *adv.* Cuando haces algo **cínicamente,** no quieres creer en la bondad de la gente.

   Él respondió cínicamente cuando le aseguraron que su billetera extraviada sería devuelta.

languidez *s.* **Languidez** es una falta de energía o vitalidad, o lentitud.

   El estar en la playa siempre crea un sentimiento de languidez en mí.

Vocabulary

Listen to each word. Say it. Then, read the definition and sample sentence.

incessant *(in SES uhnt) adj.* Something that is **incessant** continues without stopping.

   The child's incessant chattering became irritating.

cynically *(SIN i kuhl ee) adv.* When you do something **cynically,** you are unwilling to believe in the goodness of people.

   He answered cynically when someone assured him that his lost wallet would be returned.

languor *(LAN guhr) n.* **Languor** is a pleasant feeling of laziness.

   Being on the beach always creates a feeling of languor in me.

A. Práctica: Completa cada oración con la palabra de vocabulario correcta.

1. Con ese ruido _____ era imposible dormir.

2. Ella sonrió _____ después de escuchar los comentarios positivos del comité.

3. El calor del mediodía le provocó un sentimiento de _____ a Iván.

B. English Practice: Complete each sentence with the correct vocabulary word.

1. The _____ rain made it difficult to ride my bicycle.

2. My neighbor _____ refuses to vote in the election.

3. _____ overcame him as his mother read to him.

"Soy como un ave" de Cancionero

Nick Hornby

Resumen En este extracto, Nick Hornby considera la influencia positiva y negativa de la música pop. Muestra por qué la música pop es importante y señala que la música lo conecta con los demás.

Summary
In this excerpt, Nick Hornby considers the positive and negative influence of pop music. He shows why pop music is important, and points out that the music connects him to other people.

Guía para tomar notas

Mientras lees la selección, escribe la opinión del autor sobre la música popular. Usa la tabla para anotar lo que aprendes.

Opinión de Hornby de la música de Cole Porter	Los pensamientos de Hornby sobre canciones nuevas y buenas como "Soy como un ave"	Lo que intenta "resolver" Hornby en "Soy como un ave"	Lo que hace Hornby con canciones nuevas, dos veces al año

Piensa en la selección
Thinking About the Selection

1. Usa el organizador gráfico para determinar si las siguientes declaraciones son ciertas o falsas.

¿Cierto o falso?	Declaración
	Nick Hornby cree que la mejor música se escribió hace 35 años.
	Él pocas veces escucha música nueva.
	Él cree que Nelly Furtado es mejor cantante que Cole Porter.
	Le gusta el hecho de que siempre habrá canciones nuevas.
	Dice que es bueno que las canciones pop pierdan su popularidad.

2. Hornby describe el acto de escuchar la misma canción una y otra vez como

_____.

 ¿Estás de acuerdo o no? Toma una posición

¿Estás de acuerdo con Dave Eggers cuando dice que la gente escucha la misma canción una y otra vez porque tiene que "resolverla"? Toma una posición y respáldala con ejemplos de tu propia experiencia. Habla sobre tus ideas con un compañero o una compañera.

? Escribir acerca de la Pregunta esencial

¿Cómo la literatura influye y refleja la sociedad? ¿Cómo podrá afectar este ensayo a la cultura establecida?

_____

_____

_____

Apéndices / Appendices

El vocabulario de la Gran pregunta aparece en azul. El vocabulario académico de alta utilidad está subrayado.
Big Question vocabulary appears in blue. High-utility academic vocabulary is underlined.

A

abertura / aperture *s.* orificio

abogar / advocate *v.* hablar o escribir en apoyo de

absolución / absolution *s.* acto de librar a alguien de un pecado o acusación criminal

acceder / accede *v.* ceder; finalmente acordar

aclarar / clarify *v.* poner en claro

admitir / induct *v.* introducir formalmente en una organización

adornar / garnish *v.* decorar; guarnecer

adorno / embellishment *s.* toque decorativo; ornamento

adulteración / adulteration *s.* impureza; agregado inadecuado e inferior

adversario / adversary *s.* opositor; enemigo

afablemente / affably *adv.* de manera amistosa

afinidad / affinity *s.* enlace familiar; simpatía

afirmar / aver *v.* verificar

afligirse / grieve *v.* sentir mucho pesar

agacharse / cower *v.* encogerse, como de miedo o frío

agarrar / clasp *v.* sujetar o estrechar firmemente

ágil / nimble *adj.* ligero; rápido

agravio / grievance *s.* circunstancia que hace que la gente se queje

aguardar / tarry *v.* demorarse; quedarse atrás

agudo(a) / shrill *adj.* estridente; de tono alto

aguijonear / prod *v.* empujar rápidamente con un dedo o algo puntiagudo

aislamiento / isolation *s.* acto de estar completamente separado de los demás

alcance / scope *s.* rango de percepción o entendimiento

alegre / blithe *adj.* feliz

alterar / alter *v.* cambiar

amargura / gall *s.* enojo u odio persistente

amigable / amiable *adj.* amistoso

amonestar / admonish *v.* regañar; advertir

amoroso(a) / amorous *adj.* lleno de amor o deseo

anarquía / anarchy *s.* desorden; falta de gobierno

anatomizar / anatomize *v.* disecar a fin de examinar su estructura

anémico(a) / anemic *adj.* que le falta fuerza, vigor, vitalidad o colorido; desganado; débil

ancestral / ancestral *adj.* heredado

anotar / annotate *v.* hacer apuntes; señalar con una explicación

antídoto / antidote *s.* cura para un veneno

apariencia / semblance *s.* aspecto; imagen exterior

apéndice / appendage *s.* algo que se agrega

aprensión / apprehension *s.* ansiedad por un suceso futuro; temor

aprobación / approbation *s.* aceptación o ratificación oficial

arbóreo(a) / arboreal *adj.* relacionado con, cerca de, o entre los árboles

articular / articulate *v.* expresar claramente

artificialidad / artificiality *s.* algo que no es natural; falsedad

artificio / artifice *s.* habilidad; el producto de una destreza, especialmente un engaño astuto

asaltar / assault *v.* atacar violentamente

asiduo(a) / assiduous *adj.* constante en cuanto a aplicación o atención

asignación / assignation *s.* cita que debe cumplirse

aspirar / aspire *v.* tener grandes ambiciones; desear o buscar

asombro / awe *s.* una mezcla de gran respeto y temor

atractivo(a) / winsome *adj.* encantador; agradable

atrofiar / atrophy *v.* deteriorarse; perder fuerzas

aumentar / augment *v.* hacer más grande; expandir

auténtico(a) / authentic *adj.* genuino; real

avaluar / assess *v.* juzgar o valorar después de pensarlo bien

avaricia / avarice *s.* codicia

B

bagatela / trifle *s.* cosa sin importancia ni valor

bálsamo / balm *s.* ungüento u otra cosa que sana o alivia

bañar / suffuse *v.* dispersarse por todo; llenar completamente

barra / bar *s.* una de las líneas verticales que divide la música escrita en secciones iguales llamadas compases

bienestar / welfare *s.* condición de estar bien; salud

borde / brink or **verge** *s.* orilla; margen

boticario(a) / apothecary *s.* farmacéutico; titular de droguería

bufonesco(a) / antic *adj.* raro y cómico; ridículo

burla / mockery *s.* esfuerzo inútil o decepcionante; comentario hiriente

C

cadencia / cadence *s.* un patrón de sonidos o movimientos repetidos

cálculo aproximado / reckoning *s.* cuenta basada en un estimado

calificar / label *v.* describir; designar

canoso(a) / hoary *adj.* blanco o encanecido con la edad

capitalismo / capitalism *s.* sistema económico en el cual personas particulares o grupos de personas son propietarias de tierras, fábricas y otros medios de producción.

capricho / caprice *s.* cambio de opinión repentino; comportamiento poco razonable

caracterizar / characterize *v.* describir aspectos, cualidades o rasgos

categorizar / categorize *v.* colocar en grupos relacionados

censurar / censure *v.* desaprobar con firmeza; condenar

centinela / sentinel *s.* persona o animal que vigila

certificar / certify *v.* declarar que una cosa es cierta o exacta; verificar; atestar

cínicamente / cynically *adv.* hecho de una forma en que se ve que no crees en los motivos de otros

cisma / schism *s.* separación de un grupo en facciones

circunscribir / circumscribe *v.* delimitar; confinar

citar / cite *v.* referirse a un texto

ciudad / city *s.* pueblo grande densamente poblado

clamoroso(a) / clamorous *adj.* bullicioso y confuso; ruidoso

clásico / classic *s.* libro o pintura de la más alta calidad

clasificar / classify *v.* asignar a una categoría

codicia / covetousness *s.* avaricia

colérico(a) / bilious *adj.* malgeniado; irritable; malhumorado

colonizar / colonize *v.* establecer un asentamiento

combatiente / combatant *s.* luchador

combustible / combustible *adj.* capaz de ser encendido y quemado; inflamable

comentario / commentary *s.* serie de observaciones

comisión / commission *s.* autorización

compasivo(a) / compassionate *adj.* que simpatiza

compilar / compile *v.* reunir

complaciente / complaisant *adj.* afable; dispuesto a agradar

comprender / comprise *v.* consistir de; incluir

comprender / fathom *v.* entender cabalmente

concejal / alderman *s.* funcionario principal en un pueblo o condado

conciencia / consciousness *s.* el acto de estar consciente de

concordia / concord *s.* relación amistosa; armonía

conflagración / conflagration *s.* gran incendio

conflicto / conflict *s.* lucha o contienda

congraciador(a) / ingratiating *adj.* encantador; ameno; complaciente

conjetura / surmise *s.* imaginación; especulación; suposición

conjeturar / conjecture *v.* adivinar

connotar / connote *v.* sugerir; comunicar

conquista / conquest *s.* el acto de ganar la sumisión o el aprecio de alguien

construir / construct *v.* colocar partes sistemáticamente para armar algo

consumido(a) / haggard *adj.* que parece agotado; ojeroso

contemporáneo(a) / contemporary *adj.* que pertenece al mismo período de tiempo

contencioso(a) / contentious *adj.* que causa muchos argumentos

contender / contend *v.* aseverar; disputar

contextualizar / contextualize *v.* colocar información dentro de un plano más amplio

contienda / contention *s.* disputa, argumento

contrito(a) / contrite *adj.* que se siente culpable

controversia / controversy *s.* un argumento serio entre muchas personas

contusión / contusion *s.* herida en la que la piel no se rompe; magulladura

convencional / conventional *adj.* que actúa o se comporta de manera usualmente aceptada o aprobada

convicción / conviction *s.* creencia; fe

coordinar / coordinate *v.* relacionar; vincular

corona / wreath *s.* círculo de hojas o flores

cortés / courtly *adj.* elegantemente digno o decoroso

credulidad / credulity *s.* calidad del que cree todo fácilmente

crédulo(a) / credulous *adj.* que cree todo fácilmente

creencia / belief *s.* lo que uno sostiene que es cierto

crisálida / chrysalis *s.* la tercera fase en el desarrollo de una polilla o mariposa

crisis / climacteric *s.* cualquier período crítico

criticar / critique *v.* examinar críticamente; revisar

crónica / chronicle *s.* registro histórico de eventos en orden cronológico

cuenta / account *s.* registros de dinero recibido y pagado; registros financieros

cultivar / cultivate *v.* sembrar; cuidar un cultivo

D

deambular / saunter *v.* caminar lenta y relajadamente

debatir / debate *v.* discutir razonamientos opuestos

deducir / deduce *v.* inferir algo de un principio general

deferencia / deference *s.* consideración o respeto hacia otros

deficiente / deficient *adj.* que carece de una cualidad esencial

definir / define *v.* mencionar las cualidades que describen algo

deísmo / deism *s.* creencia en Dios basada en la evidencia de la razón y la naturaleza

deliberación / deliberation *s.* consideración y discusión cuidadosa antes de tomar una decisión

demacrado(a) / gaunt *adj.* delgado y flaco por causa de desnutrición, enfermedad o edad avanzada

demostrar / demonstrate *v.* mostrar usando el razonamiento o ejemplos

denotar / denote *v.* referirse claramente a algo

depredación / depredation *s.* un ataque predatorio; pillaje

desalentado(a) / despondent *adj.* desanimado; abatido

descontento / dissatisfaction *s.* estado de disgusto

desdeñoso(a) / contemptuous *adj.* despreciativo

desengañar / disabuse *v.* liberar de ideas falsas

desfavorable / ungenial *adj.* que se caracteriza por el mal tiempo

designio divino / dispensation *s.* sistema religioso o creencias

desilusión / rue *s.* arrepentimiento; remordimiento

desolado(a) / desolate *adj.* desierto; solitario

despótico(a) / despotic *adj.* tiránico; que tiene el poder absoluto

desprecio / condescension *s.* una actitud que comunica que eres mejor o más importante que los demás

despreocupado(a) / blithe *adj.* indiferente; insensible

desprovisto(a) / destitute *adj.* carente

destacar / highlight *v.* hacer sobresalir; subrayar

desterrado(a) / outcast *adj.* exiliado de su hogar y amistades

destilar / distill *v.* obtener las partes esenciales de algo

destrucción / destruction *s.* el acto de destruir

desvanecimiento / evanescence *s.* desaparición; tendencia a desaparecer

diestramente / deftly *adv.* con facilidad y rapidez

difusivo(a) / diffusive *adj.* que suele esparcirse o extenderse

dignarse / deign *v.* condescender; rebajarse a

dintel / lintel *s.* piedra o madera que forma el marco o umbral de la parte superior de una puerta

discernir / discern *v.* reconocer como separado o diferente

discreción / discretion *s.* prudencia; cuidado con lo que uno hace o dice

discreto(a) / discreet *adj.* prudente; sabio

disecar / dissect *v.* analizar e interpretar minuciosamente

dislocación / dislocation *s.* acto de estar fuera de lugar

disminuir / abate *v.* reducir

disponible / disposable *adj.* libre para usar; a disposición

distrito electoral / constituency *s.* la gente que compone un grupo de votantes

disturbio / turmoil *s.* estado de gran conmoción, confusión o alboroto

diversos(as) / sundry *adj.* varios; que son muy diferentes para formar un grupo

divino(a) / divine *adj.* sagrado; que proviene de algún dios

doméstico(a) / homespun adj. hilado o hecho en casa

dominio / dominion s. control sobre las personas; territorios que se controlan

dote / dowry s. en algunas sociedades, propiedad y dinero que una mujer da a su esposo cuando se casan

E

eclipse / eclipse s. desvanecimiento o extinción de poder o gloria

económico(a) / economic adj. relacionado al manejo de los ingresos

editar / edit v. alterar, adaptar o refinar

efigie / effigy s. retrato o estatua de una persona

ejemplar / exemplary adj. que sirve de modelo

elector / elector s. aquel que vota

elocuente / eloquent adj. bellamente expresivo

eludir / elude v. evitar; escapar

emigrar / migrate v. mudarse de una región o un país a otro

eminente / eminent adj. famoso, importante y respetado

emplear lenguaje ambiguo / equivocate v. usar términos que tienen más de un significado para no dar una respuesta clara

emprender / embark v. iniciar o involucrarse en una actividad

encantado(a) / spellbound adj. atado como por un hechizo

encomio / encomium s. expresión formal de gran elogio

enfermedad / infirmity s. defecto físico o mental; dolencia

enfurruñarse / sulk v. mostrar enojo al negarse a interactuar con otros

engaño / prevarication or **treachery** s. evasión de la verdad

enigma / enigma s. un acertijo; una declaración, una persona o una situación perpleja

en partes / asunder adj. roto en pedazos

enumerar / enumerate v. especificar en una lista

épica / epic s. poema largo sobre las aventuras de uno o más grandes héroes

esbozar / outline v. desarrollar un plan general

escabullir / scurry v. correr rápidamente; escurrirse

escalofrío / ague s. enfriamiento o estremecimiento

escama / scale s. parte delgada, escariosa o membranosa de una planta, como la bráctea de un amento o candelilla

escapada / escapade s. una aventura; una serie de sucesos emocionantes y riesgosos

escéptico(a) / skeptical adj. dudoso; que no se persuade fácilmente

esforzarse / endeavor v. hacer un intento serio; tratar

especioso(a) / specious adj. engañosamente atractivo o válido; falso

espectral / spectral adj. fantasmal

espigar / glean v. reunir poco a poco

espíritu / spirit s. parte inmaterial del ser humano

estada / sojourn s. corta estadía en algún lugar; visita

estancado(a) / stagnant adj. que no cambia ni progresa

estatura / stature s. nivel de realización o logro

estimado(a) / esteemed adj. altamente respetado; que se tiene en alta estima

estoico(a) / stoic adj. que no muestra sus emociones

etimología / etymology s. el estudio de los orígenes de las palabras

evaluar / evaluate v. establecer el significado, valor o condición de algo

evocar / evoke v. provocar una reacción

exiliar / exile v. obligar a una persona a abandonar su hogar o país

exótico(a) / exotic adj. de un país extranjero

expiar / expiate v. reparar; borrar las culpas mediante el sufrimiento

extasiado(a) / rapturous adj. lleno de embeleso y amor; extático

éxtasis / rapture s. embeleso; gran placer

extendido(a) / sprawling adj. irregular y grande

extraer / extract v. sonsacar información

extraño(a) / uncanny adj. misterioso; difícil de explicar

extravagante / extravagant adj. que va más allá de los límites razonables; excesivo

F

fantasma / phantasm s. forma o figura sobrenatural; espectro; producto de la imaginación

fantástico(a) / fantastic adj. muy extravagante; increíblemente bueno

fastidio / nuisance s. una cosa o condición que causa molestia

ferviente / fervent adj. tener gran calidez de sentimientos

fibra / sinew s. tendón; músculo

fidelidad / fidelity *s.* lealtad

filial / filial *adj.* relacionado con un hijo o una hija

filosofía / philosophy *s.* sistema que sirve de guía para la vida

formatear / format *v.* disponer de acuerdo a un plan

formular / formulate *v.* expresar completa y claramente; idear

formular una hipótesis / hypothesize *v.* sugerir una explicación posible

fortaleza / fortitude *s.* valor; fuerza para resistir

fractura / fracture *s.* el acto de quebrar; condición de estar roto

frecuentar / patronize *v.* ser cliente constante de un negocio

frugalmente / frugally *adv.* forma de ser cuidadoso con el dinero

furtivo(a) / stealthy *adj.* callado; secreto

G

galeón / galleon *s.* velero grande que se usa para la guerra o el comercio

gárrulo(a) / garrulous *adj.* parlanchín

generosidad / largesse *s.* nobleza de espíritu

geografía / geography *s.* aspectos de la superficie de un lugar o región

gota / gout *s.* una masa o salpicadura de un líquido como la sangre

grandeza / grandeur *s.* belleza, poder o tamaño impresionante

gravedad / gravity *s.* peso; seriedad

H

hábilmente / adroitly *adv.* de manera ingeniosa y diestra

herencia / inheritance *s.* dinero u otras pertenencias dadas a una persona por alguien que haya muerto

horrible / ghastly *adj.* terrible; muy malo

hosco(a) / sullen *adj.* triste; sombrío

humillación / abasement *s.* el acto de ser degradado

I

ideal / ideal *s.* modelo de perfección

idealismo / idealism *s.* acto de descuidar asuntos prácticos por seguir los ideales

idear / devise *v.* planificar; inventar

ignominia / ignominy *s.* humillación; deshonra

igualar / equate *v.* considerar que una cosa es igual que otra

iluminar / illumine *v.* alumbrar; esclarecer

ilusión / illusion *s.* apariencia o sentimiento que engaña porque no es real

impedimento / impediment *s.* obstáculo

imperceptiblemente / imperceptibly *adv.* sin que se note

imperial / imperial *adj.* de un imperio o su gobernante

imperialismo / imperialism *s.* la política de crear un imperio por medio de la conquista y la colonización

imperio / empire *s.* grupo de naciones o estados bajo un solo soberano o gobierno

impertinencia / impertinence *s.* descortesía; insolencia

imperturbable / imperturbable *adj.* calmado; que no se enfada fácilmente

implorar / implore *v.* pedir con emoción; rogar

impresionista / impressionistic *adj.* que comunica una imagen mediante sugerencias de detalles hechos con trazos rápidos

impudencia / impudence *s.* una falta de respeto

impulso / impulse *s.* deseo repentino y fuerte

incauto(a) / heedless *adj.* descuidado; desatento

incesante / incessant *adj.* que continúa sin interrupción

incitación / incitement *s.* acto de apremiar; estímulo

inconstancia / inconstancy *s.* infidelidad

inconstantemente / inconstantly *adv.* inestablemente; veleidosamente

incrédulamente / incredulously *adv.* de forma que expresa duda o escepticismo

increpar / rebuke *v.* criticar fuertemente

indagar / probe *v.* investigar y explorar minuciosamente

independencia / independence *s.* estado de libertad y fuera del control de los demás

indeterminable / undeterminable *adj.* que no se puede precisar; incierto

indicio / inkling *s.* sugerencia indirecta; idea vaga sobre algo

indignado(a) / indignant *adj.* enfurecido; lleno de cólera justa

indisoluble / indissoluble *adj.* que no puede ser destruido

industria / industry *s.* cualquier rama empresarial, comercial o manufacturera

inevitable / inevitable *adj.* ineludible; que sucederá con seguridad

inexorable / obdurate *adj.* obstinado

infamia / infamy *s.* muy mala reputación; desgracia; deshonra

ingenuo(a) / ingenuous *adj.* sencillo, confiado y honesto

inmigrante / immigrant *s.* persona que va a vivir a un país extranjero

inmortal / immortal *adj.* que vive para siempre

innoble / ignoble *adj.* que no es noble; plebeyo

innumerable / innumerable *adj.* demasiada cantidad para contar

insaciabilidad / insatiableness *s.* la cualidad de ser imposible de satisfacer

instantáneo(a) / instantaneous *adj.* que ocurre en un instante o momento

integrar / integrate *v.* reunir partes distintas

íntegro(a) / sound *adj.* en buenas condiciones; sin daño

intemperancia / intemperance *s.* falta de control

interpretación / interpretation *s.* explicación

interpretar / interpret *v.* explicar el significado

intrépido(a) / dauntless *adj.* valiente

intrigar / intrigue *v.* tramar o maquinar algo

intrínsecamente / intrinsically *adv.* inherentemente; hacer de manera en que la naturaleza o el carácter de algo se refleje

invasión / invasion *s.* el acto de entrar a la fuerza

invencible / invincible *adj.* que no puede ser destruido ni conquistado

irrevocable / irrevocable *adj.* que no se puede cambiar o detener

irritado(a) / galled *adj.* lastimado o excoriado por rozadura

J

juicioso(a) / judicious *adj.* que muestra buen criterio

L

laicos / laity *s.* los miembros de un grupo religioso con excepción de los sacerdotes

lamentable / lamentable *adj.* que causa dolor; perturbador

lamentación / lamentation *s.* expresión de dolor o aflicción

lamentar / lament *v.* expresar dolor; afligirse

languidecer / languish *v.* no desarrollar ni mejorar

languidez / languor *s.* lentitud; falta de energía o vitalidad

lealtad / loyalty *s.* sentimientos o comportamientos leales; fidelidad

legado / legacy *s.* dinero u otras pertenencias dadas a una persona por alguien que haya muerto

legar / bequeath *v.* dar en herencia

límite / boundary *s.* línea divisoria; frontera

luchar / struggle *v.* esforzarse para vencer vicisitudes

lugar / stead *s.* posición ocupada por un reemplazo

lustroso(a) / lustrous *adj.* brillante; luminoso

M

macadán / macadam *s.* piedra quebrada que se usa para hacer una calle con el mismo nombre

madrigal / madrigal *s.* poema corto de amor con música

magistrado / magistrate *s.* un funcionario local que hace cumplir la ley o funge como juez

malevolencia / malevolence *s.* el deseo de causar daño

malhumorado(a) / morose *adj.* triste; adusto

malicioso(a) / malicious *adj.* deliberadamente dañino; destructivo

maña / guile *s.* embuste habilidoso

mancha / smudge *s.* marca sucia

manchado(a) / dappled *adj.* pinto o moteado, usualmente en montones

marchitarse / wither *v.* deteriorarse; morir (en el caso de las flores)

masivo(a) / massive *adj.* grande, poderoso y peligroso

medida / measure *s.* una sección de música escrita entre dos líneas verticales llamadas barras; ley, resolución o algo parecido que se propone o ratifica para mejorar una situación

melodía / melody *s.* secuencia de tonos solos que juntos crean una tonada o canción

melodioso(a) / melodious *adj.* de sonido placentero

menguar / wane *v.* hacer gradualmente más oscuro o débil

mercancía / commodity *s.* producto que se compra y se vende

miserable / paltry *adj.* prácticamente inútil; insignificante

modernización / modernization *s.* acto de llevar a la actualidad las costumbres o normas

modestia / coyness *s.* falsa timidez usada para llamar la atención

mofarse / deride *v.* burlarse; ridiculizar

moldear / form *v.* dar forma a

monarca / monarch *s.* persona que gobierna un país

monótono(a) / monotonous *adj.* aburrido porque nunca cambia

mortal / mortal *adj.* que finalmente morirá

movilidad / mobility *s.* habilidad de movimiento

munificencia / munificence *s.* esplendidez

N

narrar / recount *v.* contar con detalles

naturaleza / nature *s.* todas las cosas, excepto aquellas creadas por el hombre

nocturno(a) / nocturnal *adj.* que está activo de o relacionado con la noche

notorio(a) / notorious *adj.* ampliamente conocido por ser desfavorable; que tiene una mala reputación

numeroso(a) / multitudinous *adj.* que existe en grandes cantidades

O

obediencia / obedience *s.* el acto de seguir órdenes o instrucciones

oblicuamente / obliquely *adv.* indirectamente

obstinadamente / obstinately *adv.* de forma testaruda y determinada

oficioso(a) / officious *adj.* entremetido

ofrecimiento / proferring *s.* ofrenda

optimista / sanguine *adj.* confiado; esperanzado

opulencia / affluence *s.* riqueza abundante

orden / order *s.* manera en que una cosa sigue después de otra

ortodoxo(a) / orthodox *adj.* que se conforma a las creencias establecidas

oscurecer / obscure *v.* hacer difícil de ver o entender

oscuro(a) / obscure *adj.* que no se ve fácilmente; que no se conoce

P

país / country *s.* territorio; nación

pálido(a) / wan *adj.* sin color; débil

palor / pallor *s.* falta no natural de color

palpable / palpable *adj.* capaz de ser tocado o sentido

palpitación / palpitation *s.* latido del corazón inusual o anormalmente rápido o violento

papel / role *s.* rol o función desempeñada por una persona o cosa

paradoja / paradox *s.* afirmación que puede ser verdadera, pero pareciera expresar dos cosas opuestas

parafrasear / paraphrase *v.* poner en otras palabras algo dicho o escrito

parentela / kindred *s.* el grupo de parientes de una persona

pasajero(a) / transient *adj.* temporal; transitorio

pasmar / appall *v.* llenarse de consternación o desaliento

pastoral / pastoral *adj.* relacionado con la vida sencilla y tranquila del campo

patetismo / pathos *s.* cualidad que evoca tristeza o compasión

peligro / peril *s.* exposición a una situación peligrosa o arriesgada

penuria / penury *s.* pobreza

percibir / perceive *v.* reconocer a través de los sentidos

permanecer / abide *v.* quedarse; mantenerse

pernicioso(a) / pernicious *adj.* que causa un gran daño, destrucción o ruina; fatal; mortal

perogrullada / platitude *s.* declaración repetida que carece de autoridad

piedad / piety *s.* devoción a una religión

plaga / blight *s.* algo que daña o estropea otra cosa

plebeyo(a) / plebeian *adj.* común; no aristocrático

plenitud / prime *s.* el período de la vida en que estás lo más fuerte

poder / power *s.* fuerza o vigor

precursor / harbinger *s.* heraldo

predominante / predominant *adj.* en primer lugar; poderoso

predominio / predominance *s.* mayor poder o importancia; superioridad

prefigurar / prefigure *v.* que se parece, por lo que se sugiere de antemano

prenatal / prenatal *adj.* que existe o tiene lugar antes del nacimiento

presumir / presume *v.* dar por sentado; suponer

presunción / presumption *s.* atrevimiento

prevalecer / prevail *v.* tener éxito; obtener el dominio; terminar ganando

prístino(a) / pristine *adj.* original; intacto

prodigioso(a) / prodigious *adj.* enorme; inmenso

pródigo(a) / prodigal *adj.* despilfarrador

proeza / prowess *s.* gran habilidad

profanación / profanation *s.* acción que muestra irreverencia hacia algo sagrado

profeta / prophet *s.* persona que dice lo que ocurrirá

profundamente / keenly *adv.* agudamente; intensamente

profuso(a) / profuse *adj.* abundante; que se derrama

progreso / progress *s.* crecimiento; mejora

promontorio / promontory *s.* colinas de tierras altas que se introducen en una masa de agua

pronunciar / utter *v.* hablar

propiciar / propitiate *v.* ganarse la buena voluntad de una persona

propiedad / propriety *s.* cualidad o condición de ser correcto

proponer / propose *v.* presentar un plan o una intención

prosperar / prosper *v.* medrar

prudencia / prudence *s.* cuidadoso manejo de recursos

prueba severa / ordeal *s.* experiencia difícil o penosa que pone a uno a prueba

pulpa / pulp *s.* la parte suave, jugosa y comestible de una fruta

purgar / purge *v.* purificar; limpiar

Q

quisquilloso(a) / fastidious *adj.* que se preocupa mucho por los detalles

R

racional / rational *adj.* sensato; razonable

realzar / enhance *v.* mejorar; elevar

reasumir / resume *v.* continuar una actividad

rebelde / rebellious *adj.* que desafía a la autoridad

rebosar / teem *v.* llenar hasta que se desborda

recalcitrante / refractory *adj.* difícil de manejar; terco

recomendar / recommend *v.* sugerir favorablemente

recompensar / recompense *v.* pagar en compensación por algo

reconstruir / rebuild *v.* construir o crear de nuevo

recordar / recall *v.* rememorar

rectitud / righteousness *s.* característica de actuar ética y justamente

recular / recoil *v.* retroceder por temor, sorpresa o disgusto

recurso / expedient *s.* dispositivo usado en una emergencia

reforma / reformation *s.* cambio positivo; mejora

reformar / reform *v.* mejorar

refutar / refute *v.* demostrar lo contrario

registrar / rummage *v.* buscar detenidamente o activamente

reino / kingdom or **realm** *s.* países bajo el mandato de un rey o una reina

reiterar / reiterate *v.* decir o hacer de nuevo

reivindicación / vindication *s.* prueba de que alguien o algo es correcto o cierto

relatar / relate *v.* contar

remanente / remnant *s.* el resto; lo que sobra

renacimiento / renaissance *s.* gran renacer del arte y de los conocimientos en Europa durante los siglos XIV, XV y XVI

rencor / rancor *s.* odio amargo y persistente; mala voluntad

reparación / reparation *s.* compensación por un mal

reprender / reprove *v.* reprochar; desaprobar

representar / depict *v.* describir una imagen utilizando palabras

reprimido(a) / subdued *adj.* más quieto o callado de lo normal

reproche / upbraiding *s.* regaño; palabras fuertes de desaprobación

repulsivo(a) / loathsome *adj.* repugnante

réquiem / requiem *s.* composición musical para honrar a los muertos

reservado(a) / reticent *adj.* callado; discreto

resolución / resolution *s.* propósito; determinación

resueltamente / steadfastly *adv.* con dirección fija o firmeza

retorcerse / writhe *v.* contorsionar el cuerpo, como en agonía

retozar / lark *v.* divertirse despreocupada y caprichosamente

reverencia / reverence *s.* respeto profundo

reverentemente / reverently *adv.* con profundo respeto o admiración

revolución / revolution *s.* derrocamiento total de un gobierno o sistema político establecido

ridículo(a) / ludicrous *adj.* absurdo

risible / risible *adj.* tan tonto que merece la burla

rito / rite *s.* ceremonia; ritual

ruptura / breach *s.* rompimiento; el acto de dejar de cumplir con los términos de un acuerdo

S

saciedad / satiety *s.* condición de estar lleno con suficiente o más que suficiente

saquear / ransack *v.* buscar por todo para hallar bienes para robar; pillar

secuestrar / sequester *v.* mantener alejado de los demás

segmentado(a) / segmented *adj.* dividido en partes unidas

semblante / countenance *s.* cara

sepulcro / sepulcher *s.* tumba; donde se ponen los cadáveres

sepultar / inter *v.* enterrar

simbolizar / symbolize *v.* representar una cosa o un concepto

simetría / symmetry *s.* forma balanceada; la belleza que resulta de un balance

sino / fate *s.* destino

sintaxis / syntax *s.* el estudio de la estructura de las oraciones

sinuoso(a) / sinuous *adj.* ondulado; tortuoso

soberano(a) / sovereign *adj.* supremo en poder, rango o autoridad

socorrer / succor *v.* ayudar; asistir; aliviar

solaz / solace *s.* confortación; desahogo

solicitar / adjure *v.* ordenar; tratar de persuadir

solícito(a) / solicitous *adj.* que muestra interés o preocupación

sórdido(a) / sordid *adj.* de comportamiento inmoral o deshonesto

supino(a) / supine *adj.* tendido sobre su espalda

súplica / supplication *s.* el acto de pedir ayuda a alguien poderoso o rezar por ayuda

suplicar / entreat *v.* pedir con emoción; rogar

surco / furrow *s.* carril angosto que hace un arado en la tierra

suscitar / rouse *v.* conmover a la emoción o acción

sustancial / substantial *adj.* grande en tamaño o fuerza

sustento / sustenance *s.* alimento o dinero para sobrevivir

T

tecnología / technology *s.* ciencia de las artes industriales y mecánicas

temperado(a) / temperate *adj.* que no está frío ni caliente

tempestuoso(a) / tempestuous *adj.* turbulento; tormentoso

tenacidad / tenacity *s.* persistencia; terquedad

tendencia / trend *s.* dirección general; moda o estilo

terrestre / terrestrial *adj.* relativo a la Tierra o a este mundo

tirano / tyrant *s.* gobernante cruel y opresivo

topográfico(a) / topographical *adj.* que representa las características superficiales de una región

tortuoso(a) / tortuous *adj.* que está lleno de curvas, vueltas o giros

tradicional / traditional *adj.* habitual

traición / treason *s.* deslealtad hacia un país o gobierno

tranquilo(a) / tranquil *adj.* calmado; pacífico

transformación / transformation *s.* acto o proceso de cambio

transgredir / transgress *v.* violar una ley o un mandamiento

trascendente / transcendent *adj.* que excede todos los límites

trepidación / trepidation *s.* ansiedad; miedo de que pase algo

truculento(a) / truculent *adj.* cruel; feroz

túmido(a) / tumid *adj.* hinchado

tumulto / tumult *s.* conmoción ruidosa, a menudo causada por una muchedumbre

turbio(a) / turbid *adj.* lodoso o lechoso; revuelto y confuso

U

urbano(a) / urban *adj.* que es o posee las características principales de una ciudad

V

vacío(a) / inane *adj.* que le falta sentido, significado o ideas; necio

valle / vale *s.* depresiones en la superficie de la Tierra

valor / valor *s.* comportamiento valeroso; coraje

valores / values *s.* precio correcto; cualidad

vendimia / vintage *s.* vino de alta calidad

venerable / venerable *adj.* que exige respeto debido a edad, carácter o posición social

vestigios / dregs *s.* una pequeña cantidad; residuo

vista / ken *s.* rango de visión o entendimiento

vivaz / vivacious *adj.* que tiene mucha energía; de comportamiento feliz y agradable

vulnerable / vulnerable *adj.* fácil de atacar o criticar

Términos Literarios / Literary Terms

AFORISMO / Aphorism El **aforismo** es una verdad o una observación general sobre la vida, expresada normalmente de una forma concisa. Los aforismos son muchas veces ingeniosos y aparecen en muchos tipos de obras. Un escritor de ensayos puede tener un estilo aforístico y usar mucho este tipo de expresión. Los aforismos pueden ser una forma memorable de resumir o reforzar un punto o un argumento.

ALEGORÍA / Allegory La **alegoría** es un relato o cuento con dos o más niveles de significado: un nivel literal y uno o más niveles simbólicos. Los sucesos, el ambiente y los personajes en una alegoría son símbolos de ideas y cualidades.

ALITERACIÓN / Alliteration La **aliteración** es la repetición de sonidos consonánticos iniciales. Los escritores usan la aliteración para atraer la atención a ciertas palabras o ideas, para imitar sonidos y crear efectos musicales.

ALUSIÓN / Allusion La **alusión** es una referencia a una persona, un lugar o una obra literaria o de arte muy conocida. Las alusiones le permiten al escritor expresar ideas complejas sin explicarlas. La comprensión de una obra literaria depende, con frecuencia, de reconocer sus alusiones y el significado que llevan implícito.

AMBIENTE / Atmosphere; Mood El **ambiente** es el sentimiento que le transmite a un lector una obra literaria o un pasaje.

AMBIGÜEDAD / Ambiguity La **ambigüedad** es el efecto creado cuando las palabras sugieren y apoyan dos o más interpretaciones disparejas. La ambigüedad se puede utilizar en la literatura para expresar experiencias o verdades que son complejas o contradictorias. La ambigüedad se deriva muchas veces del hecho de que las palabras tienen varios significados.

Ver también **ironía.**

ANALOGÍA / Analogy La **analogía** establece una comparación entre dos o más cosas que tienen algunas semejanzas pero que también se diferencian.

ANÉCDOTA / Anecdote La **anécdota** es un relato breve sobre un suceso interesante, divertido o extraño. Los escritores usan anécdotas para entretener al lector o dar a entender un punto.

ANTAGONISTA / Antagonist El **antagonista** es un personaje o una fuerza que está en conflicto con el personaje principal, o protagonista.

Ver **conflicto** y **protagonista.**

ANTICLÍMAX / Anticlimax Como el clímax, el **anticlímax** es un punto decisivo de la historia. Sin embargo, el anticlímax es siempre una decepción. Es el momento en que descubres que la historia no terminará como lo esperabas.

APARTE / Aside El **aparte** es un discurso corto dado por un personaje de una obra de teatro para expresar sus pensamientos y sentimientos verdaderos. Tradicionalmente, el aparte se dirige al público y se supone que no lo pueden oír los demás actores.

APÓSTROFE / Apostrophe El **apóstrofe** es una figura retórica en la que un locutor se dirige directamente a una persona ausente o a una cualidad, un objeto o una idea personificada.

Ver también **lenguaje figurado.**

ARGUMENTO DEL AUTOR / Author's Argument El **argumento del autor** es la posición que el autor presenta apoyada en razones.

ARQUETIPO / Archetype El **arquetipo** es un tipo de personaje, detalle, imagen o situación que aparece en la literatura mundial y durante todas las épocas históricas. Algunos críticos piensan que los arquetipos revelan verdades profundas sobre la experiencia humana.

ASONANCIA / Assonance La **asonancia** es la repetición de unos sonidos vocales seguidos por distintos consonantes, en dos o más sílabas acentuadas.

AUTOBIOGRAFÍA / Autobiography La **autobiografía** es la historia del autor, narrada por él mismo. Una autografía puede tratar de la vida entera o sólo parte de la vida de una persona.

Como las autobiografías tratan de personas y sucesos reales, son un tipo de obra de no ficción. La mayoría de las autobiografías se escriben en primera persona.

Ver **biografía, no ficción** y **punto de vista.**

BALADA / Ballad La **balada** es un poema, parecido a una canción, que cuenta una historia, muchas veces de aventura o romance. La mayoría de las baladas se escriben en estrofas de cuatro o seis versos y tienen ritmo y patrones rítmicos regulares. Una balada suele tener un *estribillo* o *refrán:* un verso o grupo de versos que se repite a lo largo del poema.

Ver también **tradición oral.**

BIOGRAFÍA / Biography La **biografía** es un tipo de obra de no ficción en la que el escritor narra la historia de la vida de otra persona. La mayoría de las biografías hablan de personas famosas o admirables.

Aunque las biografías son obras de no ficción, las mejores biografías tienen las mismas características de una buena narración.

Ver **autobiografía** y **no ficción**.

CANTO ESPIRITUAL NEGRO / Spiritual El **canto espiritual negro** es un tipo de canción folclórica afroamericana de la época de la esclavitud y la reconstrucción de los Estados Unidos. Un canto espiritual típico trata de la libertad religiosa y también, a nivel alegórico, la libertad política y económica. En algunos cantos espirituales, el río bíblico Jordán se utilizaba como símbolo del río Ohio, que separaba los estados esclavistas de los estados libres; y la tierra bíblica Canaán se utilizaba como símbolo de los estados libres en el norte de los Estados Unidos. La mayoría de los cantos espirituales negros utilizaban la repetición, el paralelismo y la rima.

CARACTERIZACIÓN / Characterization La **caracterización** es el acto de crear y desarrollar un personaje. Los autores usan dos tipos de caracterización: directa e indirecta. Al usar la caracterización directa, el escritor establece las **cualidades del personaje,** o sus características.

Cuando un autor describe a un personaje de manera indirecta, se apoya en el lector para que saque conclusiones sobre las cualidades del personaje. Algunas veces, el escritor dice lo que otros participantes en la historia dicen y piensan del personaje.

CARPE DIEM / Carpe Diem La frase latina **carpe diem** significa "prende el día presente" o "aprovecha al máximo el tiempo pasajero". Se han escrito muchas obras literarias importantes con base en el tema *carpe diem.*

CARTAS / Letters La **carta** es una comunicación escrita de una persona a otra. En las cartas personales, el escritor comparte con otra persona o grupo información, pensamientos y sentimientos. Aunque las cartas normalmente no se escriben para ser publicadas, a veces se publican más adelante con el permiso del autor o de la familia del autor.

CAUSA Y EFECTO / Cause and effect Un efecto es algo que ocurre. Una causa es la razón por la que algo ocurre. A veces un efecto tiene más de una causa.

A veces una causa tiene más de un efecto. Algunas palabras clave que implican **causa y efecto** son *porque, en consecuencia, como resultado* y *para que.*

Ver **personaje** y **motivo**.

CESURA / Caesura La **cesura** es una pausa natural en el medio de un verso de poesía. En la poesía anglosajona, una cesura divide por la mitad cada verso de cuatro acentos y por lo tanto es esencial para el ritmo.

Ver también **poesía anglosajona**.

CIENCIA FICCIÓN / Science Fiction La **ciencia ficción** combina elementos de ficción y fantasía con hechos científicos. Muchas historias de ciencia ficción se ambientan en el futuro.

CLASICISMO / Classicism El **Clasicismo** es una corriente de la literatura y las demás artes que se enfoca en la razón, el equilibrio, la claridad, la belleza ideal y la forma ordenada, imitando las artes de la Grecia y Roma antigua. El clasicismo se contrasta muchas veces con el **Romanticismo,** que enfatiza la imaginación, la emoción y el individualismo. El **Clasicismo** se distingue también del **Realismo,** que se enfoca en lo actual en vez de lo ideal.

Ver también **realismo** y **romanticismo**.

CLÍMAX / Climax El **clímax,** también llamado momento culminante, es el punto de acción más alto de la trama. Es el momento de mayor tensión, cuando el resultado de la trama está en suspenso.

Ver **trama**.

COMEDIA / Comedy La **comedia** es una obra literaria, especialmente una obra de teatro, ligera, a menudo humorística o satírica, que tiene un final feliz. Las comedias generalmente tienen personajes comunes que enfrentan dificultades o conflictos pasajeros. Los tipos de comedia incluyen la **comedia romántica,** que trata de problemas entre amantes, y la **comedia de costumbres,** que es una representación satírica de la vida social de una sociedad.

COMENTARIO POLÍTICO / Political Commentary El **comentario político** ofrece opiniones sobre asuntos políticos, con argumentos fundados en pruebas y suposiciones. Con el uso de formas escritas como los discursos, los poemas y las cartas, los comentaristas pretenden persuadir utilizando técnicas persuasivas como las preguntas retóricas y cláusulas paralelas.

COMENTARIO SOCIAL / Social Commentary El **comentario social** es la escritura que ofrece mejor comprensión de la sociedad, sus valores y costumbres.

COMPARAR Y CONTRASTAR / Compare and Contrast *Comparar y contrastar* es buscar semejanzas y diferencias entre las cosas. Una palabra clave que indica semejanza es *como*. Algunas palabras clave que indican diferencias son *pero* y *al contrario*.

CONCEPTO / Conceit Un *concepto* es una comparación inusitada y sorprendente de dos cosas muy distintas. Muchas veces, este tipo especial de metáfora o analogía complicada es la base de un poema entero. Durante la época isabelina en Inglaterra, los sonetos incluían frecuentemente los conceptos Petrarquescos. *Los conceptos Petrarquescos* presentaban afirmaciones extravagantes sobre la belleza de la amada o el sufrimiento del narrador, haciendo comparaciones con seres divinos, fuerzas naturales poderosas y objetos con alguna cualidad al grado máximo. Quevedo utiliza un concepto cuando afirma en "¡Ah de la vida!" que la vida pasa tan rápidamente que es "pañales y mortaja" y luego se muere. Los poetas *metafísicos* del siglo diecisiete utilizaban conceptos elaborados, extraños y muy intelectuales.

CONFLICTO / Conflict El *conflicto* es una lucha entre fuerzas opuestas. El conflicto es uno de los elementos más importantes de los cuentos, las novelas y las obras de teatro porque es el que motiva la acción. Hay dos tipos de conflicto: externo e interno. El *conflicto externo* se produce cuando un personaje lucha contra alguna fuerza exterior, como contra otra persona. Otro tipo de conflicto externo se puede generar entre un personaje y una fuerza de la naturaleza.

El *conflicto interno* ocurre en la mente del personaje. El personaje lucha para tomar una decisión, realizar una acción o superar un sentimiento.

Ver *trama*.

CONFLICTO EXTERNO / External Conflict Ver *conflicto*.

CONFLICTO INTERNO / Internal Conflict Ver *conflicto*.

CONNOTACIONES / Connotations La *connotación* de una palabra es el grupo de ideas asociadas con la palabra que se suman al significado explícito de ésta. La connotación de una palabra puede ser personal, basada en experiencias individuales. Con frecuencia, las connotaciones culturales —aquellas reconocidas por la mayoría de las personas de un grupo— determinan la selección de palabras del autor.

Ver también *denotación*.

CONSONANCIA / Consonance La *consonancia* es la repetición del sonido de una sílaba final acentuada, desde la vocal acentuada, como en las palabras *fiel* y *pastel*.

CONTEXTO CULTURAL / Cultural Context El *contexto cultural* de una obra literaria es el entorno económico, social e histórico en el que se sitúan los personajes. Esto incluye las actitudes y las costumbres de aquella cultura y el período histórico.

CONTEXTO HISTÓRICO / Historical Context El *contexto histórico* de una obra literaria incluye los sucesos políticos y sociales y las modas de la época en que ocurre. Cuando un suceso ha ocurrido en el pasado, conocer la época histórica puede ayudar al lector a comprender el entorno, el trasfondo, la cultura y el mensaje, al igual que las actitudes y acciones de los personajes. El lector tiene que tomar en cuenta también el contexto histórico en el que el autor estaba creando la obra, que puede ser distinto a la época del entorno de la obra.

CUARTETO / Quatrain Un *cuarteto* es una estrofa o un poema de cuatro versos, normalmente con un ritmo y un patrón rítmico particular.

CUENTO / Short Story El *cuento* es una obra de ficción breve. Al igual que la novela, el cuento presenta una serie de sucesos, o una trama. La trama suele tratar un conflicto central que el personaje principal, o protagonista, enfrenta. Los sucesos en un cuento comunican generalmente un mensaje sobre la vida o la naturaleza humana. Este mensaje, o idea central, es el tema del cuento.

Ver *conflicto*, *trama* y *tema*.

CUENTO EXAGERADO / Tall Tale Un *cuento exagerado* es un tipo de cuento folclórico que tiene algunos o todos estos elementos: humor, hipérbole, situaciones poco probables, lenguaje muy imaginativo y un héroe que realiza hazañas extravagantes. Los cuentos exagerados de los Estados Unidos se originaron en el desarrollo del oeste del país y son un tipo de cuento folclórico característico de esta cultura.

CUENTO FOLCLÓRICO / Folk Tale El *cuento folclórico* es un cuento creado oralmente que luego se pasa de persona en persona verbalmente. Los cuentos folclóricos se originaron entre personas que no sabían leer ni escribir. Estas personas se entretenían contándose cuentos, que muchas veces trataban de héroes, aventura, magia o romance. Finalmente, los investigadores modernos recogieron estos cuentos y los apuntaron.

Los cuentos folclóricos reflejan las creencias y el entorno cultural del lugar de origen.

Ver **fábula, leyenda, mito** y **tradición oral.**

DENOTACIÓN / Denotation La **denotación** de una palabra es su significado en el diccionario, independiente de otras asociaciones que la palabra pueda tener. La denotación de la palabra **lago,** por ejemplo, es "una masa de agua en el interior". "Sitio de vacaciones" y "lugar donde se pesca bien" son connotaciones de la palabra **lago.**

Ver también **connotación.**

DESARROLLO / Development Ver **trama.**

DESCRIPCIÓN / Description La **descripción** es un retrato, en palabras, de una persona, un lugar o un objeto. La escritura descriptiva utiliza imágenes que apelan a los cinco sentidos: la vista, el oído, el tacto, el gusto y el olfato.

Ver **imágenes.**

DIALECTO / Dialect El **dialecto** es una variedad lingüística hablada por las personas de una región o un grupo particular. Los dialectos se diferencian en la pronunciación, gramática y selección de palabras. El idioma inglés se divide en muchos dialectos. El inglés británico es diferente del inglés de los Estados Unidos.

DIÁLOGO / Dialogue El **diálogo** es una conversación entre personajes. En los poemas, las novelas y los cuentos, el diálogo suele estar precedido por una raya para indicar las palabras exactas de la persona que habla.

En una obra de teatro, el **diálogo** sigue los nombres de personajes, con una raya delante.

DIARIO / Diary El **diario** es un registro personal de sucesos diarios, normalmente escrito en prosa. La mayoría de los diarios no se escriben para ser publicados; sin embargo, se publican los diarios interesantes o aquellos diarios escritos por personas importantes. Un ejemplo de un diario publicado en español es el de Bernal Díaz de Castillo sobre la conquista española de México.

DICCIÓN / Diction La **dicción** es la selección de palabras del escritor y la forma en que el escritor combina esas palabras. La dicción es parte del estilo de un escritor y se puede describir como formal o informal, sencilla o rebuscada, común o técnica, sofisticada o popular, anticuada o moderna.

DISCURSO / Speech El **discurso** es una obra que se presenta oralmente a un público. Existen muchos tipos de discursos aptos para casi cualquier tipo de evento público. Entre los tipos de discursos están el **dramático,** el **persuasivo** y el **informativo.**

DRAMA / Drama El **drama** es una historia escrita para que la representen actores. Aunque el drama se escribe para presentarlo en escena, uno también puede leer el guión, o versión escrita, e imaginar la acción. El **guión** de un drama incluye el diálogo y las instrucciones de escenografía. El **diálogo** son las palabras que hablan los actores. Las **instrucciones de escenografía,** generalmente impresas en letra cursiva, indican cómo los actores deben verse, moverse y hablar. Las instrucciones también describen el entorno, los efectos de sonido y la iluminación.

DRAMATURGO / Playwright El **dramaturgo** es la persona que escribe dramas (obras de teatro). Se considera que William Shakespeare ha sido el dramaturgo más importante de la literatura inglesa. Federico García Lorca es considerado uno de los dramaturgos más importantes de la literatura española moderna.

ELEGÍA / Elegy La **elegía** es un poema lírico solemne y formal sobre la muerte. Puede lamentar la muerte de alguien en particular o reflexionar sobre un tema serio o trágico, como el pasar de la juventud o la belleza.

ELEMENTOS LITERARIOS ARQUETÍPICOS / Archetypal Literary Elements Los **elementos literarios arquetípicos** son aquellos patrones de la literatura que se encuentran en todo el mundo. Por ejemplo, un elemento arquetípico de los cuentos de hadas son los sucesos que ocurren en series de tres. Algunos tipos de personajes, como los guías misteriosos, son también elementos arquetípicos de estos cuentos tradicionales. Los elementos arquetípicos hacen que las historias sean más fáciles de recordar y contar. En *Cien años de soledad,* Gabriel García Márquez utiliza el arquetipo de un mundo en creación y la destrucción de un paraíso terrenal —como la creación del mundo y el jardín de Edén en la Biblia— para hablar de la situación del hombre en la Tierra.

ENCABALGAMIENTO / Run-On Line El **encabalgamiento** es un verso que no contiene cesura o pausa al final. El verso se corta en el medio de una aclaración y unidad gramatical, y el lector tiene que leer el próximo verso para encontrar el final de la aclaración y la terminación de la unidad gramatical.

ENSAYO / Essay El **ensayo** es un escrito corto en prosa de no ficción sobre un tema particular. La mayoría de los ensayos tienen un sólo tema central y una introducción, un cuerpo y una conclusión claros.

Hay muchos tipos de ensayos. El **ensayo informal** utiliza un lenguaje informal y conversacional. El **ensayo histórico** ofrece hechos, explicaciones y aclaraciones sobre sucesos históricos. El **ensayo expositivo** presenta una idea principal dividida en partes. El **ensayo narrativo** cuenta la historia de una experiencia real. El **ensayo informativo** explica un proceso. El **ensayo argumentativo** tiene como propósito presentar una tesis y defenderla con argumentos. El **ensayo humorístico** utiliza el humor para lograr el propósito del autor. El **ensayo reflexivo** se enfoca en un suceso o experiencia, e incluye las percepciones personales acerca de la importancia del suceso.

Ver **texto expositivo, narración** y **persuasión.**

ENSAYO VISUAL / Visual Essay El **ensayo visual** explora un tema que transmite sus ideas a través de elementos visuales además del lenguaje. Como un ensayo común, un ensayo visual presenta las opiniones de un autor sobre un solo tema. Sin embargo, se diferencia de otros ensayos en que gran parte del significado en un ensayo visual se transmite por ilustraciones o fotografías.

ENTORNO / Setting El **entorno** de una obra literaria establece el tiempo y lugar de la acción. La acción incluye todos los detalles de un lugar y el tiempo: el año, la hora del día, hasta el clima. El lugar puede ser un país, estado, región, comunidad, vecindario, edificio, institución u hogar específico. Los detalles como los dialectos, la ropa, las costumbres y los medios de transporte se utilizan frecuentemente para establecer el entorno. En la mayoría de los relatos, el entorno sirve como trasfondo, o un contexto en el que los personajes interactúan. El entorno puede ayudar también a crear un sentimiento, o atmósfera.

ÉPICA / Epic Una **épica** es un poema narrativo largo sobre las hazañas de los dioses o héroes. *El Cantar de mio Cid* es un ejemplo de la poesía épica que cuenta la historia del héroe castellano El Cid.

Una épica utiliza un tono elevado y sigue generalmente ciertos patrones. El poeta comienza anunciando el tema y pide a una musa —una de las nueve diosas de las artes, literatura y ciencias— que lo ayude. Un *héroe épico* es el personaje central de una épica que tiene características sobrehumanas. Con su comportamiento y acciones, el héroe épico demuestra cualidades valiosas para la sociedad que le dio origen a la épica.

Ver también **símil épico** y **poema narrativo.**

EPIFANÍA / Epiphany La **epifanía** es cuando un personaje experimenta repentinamente un momento de percepción de conflicto o situación.

EPIGRAMA / Epigram El **epigrama** es una aclaración breve y directa en prosa o verso.

EPITAFIO / Epitaph El **epitafio** es la inscripción en una tumba o en un lugar de entierro. En la literatura, los epitafios incluyen líneas serias o humorísticas como si las hubieran escrito para ese fin.

ESCANSIÓN / Scansion La **escansión** es el proceso de analizar el patrón de la métrica de un poema. Cuando se hace la escansión, las sílabas acentuadas y no acentuadas del poema se marcan para indicar cuántas sílabas tiene cada verso.

ESCENA / Scene La **escena** es un segmento de acción continuo en el acto de un drama.

Ver **drama.**

ESCENA RETROSPECTIVA / Flashback La **escena retrospectiva** es la escena en un relato que interrumpe la secuencia de sucesos y que relata sucesos que ocurrieron en el pasado.

ESCENIFICACIÓN / Staging La **escenificación** incluye el entorno, la iluminación, el vestuario, los efectos especiales y la música que forman parte de una representación dramática.

Ver **drama.**

ESTABLECER EL PROPÓSITO DE LA LECTURA / Establish a Purpose for Reading Cuando **establecemos el propósito de una lectura,** abordamos el texto con un objetivo particular que queremos lograr o con una pregunta específica que queremos responder. Establecer el propósito de la lectura guía la comprensión al enfocar nuestra atención en información específica.

ESTILO / Style El **estilo** se refiere a la forma única de escribir que tiene un autor. Los elementos que definen el estilo incluyen selección de palabras; tono; uso característico del lenguaje figurado, dialecto o técnicas rítmicas; y la sintaxis, o estructuras y patrones.

Ver también **dicción** y **tono.**

ESTILO SENCILLO / Plain Style El *estilo sencillo* es el tipo de escritura en el que se usan oraciones simples y comunes para hacer declaraciones sencillas y directas. Los puritanos preferían este estilo para poder expresarse claramente, de acuerdo a sus creencias religiosas. En el siglo veinte, la poesía de Gustavo Adolfo Bécquer se conoce por su estilo sencillo.

Ver también *estilo.*

ESTRIBILLO / Refrain El *estribillo* o refrán es un grupo de versos que se repite a lo largo de un poema o una canción. Aunque algunos estribillos son versos sin sentido, muchos aumentan el suspenso o destacan a los personajes y el tema.

ESTROFA / Stanza La *estrofa* es un grupo de versos en un poema que se consideran una entidad. Muchos poemas se dividen en estrofas que se separan por una línea en blanco. Las estrofas funcionan con frecuencia como los párrafos en la prosa. Cada estrofa declara y desarrolla sólo una idea central. Las estrofas suelen nombrarse por el número de versos que tienen, por ejemplo:

1. Pareado: Estrofa de dos versos
2. Terceto: Estrofa de tres versos
3. Cuarteto: Estrofa de cuatro versos
4. Quinteto: Estrofa de cinco versos
5. Sextina: Estrofa de seis versos
6. Séptimo: Estrofa de siete versos
7. Octava o Copla: Estrofa de ocho versos

EXPRESIÓN IDIOMÁTICA / Idiomatic Expression La *expresión idiomática* es una expresión que tiene un significado particular en un idioma o una región. Por ejemplo, en español la expresión "tomar el pelo" a alguien significa burlarse de alguien.

FÁBULA / Fable La *fábula* es un cuento o poema corto, generalmente con personajes que son animales, que enseña una lección o moraleja. La moraleja comúnmente se presenta al final de la fábula.

FICCIÓN / Fiction La *ficción* es un género literario en prosa que narra hechos de personajes y sucesos imaginarios. Los cuentos y las novelas son obras de ficción. Algunos escritores basan sus historias de ficción en sucesos y personajes reales, agregando personajes inventados, diálogos, entornos y tramas. Otros escritores se basan solamente en la imaginación.

Ver *narración, no ficción* y *prosa.*

FIGURA LITERARIA / Figure of Speech Ver *lenguaje figurado.*

FINAL SORPRESA / Surprise Ending El *final sorpresa* es una resolución inesperada. El lector tiene cierta expectativa sobre el final basada en los detalles de la historia. Muchas veces, un final sorpresa es *presagiado,* o insinuado, en el transcurso de la obra.

Ver *presagio* y *trama.*

FOLCLOR / Folklore Las historias, leyendas, mitos, baladas, adivinanzas, dichos y otras obras tradicionales creadas oralmente por pueblos analfabetos o semi-analfabetos se conocen como *folclor.*

GÉNERO / Genre El *género* es una categoría o tipo de literatura. La literatura comúnmente se divide en tres géneros principales: la poesía, la prosa y el drama. Cada género principal se divide, a su vez, en subgéneros, como los siguientes:

1. *Poesía:* poesía lírica, poesía concreta, poesía dramática, poesía narrativa, poesía épica
2. *Prosa:* ficción (novelas y cuentos) y no ficción (biografía, autobiografía, cartas, ensayos e informes)
3. *Drama:* drama serio y tragedia, drama cómico, melodrama y farsa

Ver *drama, poesía* y *prosa.*

GÓTICO / Gothic *Gótico* se refiere al uso en la literatura de elementos primitivos, medievales, salvajes o misteriosos. En las novelas góticas figuran lugares como los castillos sombríos y misteriosos, donde ocurren sucesos sobrenaturales horrendos.

GROTESCO / Grotesque *Grotesco* se refiere al uso de elementos absurdos o fantásticos en la literatura. Lo grotesco se caracteriza generalmente por distorsiones o incongruencias marcadas. Los personajes grotescos son personajes que se han vuelto muy raros por su obsesión con una idea o valor o debido a un problema emotivo.

HAIKU / Haiku El *haiku* es una clase de poesía japonesa formada por tres versos. El primer y el tercer verso tienen cinco sílabas. El segundo verso tiene siete sílabas. El escritor de haiku utiliza imágenes para crear un dibujo único y vívido, comúnmente de una escena de la naturaleza.

HECHO Y OPINIÓN / Fact and Opinion Un *hecho* es algo que se puede comprobar. Los hechos se basan en evidencia. Las *opiniones* son ideas y se basan en la interpretación de la evidencia.

HÉROE / HEROÍNA / Hero / Heroine El *héroe* o la *heroína* es un personaje que actúa de una manera noble o que causa inspiración. Con frecuencia los héroes o heroínas luchan para superar obstáculos y problemas que encuentran en su camino. Originalmente la palabra héroe se usaba solamente para referirse a personajes masculinos, mientras los personajes femeninos heroicos siempre se llamaban heroínas. Hoy en día se acepta el uso de héroe para referirse tanto a las mujeres como a los hombres.

HIPÉRBOLE / Hyperbole La *hipérbole* es la exageración utilizada con frecuencia por su efecto cómico. En *Don Quijote de la Mancha* de Cervantes, se observa una hipérbole cuando don Quijote dice que sus logros fueron tan importantes que "treinta mil volúmenes se han impreso de mi historia, y lleva camino de imprimirse treinta mil veces de millares".

HUMORISMO / Humor El *humorismo* es una técnica que pretende evocar risa. Aunque el propósito de la mayoría de los humoristas es entretener, el humorismo puede utilizarse para transmitir un tema serio.

IDEA PRINCIPAL Y DETALLES / Main Idea and Details La *idea principal* es la idea más importante sobre un tema. Los *detalles* son partes pequeñas de información que apoyan la idea principal.

IDILIO / Idyll El *idilio* es un poema o una parte de un poema que describe la vida pastoral de una forma ideal. El poema "¡Antes de todo, gloria a ti, Leda!" de Rubén Darío es ejemplo de un idilio.

IMAGEN / Image Una *imagen* es una palabra o frase que apela a uno o más de los cinco sentidos: la vista, el oído, el tacto, el gusto o el olfato.

Ver también *imaginería.*

IMAGINERÍA / Imagery La *imaginería* es el lenguaje descriptivo o figurado que se utiliza en la literatura para crear dibujos de palabras para el lector. Estos dibujos, o imágenes, se crean utilizando detalles de vista, sonido, gusto, tacto, olor o movimiento.

IMAGISMO / Imagism El *imagismo* fue un movimiento literario que floreció entre 1912 y 1927. Encabezado por los poetas americanos Ezra Pound y Amy Lowell, los poetas imagistas rechazaron las formas y el lenguaje de la poesía del siglo XIX. En su lugar escribían poemas cortos que utilizaban lenguaje común y verso libre para crear ilustraciones nítidas, exactas y concentradas. La poesía de Pound ofrece ejemplos de imagismo.

INFERIR / Infer Cuando *inferimos* algo, sacamos una conclusión basada en un detalle que el autor presenta en el texto.

INFORMES PUBLICITARIOS / Media Accounts Los *informes publicitarios* son reportes, explicaciones, opiniones o descripciones que se escriben para la televisión, la radio, los periódicos y las revistas. Aunque algunos informes publicitarios informan solamente sobre hechos, otros incluyen pensamientos y reflexiones del escritor.

INSTRUCCIONES DE ESCENOGRAFÍA / Stage Directions Las *instrucciones de escenografía* son apuntes incluidos en un drama para describir cómo presentar o escenificar la obra. Las instrucciones de escenografía se escriben generalmente en cursiva, encerradas entre paréntesis o corchetes. Algunas instrucciones para el escenario describen los movimientos, el vestuario, los estados emotivos y la forma de hablar de los personajes.

INTERPRETACIÓN CONTEMPORÁNEA / Contemporary Interpretation La *interpretación contemporánea* es una obra literaria que responde e ilumina a una obra literaria previa y reconocida. Esta interpretación se puede referir a cualquier aspecto de la obra previa, incluso trama, personajes, entornos, imágenes, lenguaje y tema.

IRONÍA / Irony La *ironía* es el contraste entre lo que se dice y lo que se pretende decir o entre lo que se espera que ocurra y lo que ocurre realmente. En la *ironía verbal,* se utiliza una palabra o frase para sugerir lo contrario de su significado normal. En la *ironía dramática,* hay una contradicción entre lo que piensa un personaje y lo que sabe el lector o el público. En la *ironía situacional,* ocurre algo que contradice la expectativa de los personajes, el lector o el público.

***KENNING* / Kenning** El *kenning* es una frase metafórica utilizada en la poesía anglosajona para tomar el lugar de un sustantivo concreto.

LENGUAJE FIGURADO / Figurative Language El *lenguaje figurado* es el lenguaje escrito o hablado que no debe ser interpretado literalmente. Los diversos tipos de lenguaje figurado se conocen como *figuras literarias.* Las figuras literarias comunes incluyen la metáfora, la personificación y el símil. Los escritores utilizan el lenguaje figurado para expresar ideas de una manera vivaz e imaginativa.

Ver *metáfora, personificación, símil* y *símbolo.*

LENGUAJE LITERAL / Literal Language El *lenguaje literal* utiliza palabras en su significado normal. Es el opuesto del *lenguaje figurado.* Si le dices a alguien que está cocinando espárragos que los fría, estás usando un lenguaje literal. Si le dices a alguien en la calle que vaya a freír espárragos, estás usando lenguaje figurado.

LENGUAJE SENSORIAL / Sensory Language El *lenguaje sensorial* es la escritura o el habla que apela a uno o más de los cinco sentidos.

Ver *imágenes.*

LEYENDA / Legend La *leyenda* es una narración transmitida de generación en generación, que puede o no estar basada en hechos reales. Cada cultura tiene sus leyendas, o historias conocidas y tradicionales.

Ver *cuento folclórico, mito* y *tradición oral.*

LIMERICK / Limerick El *limerick* es un poema cómico de cinco versos con rima, métrica y un patrón de rima específicos. La mayoría de los *limerick* tienen tres acentos fuertes en las líneas 1, 2 y 5 y dos acentos fuertes en las líneas 3 y 4. La mayoría siguen el patrón de rima *aabba.*

LITERATURA FANTÁSTICA / Fantasy La *literatura fantástica* es un género literario caracterizado por la gran imaginación y la presencia de elementos que no se encuentran en la vida real. Entre los ejemplos de literatura fantástica se incluyen historias con elementos sobrenaturales, cuentos de hadas, historias con lugares y seres imaginarios e historias de ciencia ficción.

Ver *ciencia ficción.*

LITERATURA FOLCLÓRICA / Folk Literature La *literatura folclórica* es la colección de cuentos, leyendas, mitos, baladas, canciones, adivinanzas y otras obras que surgen de las tradiciones orales de los pueblos alrededor del mundo. La literatura folclórica de los Estados Unidos, incluso la de los pueblos indígenas y de los pioneros americanos, tiene tradiciones muy ricas.

MARCO / Exposition En la trama de una historia o drama, el *marco,* o introducción, es la parte de la obra en que se presenta a los personajes y se indica el entorno y la situación inicial.

Ver *trama.*

METÁFORA COMPLEJA / Extended Metaphor Del mismo modo que en la metáfora normal, en la alegoría o *metáfora compleja* se habla sobre un tema como si fuera otra cosa. Sin embargo, la alegoría se distingue de la metáfora normal en que se hace una serie de comparaciones relacionadas.

Ver *metáfora.*

METONIMIA / Metonym La *metonimia* es una figura literaria que sustituye algo estrechamente relacionado con una cosa, por la cosa misma.

Ver también *lenguaje figurado.*

MÉTRICA / Meter La *métrica* de un poema es su patrón rítmico. Este patrón se calcula según la cantidad de *sílabas,* o golpes, en cada verso. Para describir la métrica de un poema, léelo poniendo énfasis en las sílabas de cada verso. La escansión es el proceso de determinar las sílabas acentuadas y no acentuadas, como en el siguiente verso:

Une **vues**tros **dos** cami**nos**

Como se puede ver, en este verso de ocho sílabas, los acentos fuertes (indicados por las letras resaltadas) se sitúan en las sílabas impares, o sea en la primera, tercera, quinta y séptima sílabas.

MITO / Myth El *mito* es una historia inventada que explica las acciones de dioses o héroes o los orígenes de elementos de la naturaleza. Los mitos son parte de la tradición oral. Se componen oralmente y se transmiten de generación en generación verbalmente. Cada cultura antigua tiene su propia mitología, o colección de mitos. El conjunto de los mitos griegos y romanos se conoce como la *mitología clásica.*

Ver *tradición oral.*

MODERNISMO / Modernism El *modernismo* describe un movimiento internacional artístico a principios del siglo veinte. Los modernistas rechazaron formas anticuadas y experimentaron con lo nuevo. Los modernistas literarios —como Rubén Darío, Antonio Machado y Juan Ramón Jiménez— utilizaban imágenes como símbolos. Presentaban las experiencias humanas en fragmentos, no como unidad coherente, lo cual los llevó a los experimentos nuevos con las formas de la poesía y la ficción.

MOMENTO CULMINANTE / Turning Point

Ver *clímax.*

MONÓLOGO / Monologue Un *monólogo* en una obra de teatro es un discurso pronunciado por un personaje y se diferencia de un soliloquio en que es dirigido a otro u otros personajes. En la *Romeo y Julieta* de William Shakespeare, el discurso del príncipe de Verona en la escena I del Acto I es un ejemplo de monólogo.

Ver también *soliloquio.*

MORALEJA / Moral La *moraleja* es una lección que se enseña en una obra literaria. Una fábula suele terminar con una moraleja que se expresa directamente. Un poema, una novela, un cuento o un ensayo sugiere frecuentemente una moraleja que no se expresa directamente. En estos casos, la moraleja tiene que ser deducida por el lector, usando otros elementos de la obra.

Ver *fábula.*

MOTIVACIÓN / Motivation Ver *motivo.*

MOTIVO / Motive El *motivo* es una razón que explica completa o parcialmente los pensamientos, sentimientos, acciones o palabras de un personaje. Los escritores hacen lo posible por que los motivos, o motivaciones, de sus personajes estén claros. Si los motivos de un personaje principal no están claros, el lector no podrá creer en el personaje.

Muchas veces, los personajes están motivados por la necesidad, como tener comida y casa. También los motivan sentimientos como temor, amor y orgullo. Los motivos pueden ser obvios o estar ocultos.

NARRACIÓN / Narration La *narración* es un cuento o una novela que cuenta una historia. El acto de contar una historia se llama también narración. Cada obra es una *narrativa.* Una historia de ficción, no ficción, poesía o drama se llama narrativa.

Ver *narrativa, poema narrativo* y *narrador.*

NARRADOR / Narrator El *narrador* es una persona que habla o un personaje que cuenta una historia. Una historia o novela puede ser narrada por un personaje principal, un personaje secundario o alguien que no esté involucrado en la historia. El narrador puede hablar en primera persona o en tercera persona. Un *narrador omnisciente* lo sabe todo, mientras que un *narrador limitado* sabe solamente lo que hace un personaje.

Ver también *punto de vista.*

NARRADOR OMNISCIENTE / Omniscient Narrator Ver *narrador* y *punto de vista.*

NARRATIVA / Narrative La *narrativa* es una historia contada en las obras de ficción, no ficción, poesía o drama. Las narrativas se clasifican frecuentemente según su contenido o propósito. Una *narrativa de exploración* es un relato directo sobre los viajes de un explorador en una tierra nueva. La *narrativa histórica* es un relato sobre sucesos históricos importantes.

Ver también *narración.*

NATURALISMO / Naturalism El *naturalismo* fue un movimiento literario entre novelistas a finales del siglo XIX y durante las primeras décadas del siglo XX. Los naturalistas consideraban que las personas eran víctimas infelices de las leyes inmutables de la naturaleza. Entre los exponentes del naturalismo estaban los españoles Benito Pérez Galdós y Vicente Blasco Ibáñez, el argentino Eugenio Cambaceres y el puertorriqueño Manuel Zeno Gandía.

Ver también *realismo.*

NEOCLASICISMO / Neoclassicism El *neoclasicismo* fue un movimiento literario de la última parte del siglo diecisiete y el siglo dieciocho cuando los escritores se tornaban a los modelos y convenciones literarios clásicos grecolatinos. Igual que los ancianos, los neoclasicistas como Félix María Samaniego se enfocaron en el orden, la armonía, la moderación y lo ideal. Gran parte de la literatura neoclásica se basaba en temas relacionados con el comportamiento humano apropiado.

NO FICCIÓN / Nonfiction *No ficción* define el género en prosa que presenta y explica ideas o habla de personas, lugares, objetos o sucesos reales. Algunos tipos de no ficción son las autobiografías, las biografías, los informes, las cartas, los memos y los artículos periodísticos.

Ver *ficción.*

NOVELA / Novel La *novela* es una obra larga de ficción. Los elementos de la novela son: los personajes, la trama, el conflicto y el ambiente. El escritor de novelas, o el novelista, desarrolla estos elementos. Además de la trama principal, la novela puede tener una o más tramas secundarias, o historias independientes relacionadas. Una novela también puede tener varios temas.

Ver *ficción* y *cuento.*

NOVELA CORTA / Novella La *novela corta* es una obra de ficción más larga que un cuento pero más corta que una novela.

ODA / Ode La *oda* es un poema lírico largo y formal con un tema serio que puede tener una estructura tradicional de estrofas. A menudo, las odas se escriben para honrar a una persona, conmemorar eventos, responder a escenas naturales o contemplar problemas humanos serios.

Ver también *poema lírico.*

ONOMATOPEYA / Onomatopoeia La *onomatopeya* es el uso de palabras que imitan sonidos. Algunos ejemplos de onomatopeyas en español son *¡Zas!* (choque), *runrún* (zumbido), *tilín* (campanilla) y *clócló* (gallina). La onomatopeya puede ayudar a ubicar al lector dentro de la actividad de un poema.

ORATORIA / Oratory La *oratoria* es el acto de hablar en público de manera formal, persuasiva y llamativa.

OXÍMORON / Oxymoron El *oxímoron* es una figura literaria que consiste en la combinación de dos ideas opuestas o contradictorias. Un oxímoron, como "fuego helado", sugiere una paradoja en sólo algunas palabras.

Ver también *lenguaje figurado* y *paradoja.*

PALABRA POLISÉMICAS / Pun Se puede hacer un juego de palabras con *palabras polisémicas* que son palabras con dos o más significados o dos palabras que suenan iguales pero tienen significados distintos.

PARADOJA / Paradox La *paradoja* es una aclaración que parece ser contradictoria pero que es cierta realmente. Como las paradojas nos sorprenden, llaman la atención del lector a lo que se está diciendo.

Ver también *lenguaje figurado* y *oxímoron.*

PARAFRASEAR / Paraphrase *Parafrasear* es repetir una oración o una idea en tus propias palabras. Parafrasear nos puede ayudar a comprender mejor lo que leemos.

PARALELISMO / Parallelism El *paralelismo* es la repetición de una estructura gramática. El paralelismo se utiliza en la poesía y en otros escritos para hacer énfasis y conectar ideas relacionadas.

PAREADO / Couplet El *pareado* consiste en dos versos de poesía consecutivos con rima perfecta. Muchas veces, un pareado funciona como una estrofa.

PARODIA / Parody La *parodia* es una imitación humorística de una obra literaria, que exagera o distorsiona las características de la original.

PASTORAL / Pastoral El poema *pastoral* trata de ambientes rurales, incluso los pastores y la vida rústica. Tradicionalmente, los poemas pastorales han presentado una vista idealizada de la vida rural. Sin embargo, en los poemas pastorales del siglo XX, poetas como Juan Ramón Jiménez introdujeron elementos de metáfora y simbolismo en la poesía lírica.

PATRÓN RÍTMICO / Rhyme Scheme El *patrón rítmico* es un patrón regular de palabras que riman en un poema. Para indicar el patrón rítmico de un poema, se utilizan letras minúsculas. Cada rima se indica por una letra distinta.

PENTÁMETRO YÁMBICO / Iambic Pentameter El *pentámetro yámbico* es un verso de cinco pies yámbicos, en el que cada pie tiene dos sílabas: una sílaba no acentuada seguida por una sílaba acentuada como en la palabra "común", para un total de diez sílabas. El pentámetro yámbico puede rimar o no. El pentámetro yámbico que no rima se llama verso blanco.

Ver también *verso blanco* y *métrica.*

PERSONAJE / Character El *personaje* es una persona o animal que participa en la acción de una obra literaria. El personaje *principal* es el personaje más importante en una historia, un poema o una obra de teatro. El personaje *secundario* es el que participa en la acción pero no es el centro de la atención.

A veces, los personajes se clasifican como personajes planos o personajes redondos.

El *personaje plano* se caracteriza por una cualidad y es, con frecuencia, estereotípico.

Por el contrario, un *personaje redondo* es más complejo y se caracteriza por muchas cualidades, incluso virtudes y vilezas. Los personajes también se pueden clasificar como dinámicos o estáticos.

Los *personajes dinámicos* cambian o se desarrollan a lo largo de la obra. Los *personajes estáticos* no cambian.

Ver *caracterización*, *héroe / heroína* y *motivo.*

PERSONAJE DE CONTRASTE / Foil El *personaje de contraste* es un personaje con comportamiento y actitudes que contrastan con los del personaje principal.

PERSONAJE DINÁMICO / Dynamic Character Ver *personaje.*

PERSONAJE ESTÁTICO / Static Character Ver *personaje.*

PERSONAJE SECUNDARIO / Minor Character Ver *personaje.*

PERSONAJE PLANO / Flat Character Ver *personaje.*

PERSONAJE PRINCIPAL / Main Character Ver *personaje.*

PERSONAJE REDONDO / Round Character Ver *personaje.*

PERSONIFICACIÓN / Personification La *personificación* es una figura literaria en la que un sujeto inanimado recibe características humanas. En "Era una mañana y abril sonreía", Antonio Machado personifica el mes de abril. La personificación logra que las cosas o ideas parezcan tener vida, como si fueran humanas.

Ver también *lenguaje figurado.*

PERSPECTIVA / Perspective Ver *narrador* y *punto de vista.*

PERSUASIÓN / Persuasion La *persuasión* es la escritura o el habla que pretende convencer al lector o al público para que piense o actúe de cierta forma. Durante la Guerra de Independencia, líderes como Patrick Henry, Thomas Paine y Thomas Jefferson usaron la persuasión en sus argumentos políticos. La persuasión también se usa en las campañas publicitarias, los editoriales, los sermones y los discursos políticos.

PISTAS DEL CONTEXTO / Context Clues Puedes usar *pistas del contexto,* o palabras y frases que rodean una palabra desconocida, para determinar el significado de una palabra que no conoces.

POEMA CONCRETO / Concrete Poem El *poema concreto* es un poema con una disposición visual que sugiere el tema de la obra. El poeta dispone las letras, la puntuación y las líneas para crear una imagen o dibujo en la página.

POEMA LÍRICO / Lyric Poem El *poema lírico* es una poesía musical que expresa las observaciones y los sentimientos de un narrador. El poema crea una impresión singular y unificada.

POEMA NARRATIVO / Narrative Poem El *poema narrativo* cuenta una historia en verso. Hay tres tipos de verso narrativo: las *baladas,* o poemas que parecen canciones y cuentan historias; las *épicas,* o poemas largos sobre las hazañas de dioses o héroes; y los *romances,* o poemas que cuentan historias de amor y caballería.

Ver también *balada.*

POESÍA / Poetry La *poesía* es uno de los tres géneros literarios principales; los otros son la prosa y el drama. La mayoría de los poemas utilizan un lenguaje muy conciso, musical y cargado de emoción. Muchos poemas también utilizan imágenes, lenguaje figurado y técnicas especiales como la rima. Los tipos más importantes de poesía incluyen la *poesía lírica, narrativa* y *concreta.*

Ver *poema concreto, género, poema lírico* y *poema narrativo.*

POESÍA ANGLOSAJONA / Anglo-Saxon Poetry La poesía rítmica compuesta en inglés antiguo antes del 1100 d. C. se conoce como *poesía anglosajona.* Suele tener cuatro sílabas acentuadas y una cantidad indefinida de sílabas no acentuadas en cada verso. Cada verso se divide por una cesura, o pausa, y las dos mitades se unen por la aliteración de dos o tres de las sílabas acentuadas.

La poesía anglosajona se cantaba acompañada por un arpa primitiva; no se escribía sino que se transmitía oralmente.

Ver también *aliteración, cesura* y *kenning.*

POESÍA DRAMÁTICA / Dramatic Poetry La *poesía dramática* es la que utiliza las técnicas del drama. El diálogo utilizado en "La Dragontea" de Félix Lope de Vega es un ejemplo de la poesía dramática. Un monólogo dramático es un poema hablado por una persona dirigiéndose a un oyente silencioso.

POESÍA METAFÍSICA / Metaphysical Poetry El término *poesía metafísica* describe las obras del poeta inglés John Donne y el español Francisco de Quevedo. Las características de la poesía metafísica incluyen los juegos intelectuales, el argumento, las paradojas, la ironía, los conceptos detallados y poco comunes, las incongruencias y los ritmos del habla diaria.

PREDECIR / Predict Al *predecir* algo, o hacer predicciones, usamos el texto, gráficas y conocimientos previos para anticipar lo que puede ocurrir en un cuento o lo que puedes aprender de un texto. A medida que lees, la información nueva te puede llevar a predicciones nuevas o a cambiar tu predicción.

PRESAGIO / Foreshadowing El *presagio* es la forma en que el autor utiliza pistas para sugerir lo que podría pasar más adelante en la historia. Los escritores utilizan el presagio para acrecentar la expectativa de los lectores y generar suspenso.

PROBLEMA / Problem Ver *conflicto.*

PROPÓSITO DEL AUTOR / Author's Purpose El *propósito del autor* es la razón principal por la cual escribe. Por ejemplo, un autor puede tener la intención de entretener, informar o persuadir al lector o expresar algo. A veces el autor intenta enseñar una moraleja o reflexionar sobre una experiencia. Un autor puede tener más de un propósito al escribir.

PROSA / Prose La *prosa* es la forma común del lenguaje escrito. La mayoría de la escritura que no es poesía, drama o canción se considera prosa. La prosa es uno de los géneros literarios principales y puede ser de ficción o de no ficción.

Ver *ficción, género* y *no ficción.*

PROTAGONISTA / Protagonist El *protagonista* es el personaje principal en una obra literaria. Muchas veces, el protagonista es una persona, pero puede ser también un animal.

Ver *antagonista* y *personaje.*

PUNTO DE VISTA / Point of View El *punto de vista* es la perspectiva desde la cual se cuenta una historia. Esta perspectiva es la de un narrador situado fuera de la historia o un personaje dentro de la historia. Cuando la perspectiva es el *punto de vista de la primera persona,* un personaje que utiliza el pronombre "yo" narra la historia.

Los dos tipos de *punto de vista de tercera persona,* limitado y omnisciente, se llaman "tercera persona" porque el narrador utiliza pronombres de tercera persona, como "él" y "ella", para referirse a los personajes. No hay un "yo" que cuenta la historia. En los relatos hechos desde el *punto de vista de tercera persona omnisciente,* el narrador sabe y cuenta lo que cada personaje siente y piensa. En los relatos hechos desde el *punto de vista de tercera persona limitada,* el narrador relata los pensamientos y sentimientos internos de un personaje solamente y todo se ve desde la perspectiva de ese personaje.

Ver *narrador.*

REALISMO / Realism El *realismo* es la presentación en arte de los detalles de la vida real. El realismo fue también un movimiento literario que comenzó durante el siglo diecinueve y se enfocó en lo real al contrario de lo imaginativo o fantástico. Los realistas pretendían escribir objetivamente acerca de los personajes comunes en situaciones comunes. Ellos reaccionaron contra el romanticismo y rechazaron temas heroicos, de aventuras o desconocidos. Los naturalistas, quienes siguieron a los realistas, trazaron los efectos de la herencia o el ambiente sobre las personas incapaces de cambiar su situación.

RECURSOS RETÓRICOS / Rhetorical Devices Los *recursos retóricos* son usos especiales de palabras e ideas que crean énfasis y provocan emoción, sobre todo en los discursos u otras presentaciones orales. El *paralelismo,* por ejemplo, es la repetición de una estructura gramatical que se usa para crear ritmo y darle énfasis a las palabras.

Otras técnicas retóricas comunes incluyen la *reformulación,* o expresar la misma idea en palabras distintas, y las preguntas *retóricas,* que son preguntas con respuestas obvias.

REGIONALISMO / Regionalism El *regionalismo* en la literatura es la tendencia de ciertos autores a escribir sobre áreas geográficas específicas. Las obras de escritores regionalistas, como Willa Cather y William Faulkner, describen la cultura particular de un área incluso el habla, las costumbres, las creencias y la historia. La escritura del color local de una región puede considerarse un tipo de regionalismo. Los escritores regionalistas del sur de los Estados Unidos de la década de 1920 suelen ir más allá de la mera presentación de la idiosincrasia cultural y suplir un trato sociológico o antropológico más sofisticado de la cultura de una región.

RENACIMIENTO DE HARLEM / Harlem Renaissance El *Renacimiento de Harlem,* que ocurrió durante la década de 1920 hasta 1930, fue una época de la creatividad afroamericana centrada en Harlem, un vecindario afroamericano en la ciudad de Nueva York. Algunos escritores del Renacimiento de Harlem son Countee Cullen, Claude McKay, Jean Toomer y Langston Hughes.

REPETICIÓN / Repetition La *repetición* es el uso, varias veces, de cualquier elemento del lenguaje, como sonidos, palabras, frases, cláusulas u oraciones. La repetición se usa en la prosa al igual que en la poesía.

Ver *aliteración, métrica, trama, rima* y *patrón rítmico.*

RESOLUCIÓN / Resolution La *resolución* es el resultado final del conflicto en una trama.

Ver *trama.*

RESUMIR / Summarize Al *resumir,* repetimos las ideas principales de un texto o los sucesos de una trama. En un resumen, dejamos fuera los detalles de apoyo.

RIMA / Rhyme La *rima* es la repetición de los sonidos al final de las palabras. Las palabras que riman tienen sonidos vocálicos idénticos en sus sílabas finales acentuadas. Las consonantes antes de las vocales pueden ser distintas, pero cualquier consonante que esté después de estas vocales es igual, como en las palabras *común* y *atún* o *corridas* y *comidas*. La rima final ocurre cuando las rimas se repiten al final del verso. La rima interna ocurre cuando las rimas ocurren dentro del verso. La **rima imperfecta** ocurre cuando hay equivalencia en las vocales pero no en las consonantes, como en las palabras *cuna* y *fuma*.

Ver **patrón rítmico.**

RITMO / Rhythm El **ritmo** es el patrón de sílabas acentuadas y no acentuadas en el lenguaje hablado o escrito.

Ver **métrica.**

ROMANCE / Romance El **romance** es la historia que presenta sucesos remotos o imaginarios en lugar de experiencias comunes y realistas. La palabra **romance** tiene origen en las historias medievales de las hazañas y los amores de los caballeros nobles y sus damas. Algunos ejemplos de estos primeros romances, o cuentos de caballería y amor cortés, son las obras *Amadís de Gaula* y *Palmarín de Oliva de España*. En español, el término **romance** se refiere a un poema característico de la tradición oral.

ROMANTICISMO / Romanticism El **romanticismo** fue un movimiento literario y artístico del siglo diecinueve que surgió como reacción al neoclasicismo del siglo dieciocho, y que valoró sobre todo la imaginación, la emoción, la naturaleza, la individualidad y el exotismo. Se encuentran elementos románticos en obras tan diversas como las de Jorge Isaacs, Domingo Sarmiento y Gustavo Bécquer. El romanticismo es muy característico de las obras de los trascendentalistas.

Ver también **clasicismo** y **trascendentalismo.**

SACAR CONCLUSIONES / Draw Conclusions Cuando **sacamos conclusiones,** tomamos decisiones bien pensadas o damos una opinión razonable después de pensar en los hechos y los detalles de la lectura.

SALMO / Psalm El **salmo** es una canción sagrada o poema lírico que alaba a Dios.

SÁTIRA / Satire La **sátira** es la escritura que se burla o critica a individuos, ideas, instituciones, convenciones sociales u otras obras de arte o literatura. El escritor satírico puede utilizar un tono tolerante y compasivo o un tono enfadado y amargado. Algunas sátiras se escriben en prosa y algunas, en verso.

SECUENCIA DE SONETOS / Sonnet Sequence La **secuencia de sonetos** es la serie o grupo de sonetos, generalmente escritos para o sobre un ser amado. Aunque cada soneto puede existir como poema único, la secuencia le permite al poeta trazar el desarrollo de una relación o examinar distintos aspectos de un tema.

SELECCIÓN DE PALABRAS / Word Choice Ver **dicción.**

SERMÓN / Sermon El **sermón** es el discurso que ofrece instrucción religiosa o moral. Por ejemplo, el Sermón en la montaña dado por Jesús desde una montaña en Galilea contiene las enseñanzas básicas del cristianismo.

SIMBOLISMO / Symbolism El **simbolismo** es el uso de símbolos. El simbolismo juega un papel importante en muchos tipos de literatura. Puede destacar ciertos elementos que el autor desea enfatizar y agregar también niveles de significado.

SÍMBOLO / Symbol El **símbolo** es cualquier cosa que representa o significa otra cosa. Los símbolos están presentes en la vida diaria. Una paloma blanca con una rama de olivo en el pico es símbolo de paz. Una mujer con los ojos vendados sosteniendo una balanza en posición de equilibrio es símbolo de justicia. Una corona es el símbolo del estatus y autoridad del rey.

SÍMIL / Simile El **símil** es una figura literaria que utiliza la palabra "como" para hacer una comparación directa entre dos ideas distintas. Muchas veces, se usan símiles en el habla diaria, por ejemplo decir "atrevido como un león", "fuerte como un roble" y "bueno como el pan".

SÍMIL ÉPICO / Epic Simile Un **símil épico,** conocido también como **símil homérico,** es una comparación muy detallada de temas distintos. En este ejemplo de *La Odisea,* Homero compara los cuerpos de hombres que Odisea ha matado con la pesca que un pescador ha juntado a la orilla del mar:

> Piensa en los peces que un pescador arrastra hacia la bahía encorvada como una media luna
>
> de las olas espumosas del mar a una red de mallas finas: como todos se arrojan sobre la arena, agonizando por la sal del mar,
>
> temblando, sus vidas desvaneciéndose bajo el sol ardiente: yacen los pretendientes amontonados unos contra otros.

SOLILOQUIO / Soliloquy El **soliloquio** es un discurso largo en una obra de teatro o de prosa, hecho por un personaje que está solo y de esta manera revela sus

pensamientos y sentimientos privados al público o
al lector.

SONETO / Sonnet El *soneto* es un poema lírico de
catorce versos enfocado en un tema. Los sonetos pueden
tener muchas variaciones pero normalmente se escriben
en el pentámetro yámbico y siguen uno de los dos
patrones tradicionales: el soneto Petrarquesco, o italiano,
que se divide en la octava de ocho versos y la sextina de
seis versos; y el soneto inglés, o de Shakespeare, que
consiste de tres cuartetos y un pareado al final.

Ver también *poema lírico.*

SUBESTIMACIÓN / Understatement La *subestimación*
es una figura literaria en que se describe algo con palabras
que le dan menos importancia de lo que realmente tiene. Es
lo contrario de la *hipérbole,* que es una exageración hecha
a propósito.

SUBLIME / Sublime *Sublime* define un efecto literario
que se crea cuando un escritor confronta un poder o
misterio de la naturaleza que excede la comprensión
humana. El efecto se logra al representar lo infinito o
interminable en términos sensoriales.

SUSPENSO / Suspense El *suspenso* es un sentimiento
de incertidumbre y ansiedad sobre la resolución de los
sucesos en una obra literaria. Los escritores generan
suspenso al plantear preguntas en la mente del lector.

TÉCNICAS SONORAS / Sound Devices Las *técnicas
sonoras* son técnicas que utilizan los escritores para
darle un efecto musical a la escritura. Algunas de estas
técnicas son onomatopeya, aliteración, rima, métrica
y repetición.

TEMA / Theme El *tema* es el mensaje central en una
obra literaria. Un tema puede expresarse como una
generalización, o declaración general, sobre los seres
humanos o la vida. El tema de la obra no es un resumen
de la trama. El tema es la idea central del escritor.

Aunque un tema pueda expresarse directamente en el
texto, con más frecuencia se presenta indirectamente.
Cuando el tema se expresa indirectamente, o se insinúa,
el lector tiene que descifrar el tema mirando lo que la
obra revela sobre la gente o la vida.

TEMA UNIVERSAL / Universal Theme El *tema
universal* es un mensaje sobre la vida que se expresa
habitualmente en muchas culturas y épocas distintas.
Los cuentos folclóricos, las épicas y los romances
muchas veces se enfocan en temas universales como la
importancia del valor, la fuerza del amor o el peligro de
la avaricia.

TEXTO EXPOSITIVO / Expository Writing El *texto
expositivo* tiene como objetivo explicar o informar sobre
un tema.

Ver *ironía* y *moraleja.*

TONO / Tone El *tono* de una obra literaria es la actitud
del escritor hacia su público y materia. A menudo, el
tono puede describirse con solamente un adjetivo,
como *formal* o *informal; serio* o *juguetón; amargo;*
o *irónico.* Los factores que contribuyen al tono son
selección de palabras, estructura de las oraciones,
longitud de versos, rima, ritmo y repetición.

TOQUE CÓMICO / Comic Relief El *toque cómico*
es una técnica que se utiliza para interrumpir una parte
seria de una obra literaria al introducir un personaje o
una situación cómica.

TRADICIÓN / Tradition En el estudio y la práctica
literaria, una tradición es un conjunto de obras
desarrollado a lo largo de la historia. Una tradición
literaria puede definirse según su forma (la tradición
del soneto), el lenguaje (la literatura en inglés) o la
nacionalidad (la literatura inglesa). Una tradición se
desarrolla cuando se reconocen ciertas obras, formas
y estilos como clásicos. También se desarrolla cuando
ocurren reevaluaciones críticas, como cuando el poeta
T. S. Eliot, al principio del siglo veinte, levantó al poeta
John Donne de las sombras de la oscuridad crítica y la
desaprobación. Los escritores participan en una tradición
aunque sea por utilizar formas y temas apropiados en
la literatura. Participan conscientemente en la tradición
cuando utilizan alusiones, historias o formas de la
literatura pasada para darle autoridad a sus obras.

TRADICIÓN ORAL / Oral Tradition La *tradición oral*
es la transmisión verbal de canciones, cuentos y poemas,
de generación en generación. Las canciones y los cuentos
folclóricos, las leyendas y los mitos tienen su origen en la
tradición oral. Nadie sabe quién fue el creador de estos
cuentos y poemas.

Ver *cuento folclórico, leyenda* y *mito.*

TRAGEDIA / Tragedy La *tragedia* es una obra de
literatura, especialmente una obra de teatro, en la
que la acción termina en catástrofe para el personaje
principal. En el drama de la antigua Grecia, el personaje
principal era siempre una persona muy importante —un
rey o héroe— y la causa de la catástrofe era un defecto
trágico, o debilidad, en su carácter. El héroe trágico se
enredaba en una secuencia de sucesos que resultaban
inevitablemente en el desastre. En el drama moderno, el
personaje principal puede ser una persona ordinaria, y la

causa de la tragedia puede ser algún mal de la sociedad misma. El propósito de la tragedia no es tan sólo crear sentimientos de miedo y compasión entre el público, sino también en algunos casos transmitir valores de grandeza y nobleza del espíritu humano.

TRAMA / Plot La *trama* es la secuencia de sucesos donde cada acción resulta de un hecho anterior y causa el próximo suceso. En la mayoría de las novelas, los dramas, los cuentos y los poemas narrativos, la trama contiene personajes y también un conflicto central. La trama suele comenzar con un **marco** que introduce el entorno, los personajes y la situación básica. A esto

le sigue el ***incidente instigador***, que introduce el conflicto central. Así, el conflicto aumenta durante el ***desarrollo*** hasta llegar a un punto alto de interés o suspenso, que es el ***clímax*** o momento culminante. El clímax está seguido por la ***acción descendente***, o final, del conflicto central. Los sucesos que ocurren durante la ***acción descendente*** son parte de la ***resolución*** o el ***desenlace***.

Algunas tramas no tienen todas estas partes. Algunas historias comienzan con el incidente instigador y terminan con la resolución.

Ver ***conflicto.***

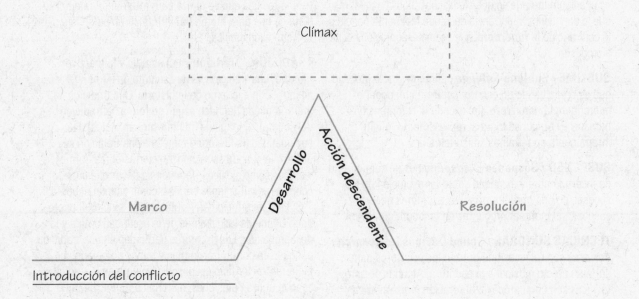

TRASCENDENTALISMO / Transcendentalism El *trascendentalismo* fue un movimiento estadounidense literario y filosófico del siglo diecinueve. Los trascendentalistas, miembros del movimiento que se inició en Nueva Inglaterra, creían que la intuición y la conciencia individual "trascienden" la experiencia y por lo tanto son mejores guías a la verdad que los sentidos y la razón lógica. Influenciados por el Romanticismo, los trascendentalistas respetaban el espíritu individual y el mundo natural, al creer que la divinidad existía en cualquier parte de la naturaleza y de cada persona. Entre los trascendentalistas estaban escritores estadounidenses como Ralph Waldo Emerson, Henry David Thoreau, Bronson Alcott, W. H. Channing, Margaret Fuller y Elizabeth Peabody.

Ver también *romanticismo.*

UNIDAD MÉTRICA / Foot Ver *métrica.*

VERSO BLANCO / Blank Verse El *verso blanco* es la poesía escrita en estrofas de métrica yámbica sin rima. Esta forma de la poesía fue muy utilizada por el dramaturgo inglés William Shakespeare y también por otros escritores ingleses.

Ver también *métrica.*

VERSO CON PAUSA GRAMATICAL / End-Stopped Line El *verso con pausa gramatical* ocurre cuando el final del verso coincide con una pausa métrica o con el significado. Esta pausa al final del verso se señala muchas veces con punto, coma, raya o punto y coma.

VERSO LIBRE / Free Verse El *verso libre* es la poesía que se escribe sin un patrón rítmico regular, o sea sin métrica. El poeta tiene la libertad de escribir versos de cualquier longitud o con cualquier número de acentos, o golpes. El verso libre tiene, por ende, menos restricciones que el verso métrico, en el cual cada verso debe tener cierta longitud y cierto número de acentos.

Ver *métrica.*

VERSO NO RÍTMICO / Sprung Verse El termino *verso no rítmico* fue usado por un poeta estadounidense, Gerard Manley Hopkins, para describir la métrica irregular de sus poemas. El ritmo varía mucho y rompe las reglas de la métrica tradicional al tener varios acentos fuertes seguidos o versos con más de dos acentos débiles.

VILLANELLA / Villanelle La *villanella* es una clase de poesía lírica italiana de diecinueve estrofas escritas en cinco estrofas de tres versos y terminando en una estrofa de cuatro versos. Utiliza dos rimas y repite dos estribillos de dos versos que aparecen inicialmente en el primer y el tercer verso de la primera estrofa. Estos versos aparecen luego como el tercer verso de las siguientes estrofas de tres líneas y finalmente como los últimos dos versos del poema.

VOZ / Voice *Voz* se refiere al "sonido" o la forma de "hablar" particular de un escritor. Está relacionado con elementos como selección de palabras, estructura de oraciones y tono. Se parece al estilo de habla de una persona y se puede describir de la misma manera: rápido, lento, brusco, con digresiones y jadeante, entre otras.

La voz se parece al *estilo,* la forma en que un autor típicamente escribe, pero el estilo normalmente se refiere a una característica que se observa en todas las obras de un autor, mientras que la voz de un autor puede variar de obra en obra.

Ver también *estilo.*

Consejos para las conversaciones sobre literatura / Tips For Talking About Literature

A medida que lees y estudias literatura, las conversaciones con otros lectores te pueden ayudar a comprender y disfrutar de lo que has leído. Toma en cuenta estos consejos:

- **Identifica el propósito de la discusión**

El propósito de conversar sobre temas literarios es ampliar la comprensión de una obra al poner a prueba tus propias ideas y escuchar las ideas de otros. No te desvíes del tema y enfoca tus comentarios sobre lo que se está discutiendo. Comenzar con una pregunta específica te ayudará a guiar la discusión.

- **Comunícate eficazmente**

La comunicación eficaz requiere pensar antes de hablar. Planifica los argumentos que deseas presentar y decide cómo puedes expresarlos. Organiza estos argumentos en un orden lógico y utiliza detalles del texto para apoyar tus ideas. Toma apuntes informales para mantener enfocadas tus ideas.

Recuerda que tienes que hablar claro y pronunciar las palabras lenta y cuidadosamente. Además, escucha atentamente cuando los demás hablen y evita interrumpirlos.

- **Considera otras ideas e interpretaciones**

Una obra literaria puede generar una amplia variedad de reacciones según el lector. Adopta una actitud abierta ante la idea de que muchas interpretaciones pueden ser correctas. Para apoyar tus propias ideas, señala los sucesos, descripciones, personajes u otros elementos literarios de la obra que te llevaron a esta interpretación. Para considerar las ideas de otra persona, decide si los detalles de la obra apoyan la interpretación que él o ella presenta. Asegúrate de expresar la crítica de las ideas de otros en forma respetuosa.

- **Haz preguntas**

Haz preguntas para aclarar la comprensión de las ideas de otro lector. También puedes utilizar preguntas para llamar la atención a las áreas que puedan generar dudas, los puntos que se puedan discutir o los errores en los argumentos del hablante. Para continuar una discusión, se hace un resumen y se evalúan las conclusiones de los miembros del grupo.

Cuando te reúnas en grupo para conversar sobre literatura, utiliza una tabla como la siguiente para analizar la discusión.

Pregunta específica:

Tu reacción:	Reacción de otro alumno:
Argumentos:	Argumentos:

Consejos para mejorar la fluidez en la lectura / Tips for Improving Your Reading Fluency

Cuando eras más joven, aprendiste a leer. Luego, leías para ampliar tus experiencias o simplemente por placer. Ahora, debes leer para aprender. A medida que avanzas en la escuela, recibes cada vez más material de lectura. Los consejos en estas páginas te ayudarán a leer con más fluidez, o sea con facilidad, y con la expresión correcta.

Mantener la concentración

Un problema común que enfrenta el lector es la pérdida de concentración. Cuando estás leyendo una tarea, puedes notar que vuelves a leer la misma oración varias veces sin comprenderla realmente. El primer paso para cambiar este hábito es darte cuenta de ello. Llegar a ser un lector activo y consciente te ayudará a sacar mayor provecho de las tareas. Practica estas estrategias:

- Mientras lees, tapa con un cartón pequeño lo que ya has leído. De esta forma, no podrás volver a leer sin darte cuenta de que estás leyendo lo mismo de nuevo.

- Fija un propósito para la lectura más allá de completar la tarea. Luego, lee activamente, haciendo pausas para hacer preguntas sobre el material que acabas de leer.

- Utiliza las instrucciones y notas de las Estrategias de Lectura / Reading Strategy que acompañan cada selección en este libro.

- Haz una pausa en la lectura después de cierta cantidad de tiempo (por ejemplo, 5 minutos) y resume lo que has leído. Para ayudarte con esta estrategia, utiliza las preguntas de Repaso de la lectura que acompañan cada selección en este libro. Lee de nuevo para buscar cualquier respuesta que no sepas contestar.

Leer frases

Los lectores competentes leen frases en vez de palabras individuales. Leer de esta forma te permite leer más rápidamente y entender más. Algunas ideas prácticas son:

- Los expertos recomiendan la estrategia de la lectura repetida para aumentar la fluidez. Escoge una selección del texto que no sea ni muy difícil ni muy fácil. Lee la misma selección en voz alta varias veces hasta que la puedas leer de forma fluida y sin errores. Cuando puedas leer la selección con fluidez, escoge otra selección y sigue practicando.

- Lee en voz alta con una grabadora. Luego, escucha la grabación y presta atención a la precisión, el ritmo y la expresión. También puedes leer en voz alta y compartir tus observaciones con un(a) compañero(a).

- Utiliza los discos compactos del programa (*Hear It! Prentice Hall Literature Audio program*) para escuchar las selecciones leídas en voz alta. Mientras escuchas, sigue la lectura en tu libro y observa cómo el lector utiliza la voz y pone énfasis en ciertas palabras y frases.

Entender vocabulario clave

Si no comprendes algunas palabras de una tarea, es posible que pierdas conceptos importantes. Por lo tanto, es útil tener cerca un diccionario cuando estés leyendo. Sigue estos pasos:

- Antes de comenzar a leer, ojea el texto e identifica palabras o términos desconocidos. Averigua el significado de estas palabras antes de comenzar a leer.

- Utiliza el contexto —las palabras, frases y oraciones que rodean lo que lees— como ayuda para determinar los significados de las palabras desconocidas.

- Si no entiendes el significado utilizando el contexto, consulta el diccionario.

Prestar atención a la puntuación

Cuando lees, presta atención a la puntuación. Las comas, los puntos, los puntos de exclamación, los punto y comas y los dos puntos indican cuándo tienes que hacer una pausa. Indican también la relación entre grupos de palabras. Cuando reconoces estas relaciones, podrás mejorar la comprensión y la expresión. Observa esta tabla:

Signo de puntuación	Significado
coma	pausa breve
punto	pausa al final de una idea
signo de exclamación	pausa que indica intensidad
punto y coma	pausa más larga que la coma y más breve que el punto
dos puntos	pausa para llamar la atención a lo que sigue

Uso de la Lista de fluidez en la lectura

Utiliza la lista que sigue cada vez que leas una selección del libro. En tu Cuaderno de lenguaje o en otro cuaderno, anota las destrezas que necesitas mejorar y sigue tu progreso cada semana.

Lista de fluidez en la lectura

- Ojea el texto e identifica palabras difíciles o desconocidas.
- Practica la lectura en voz alta.
- Lee respetando la puntuación.
- Separa las oraciones largas en dos partes: el tema y el significado.
- Lee grupos de palabras para obtener el significado, en vez de leer palabras individuales.
- Lee con expresión (cambia el tono de voz para darle significado a las palabras).

La lectura es una habilidad que se puede mejorar con la práctica. Leer es la clave para mejorar la fluidez. Mientras más leas, más destrezas de lectura adquirirás.

Categoría gramatical / Parts of Speech

ADJETIVOS / Adjectives El **adjetivo** es una palabra que describe o le da un significado más específico a un sustantivo o un pronombre. Los adjetivos responden a las preguntas *¿qué tipo?, ¿cuál?, ¿cuántos / as?* o *¿cuánto?*

El **adjetivo gentilicio** es un adjetivo que expresa origen o nacionalidad. Cuando esto, ese y aquel aparecen inmediatamente antes del adjetivo, estas palabras funcionan como **adjetivos demostrativos.**

ADVERBIOS / Adverbs El **adverbio** modifica un verbo, un adjetivo u otro adverbio. Los adverbios responden a las preguntas *dónde, cuándo, de qué manera* o *hasta qué punto.*

CONJUNCIONES / Conjunctions La **conjunción** es una palabra que une otras palabras o grupos de palabras. La **conjunción coordinante** (coordinating conjunction) conecta tipos o grupos semejantes de palabras.

La **conjunción subordinada** conecta dos ideas completas en la que una de ellas es la idea principal y la otra es la secundaria.

Lo conocerías *si* lo vieras.

INTERJECCIONES / Interjections La **interjección** es una palabra que expresa sentimientos o emociones y tiene independencia sintáctica.

—*¡Ay!* —dijo cuando...

PREPOSICIONES / Prepositions La **preposición** relaciona a un sustantivo o un pronombre que lo sigue con otra palabra de la oración.

La pelota rodó *debajo* de la mesa.

PRONOMBRES / Pronouns El **pronombre** es una palabra que reemplaza al sustantivo o cualquier palabra que actúa como sustantivo. El **pronombre personal** (personal pronoun) se refiere a (1) la persona que habla, (2) la persona a quien se habla o (3) la persona, el lugar o la cosa de la que se habla.

	Singular	Plural
Primera persona	yo, mí (conmigo)	nosotros / as
Segunda persona	tú, usted, ti (contigo), sí (consigo)	ustedes, vosotros / as, sí (consigo)
Tercera persona	él, sí (consigo), ella, sí (consigo),	ellos / as, sí (consigo), ello

El **pronombre demostrativo** (demonstrative pronoun) designa a una persona, cosa o lugar específico.

Éstas son las peras más jugosas que me he comido.

El **pronombre interrogativo** (interrogative pronoun) se utiliza para hacer una pregunta.

¿Quién es el autor de esa canción?

El **pronombre indefinido** (indefinite pronoun) se refiere a una persona, un lugar o una cosa que no es específica.

Algunos de los jugadores estaban cansados.

Espero que me traigan *algo*.

El **pronombre reflexivo** es una palabra que se usa cuando el sujeto hace algo a sí mismo. Los pronombres reflexivos son: *me, te, se, nos, os*.

SUSTANTIVOS / Nouns El **sustantivo** es el nombre de una persona, de un lugar o una cosa. El **nombre común** (common noun) se usa para identificar a una persona, un lugar o una cosa cualquiera. El **nombre propio** (proper noun) se usa para identificar a una persona, un lugar o una cosa específica.

Nombre común	*Nombre propio*
escritor	Francisco Jiménez

VERBOS / Verbs El **verbo** es una palabra que indica una acción que ocurre o que alguien ejecuta, un tiempo específico, una condición o la simple existencia de algo. Un **verbo copulativo** (linking verb) une el sujeto con un atributo que representa o describe el sujeto. Un **verbo auxiliar** (helping verb) es un verbo que sirve para formar formas compuestas de los verbos o perífrasis verbales.

El **gerundio** es la forma invariable no personal del verbo que se forma con las terminaciones *-ando, -iendo* o *-yendo*. La perífrasis o frase con el gerundio se usa para expresar una acción progresiva o un matiz emotivo o enfático.

Estuvimos conversando toda la noche.

La **oración de infinitivo** se forma con una cláusula subordinada que tiene un verbo en infinitivo.

Quisiera *ir al cine por la tarde*.

Oraciones, frases y cláusulas / Sentences, Phrases, and Clauses

CLÁUSULAS / Clauses La **cláusula** es un grupo de palabras con un sujeto y un verbo. La **cláusula independiente** es una oración completa.

"Creo que es de Rachel".

La **cláusula subordinada** (subordinate clause) tiene sujeto y verbo pero no constituye una oración por sí sola; sólo puede ser parte de una oración.

"Aunque llegó tarde"

La **cláusula principal** tiene un sujeto y un verbo y funciona como una oración completa.

La **cláusula subordinada** tiene un sujeto y un verbo pero depende de la cláusula principal; constituye sólo una parte de la oración.

La **cláusula adjetival** es una cláusula subordinada que modifica a un sustantivo o a un pronombre. Cumplen con la función de adjetivo respondiendo a la pregunta *qué clase / tipo* o *cuál*.

Se busca a un empleado *que sea muy trabajador*.

La **cláusula adverbial** modifica al verbo, al adjetivo o a un adverbio. Cumplen con la misma función de los adverbios y responde a las preguntas: *dónde, cuándo, en qué forma, hasta qué punto, en qué condiciones* y *porqué*.

El cazador fue *adonde se encontraba su presa*.

La **cláusula nominal** es una cláusula subordinada que cumple con la función de sustantivo.

La madre dijo *que llamaría*.

Paralelismo se refiere al uso de estructuras gramaticales similares para expresar ideas similares. Las oraciones con estructuras paralelas contienen estructuras gramaticales repetidas o tipos de frases o cláusulas repetidas dentro de una oración.

FRASES / Phrases La frase es un grupo de palabras, sin sujeto ni verbo, que actúa como una categoría gramatical.

La **frase preposicional** (prepositional phrase) es un grupo de palabras que incluye una preposición y un sustantivo o pronombre que actúa como el objeto de la preposición.

cerca del pueblo *con* ellos

La **frase adjetival** (adjective phrase) es una frase preposicional que modifica a un sustantivo o pronombre al indicar de qué tipo es o cuál es.

La casa *de la esquina* es nueva.

La **frase adverbial** (adverb phrase) es una frase preposicional que modifica a un verbo, un adjetivo o a un adverbio al indicar dónde, cuándo, cómo o cuánto.

Trae tu silla de montar *al establo*.

La **frase apositiva**, o **aposición** (appositive phrase), es un sustantivo o un pronombre con modificadores, que se coloca al lado de otro sustantivo o pronombre para agregar información y detalles.

El cuento, *un cuento de aventuras*, se desarrolla en el territorio Yukon.

En la **frase adverbial de participio** (participial phrase), el verbo está en participio y es modificado por un adjetivo u otra frase adverbial, o va acompañado por un complemento. En ese caso, la frase entera funciona como adjetivo.

Terminada la clase, se marchó a la biblioteca a estudiar para el examen.

La **proposición de infinitivo** (infinitive phrase) consta de un verbo en infinitivo con modificadores, complementos o un sujeto, en la cual todos actúan como categoría gramatical. Los verbos en infinitivo terminan en *-ar, -er, -ir.*

Me alegró *sentarme*.

ORACIONES / Sentences La **oración** es un grupo de palabras que consta de dos partes: un sujeto y un predicado. Juntas, estas partes expresan una idea completa.

Nosotros leímos ese cuento el año pasado.

Una **frase** es un grupo de palabras que no expresa una idea completa.

No inmediatamente.

Sujeto (Subject) El **sujeto** de una oración es la palabra o el grupo de palabras de lo que trata la oración. El **sujeto simple** es un nombre, pronombre o grupo de palabras que actúan como sustantivo y que no se pueden separar del sujeto. El **sujeto complejo** es el **sujeto simple** más modificadores. En esta oración el sujeto simple está en negrita.

Los **mensajeros** del *Pony Express* llevaban paquetes a grandes distancias.

Un **sujeto compuesto** (compound subject) tiene varios sujetos que ejecutan la acción que indica un mismo verbo y están unidos por una conjunción.

Ni el caballo ni el vaquero se veían cansados.

Predicado (Predicate) El **predicado** de una oración es el verbo o la frase verbal que indica lo que hace o la condición del sujeto. El **predicado simple** es el verbo o la frase verbal que no se puede separar del predicado. El **predicado complejo** es un predicado simple con modificadores o complementos. En el ejemplo que sigue, el predicado complejo está subrayado. El predicado simple está en negrita.

Los mensajeros del *Pony Express* **llevaban** paquetes a grandes distancias.

Un **predicado compuesto** (compound predicate) consta de dos o más verbos, unidos con una conjunción, que indican acciones del mismo sujeto.

Ella *estornudó y tosió* durante todo el viaje.

Complementos (Complements) El **complemento** es una palabra o grupo de palabras que completa el significado del predicado de una oración. Existen diferentes tipos de complementos en español: objeto directos, objeto indirectos, complementos, predicados nominales y predicados adjetivos.

El **objeto directo** (direct object) es un sustantivo, pronombre o grupo de palabras que actúa como sustantivo y sobre el cual recae la acción de un verbo transitivo.

Vimos el *lanzamiento*.

El **objeto indirecto** (indirect object) es un sustantivo, pronombre o grupo de palabras que aparece junto a un objeto directo y nombre a la persona o cosa a quien se le da algo o por quien se ejecuta una acción.

Él le vendió un espejo a la *familia.*

El **predicativo objetivo** (object complement) es un adjetivo o sustantivo que aparece con un objeto directo y lo describe o representa.

Yo llamé a Megan mi *amiga.*

El **predicativo subjetivo** (subject complement) es un sustantivo, pronombre o adjetivo que aparece con un verbo copulativo e indica algo sobre el sujeto. Un complemento subjetivo puede ser un predicativo obligatorio o un predicativo no obligatorio.

El **predicativo obligatorio** (predicate nominative) es un sustantivo o pronombre unido a un atributo por medio de un verbo copulativo.

Kiglo era el *líder.*

El **predicativo no obligatorio** (predicate adjective) es un adjetivo que describe al sujeto de una oración y se relaciona con él por medio de un verbo no copulativo.

Roko llegó *exhausto.*

Tipos de oraciones (Types of Sentences)

Las oraciones pueden ser de varios tipos:

1. La **oración simple** (simple sentence) consta de una cláusula independiente.
2. La **oración compuesta** (compound sentence) tiene dos o más cláusulas independientes unidas por una coma y una conjunción coordinante, o por un punto y coma.
3. La **oración compleja** (complex sentence) consta de una cláusula independiente y una o más cláusulas subordinadas.
4. La **oración compuesta compleja** (compound-complex sentence) tiene dos o más cláusulas independientes y una o más cláusulas subordinadas.

Según su función, las oraciones se dividen en cuatro tipos:

1. La **oración enunciativa** (declarative sentence) sirve para expresar una idea y termina con un punto.
2. La **oración interrogativa** (interrogative sentence) se usa para formular preguntas y se escribe entre signos de interrogación.
3. La **oración imperativa o de mandato** (imperative sentence) expresa una orden o instrucción y puede terminar con un punto o ir entre signos de exclamación.
4. La **oración exclamativa** (exclamatory sentence) se usa para expresar sentimientos emotivos y se escribe entre signos de exclamación.

Uso de verbos, pronombres y modificadores

CASO DEL PRONOMBRE / Pronoun case El **caso** de un pronombre es la forma que el pronombre adopta, según sea su función dentro de la oración. Hay cinco casos: nominativo, acusativo, dativo, preposicional y genitivo.

El **caso nominativo** se utiliza para nombrar o renombrar el sujeto de la oración. Los casos nominativos son: yo, tú, usted, él / ella, nosotros(as), vosotros(as), ustedes, ellos(as).

Como sujeto: *Ella* es valiente.

Renombra al sujeto: La valiente es *ella.*

El **caso acusativo** se utiliza como objeto directo. Los casos acusativos son: me, te, lo / la / se, nos, os, los / las / se.

Como objeto directo: Paola *me* llamó.

El **caso dativo** se utiliza como objeto indirecto. Los casos dativos son: me, te, le / se, nos, os, les / se.

Como objeto indirecto: Paola *le* dio una carta.

El **caso preposicional** se utiliza como término de una preposición. Los casos preposicionales son: mí, conmigo, ti, sí, usted, contigo, él, sí, consigo, ella, sí, consigo, ello, nosotros, nosotras, nos, vosotros, vosotras, os, ustedes, ellos, sí, consigo.

El **caso genitivo** se utiliza para expresar posesión u origen. Los casos genitivos son: el mío / la mía / los míos / las mías; el tuyo / la tuya / los tuyos / las tuyas; el suyo / la suya / los suyos / las suyas; el nuestro / la nuestra / los nuestros / las nuestras; el vuestro / la vuestra / los vuestros / las vuestras; el suyo / la suya / los suyos / las suyas.

El libro es *mío.*

CONCORDANCIA DE PRONOMBRES / Pronoun Agreement Los **pronombres** deben concordar con el antecedente en género y número. Los pronombres singulares concuerdan con el verbo en singular y los pronombres plurales concuerdan con el verbo en plural.

Incorrecto: *Todo* se *van* a solucionar.

Correcto: *Todo* se *va* a solucionar.

Los **pronombres indefinidos** adoptan formas de género y número, y deben concordar con el verbo. Los pronombres indefinidos más comunes son: uno(a)(s), alguno(a)(s), ninguno(a)(s), poco(a)(s), mucho(a)(s), demasiado(a)(s), todo(a)(s). Los pronombres indefinidos neutros *alguien, nada* y *nadie* tienen una sola forma (masculina y singular) y por eso los verbos que los acompañen deben concordar en ese género y número.

CONCORDANCIA ENTRE ADJETIVO POSESIVO Y SUSTANTIVO / Possessive Adjective and Antecedent Agreement

Los **adjetivos posesivos** deben concordar en forma con el sujeto que es el poseedor y en número con la persona o cosa poseída.

Ana prestó varios de *sus* libros.

Ana y Federico recibieron *su* regalo de aniversario.

CONCORDANCIA ENTRE SUJETO Y VERBO / Subject-Verb Agreement

Para hacer la concordancia entre el sujeto y el verbo, asegúrate de que ambos estén en el singular o en el plural. Cuando dos o más sujetos van unidos por *o* o *ni*, el verbo puede ir en singular o en plural en la mayoría de los casos. Si los sustantivos van seguidos de un adjetivo en plural, entonces el verbo debe ir en plural.

María *o* Ana recibirá la carta.

Ni María *ni* Ana recibirán la carta.

Los pantalones o las faldas blancas se aceptan.

MODIFICADORES / Modifiers

El grado comparativo y el superlativo de la mayoría de los adjetivos y adverbios se forma de dos maneras. Para formar el grado comparativo, usa *tan… como*, *más… que* y *menos… que*. Para formar el grado superlativo, agrega los sufijos *-ísimo* o *-ísima* al adjetivo o al adverbio.

Con los adjetivos, también puedes usar *el más…*, *la más…*, *los más…* y *las más…* y luego la preposición *de* después del adjetivo.

Estas estructuras no deben usarse cuando la comparación resulta extraña: *El caballo es más rápido que la tortuga*.

PARTES PRINCIPALES / Principal Parts

Los **verbos** tienen cuatro partes principales: el presente, el participio presente, el pasado y el participio pasado.

Los verbos tienen tres terminaciones: -ar (amar), -er (correr), -ir (vivir).

Verbos regulares (regular verbs) Los **verbos regulares** son los que siguen todas las conjugaciones de los tres modelos fijados de acuerdo con las terminaciones -ar, -er, -ir.

Amar	Temer	Vivir
am**o**	tem**o**	viv**o**
am**as**	tem**es**	viv**es**
am**a**	tem**e**	viv**e**
am**amos**	tem**emos**	viv**imos**
am**áis**	tem**éis**	viv**ís**
am**an**	tem**en**	viv**en**

Verbos irregulares (irregular verbs) Los **verbos irregulares** son los que al conjugarse cambian de raíz en algunos casos o toman terminaciones distintas de las de los verbos regulares.

Infinitivo	Presente	Pasado
decir	digo	dije
hacer	hago	hice
ir	voy	fui
poder	puedo	pude
saber	sé	supe

TIEMPO VERBAL / Verb Tense

El **tiempo verbal** indica si la acción o la condición se realiza en pasado, presente o futuro. Los verbos principales son: *el presente, el pretérito imperfecto, el pretérito indefinido, el futuro imperfecto, el pretérito perfecto, el pretérito pluscuamperfecto, el pretérito anterior, el futuro perfecto*. El *presente* expresa una acción que se realiza en el presente. El *pretérito imperfecto* expresa una acción que estaba en proceso o que era habitual en el pasado. El *pretérito indefinido* expresa una acción que ya ocurrió. El *futuro imperfecto* expresa una acción que ocurrirá. El *pretérito perfecto* expresa una acción que comienza en el pasado y continua en el presente. El *pretérito pluscuamperfecto* expresa una acción anterior a otra acción pasada. El *pretérito anterior* expresa una acción anterior a otra acción pasada expresada en el pretérito indefinido. El *futuro perfecto* expresa una acción que habrá terminado antes de que otra comience.

GLOSARIO DE USO COMÚN / Glossary of Common Usage

a, ha: *A* se refiere a la preposición. *Ha* es la forma singular de la tercera persona del verbo *haber*.

Ulises viaja *a* Francia.

Doña Elena no *ha* venido.

acerca, acerca de: *Acerca* es la forma de la tercera persona singular del verbo *acercar*. *Acerca de* significa "respecto a".

afectar / efectuar: *Afectar* significa producir una alteración o perjudicar algo. *Efectuar* tiene el significado de realizar una acción.

La crisis económica *afectó* a muchas personas.

Se *efectuaron* grandes compras.

aplicar / solicitar: *Aplicar* significa emplear, administrar o poner en práctica un conocimiento. *Solicitar* tiene el significado de hacer diligencias, pedir.

Es necesario *aplicar* la teoría.

El príncipe *solicita* la mano de Areta.

aún, aun: *Aún* con acento gráfico significa "todavía". Cuando *aun* no tiene acento gráfico quiere decir a "hasta", "también", "incluso".

bienes, vienes: *Bienes* se refiere a las riquezas, posesiones, generalmente materiales. *Vienes* es la forma de la segunda persona singular del verbo *venir*.

bote, vote: *Bote* significa un barco o un recipiente. *Vote* es una forma del verbo *votar* que significa manifestar la opinión o el voto.

bueno, bien: *Bueno* y *bien* derivan del sustantivo *bondad*. *Bueno* es el adjetivo y *bien* es el adverbio.

calló, cayó: *Calló* es una forma del verbo *callar* y *cayó* es una forma del verbo *caer*.

como, cómo: Cuando *como* quiere decir "que" se escribe sin acento. *Cómo* con acento tiene el significado de "en qué forma".

donde, dónde: *Donde* es el adverbio relativo y tiene el significado de "en que, en el que". *Dónde* es el adverbio interrogativo que significa "en qué lugar" y se usa para formular preguntas.

> Ese es el lugar *donde* Antonio nació.
>
> ¿*Dónde* está el Himalaya?

grande, mayor: Cuando los dos adjetivos, *grande* y *mayor*, se refieren a una persona, *grande* se usa para referirse al tamaño y *mayor* se emplea para referirse a la edad.

haber, a ver: *Haber* es el infinitivo del verbo *haber* y *a ver* es una expresión formada por la preposición *a* + el verbo *ver* y equivale a "a mirar".

hecho, echo: *Hecho* es una forma del verbo *hacer* que significa realizar una acción. *Echo* es una forma del verbo *echar* que significa "verter".

hojear, ojear: *Hojear* se utiliza generalmente para referirse a la acción de pasar las hojas en lugar de leer un libro, una revista, etc. *Ojear* significa "echar un vistazo", "mirar".

> Prefiero *hojear* el periódico en lugar de leerlo.
>
> *Ojéa*lo y dime si te gusta.

mas, más: Usa *mas* sin acento para expresar "pero" o "sino". Usa *más* con acento para expresar la idea de aumento, ampliación o superioridad.

o, u: Las letras *o* y *u* funcionan como conjunciones disyuntivas. Se reemplaza la letra *o* por la *u* cuando se antepone a una palabra que empieza con la vocal *o* o el sonido de *o*. De la misma manera, cuando se trata de números que empiezan con vocal como ocho y once, se debe usar la letra *u*.

porvenir, por venir: *Porvenir* es un sustantivo y quiere decir futuro. *Por venir* es una frase que se forma con la preposición *por* y el verbo *venir* y quiere decir que alguien o algo vendrá.

porqué, por qué: *Porqué* es el sustantivo masculino que tiene el significado de "causa o motivo". *Por qué* es la combinación de la preposición *por* y el pronombre o adjetivo interrogativo o exclamativo *qué*.

> La lucidez de su mente no alcanzaba a comprender los *porqués*.
>
> ¿*Por qué* me has hecho eso?

tu, tú: Usa el adjetivo posesivo *tu* para expresar posesión. Usa el pronombre personal *tú* para reemplazar a un sustantivo.

NORMAS DE USO / Mechanics
PUNTUACIÓN / Punctuation
COMA / Comma Usa la coma:

1. para separar miembros gramaticalmente equivalentes dentro de un mismo enunciado, salvo que éstos estén separados por las conjunciones *y, e, ni, o, u*.
2. para separar los miembros en una enumeración.
3. para separar adjetivos de igual rango o valor.
4. después de una frase o cláusula introductoria.
5. para separar expresiones explicativas y parentéticas.
6. con lugares compuestos de dos o más partes.
7. para separar las partes de las direcciones postales, las fórmulas de despedida en las cartas y para separar las unidades de los decimales en las cifras numéricas.

COMILLAS / Quotation Marks

1. La cita directa se usa para reproducir en forma exacta lo que dice una persona o sus pensamientos. En ambos casos, el texto se cierra con comillas al comienzo y al final.
2. La cita indirecta reproduce el significado de lo que la persona dijo o su pensamiento, pero no en las palabras exactas. Esta cita no requiere comillas.
3. En una cita directa, la coma y el punto se colocan generalmente fuera de las comillas.
4. Cuando la cita sea una pregunta o una exclamación, coloca los signos de interrogación o de exclamación dentro de las comillas. Cuando la cita sea parte de la pregunta o de la exclamación, coloca las comillas dentro de los signos.

DOS PUNTOS / Colon Usa los dos puntos:

1. después de una cláusula independiente que anuncia una enumeración.
2. en las fórmulas de saludo en las cartas formales e informales y en documentos.

3. para conectar oraciones o proposiciones relacionadas entre sí sin necesidad de utilizar otro nexo.

GUIÓN / Hyphen Usa el guión para separar los prefijos o los sufijos de la palabra, para separar las sílabas de una palabra, o para unir ciertas palabras compuestas.

PUNTO Y COMA / Semicolon Usa el punto y coma:

1. para unir cláusulas independientes que no están unidas por una conjunción.
2. para unir cláusulas independientes o ítems en una serie que ya contiene comas.

PUNTUACIÓN AL COMIENZO Y AL FINAL / Marks

1. Coloca un **punto** después de terminar una oración declarativa, imperativa y después de la mayoría de las abreviaturas.
2. Coloca los **signos de interrogación** al comienzo y al final de una pregunta directa.
3. Coloca los **signos de exclamación** al comienzo y al final de una oración que exprese una emoción, una orden o una exclamación.

RAYA / Dash Usa la **raya** (o guión largo) para indicar un cambio abrupto de pensamiento, para hacer una aclaración o comentario dentro de una oración, o para reproducir un diálogo o una conversación entre dos o más personas.

Jorge dijo: "Toma este libro —y señalo a sus libros favoritos—; te gustará mucho".

TÍTULOS / Titles

1. Los títulos de libros, periódicos, películas, canciones, obras de teatro o musicales se escriben en cursiva. En caso de que el título tenga más de una parte, el título general va en cursiva y el resto va con comillas simples.
2. Las comillas se usan para citar el título de un artículo, un poema, un capítulo de un libro, un reportaje o, en general, cualquier parte dependiente dentro de una publicación.

USO DE MAYÚSCULAS / Capitalization

1. Escribe con mayúscula la primera palabra de una oración.
   La joven contempla el horizonte.
2. Escribe con mayúscula los sustantivos propios de personas y cosas. Los artículos y adjetivos que forman parte del nombre propio también van en mayúscula.
   Diego Rivera   Río de La Plata   El Escorial

3. Escribe con mayúscula los tratamientos de cortesía cuando van seguidos del nombre de la persona o cuando se los usa para referirse a la persona directamente.
   Su Majestad   Ingeniero Aragón   General Franco
4. Escribe con mayúscula los títulos de parentesco familiar cuando se refieran a una persona específica. Los títulos van en minúscula cuando van acompañados por un modificador que indica posesión.
   Tío Manuel   la madre de María
5. Escribe con mayúscula la primera letra del título de una obra. No obstante, escribe con mayúscula los sustantivos y los adjetivos que forman el título de publicaciones periódicas y colecciones.
   El tigre que sería rey.
   Revista Noticias
6. Escribe con mayúscula la primera letra y todos los sustantivos propios en las fórmulas de saludo y en la primera letra de las fórmulas de despedida en las cartas.
   Estimado Sr. Ramírez: Sinceramente,

ORTOGRAFÍA / Spelling

REGLAS ORTOGRÁFICAS / Spelling Rules
Conocer las reglas de ortografía del español te ayudará a establecer **generalizaciones** acerca de cómo se deletrean las palabras.

REGLAS PARA DELETREAR LAS PARTES DE LAS PALABRAS / Spelling rules
La raíz, el prefijo y el sufijo son las tres partes que se pueden combinar para formar palabras. En español, muchas de estas partes derivan del griego y del latín.

La **raíz** contiene el significado principal de la palabra.

Raíz y origen	Significado	Ejemplo
auto (gr.)	propio, por uno mismo	*autó*nomo
vis (lat.)	ver	*vis*ual

El **prefijo** se compone por una o más sílabas que se colocan al comienzo de la palabra o raíz, a la que le agrega un determinado significado.

Prefijo y origen	Significado	Ejemplo
a-, an-	ausencia, negación	*a*moral, *a*político
mono- (gr.)	único, sólo	*mon*arca, *mono*cultivo
supra- (lat.)	por encima	*supra*nacional

El **sufijo** se agrega al final de la palabra y puede cambiar el significado de la palabra o parte del enunciado.

Sufijo y origen	Significado	Categoría gramatical
-aje	efecto, semejante: aterriz*aje*	sustantivo
-ble (gr.)	capacidad o aptitud: amiga*ble*	adjetivo
-ear	repetición, de una acción: brom*ear*	verbo
-mente (lat.)	manera: fácil*mente*	adverbio

FORMACIÓN DE PALABRAS: AGREGAR SUFIJOS A LA RAÍZ / Rules for Adding Suffixes to Root Words

Los sufijos tienen por sí mismo un significado propio y sirven para cambiar o agregar un matiz al significado de la raíz de la palabra.

Los sufijos que se refieren a los pronombres o partículas pronominales —como los pronombres *me, te, los, las, nos, les*— se deben agregar al final de la forma del imperativo.

llama + me: lláma**me**   trae + las: tráe**las**

bebe + te: bébe**te**   acostemos + nos: acostémo**nos**

La terminación *-ado / -ido* se agrega al verbo y lo transforma en participio o adjetivo.

caminar + ado: camin**ado**

vivir + ido: viv**ido**

La terminación *-ísimo / -ísima* se agrega a los sustantivos para formar adjetivos superlativos.

bello + ísima: bell**ísima**

rico + ísimo: riqu**ísimo**

La terminación *-ito / -ita* se agrega a los sustantitvos para formar sustantivos diminutivos.

cama + ita: cam**ita**

niño + ito: niñ**ito**

REGLAS ORTOGRÁFICAS / Ortographic patterns

En español, ciertos sonidos siguen determinadas reglas ortográficas. Por ejemplo, se escribe 'm' siempre antes de las letras 'b' y 'p', o se escribe 'm' delante de 'n'.

ta**mb**or   alu**mn**o

ca**mp**amento   a**mn**istía

Conocer las reglas ortográficas como éstas te puede ayudar a mejorar la ortografía.

FORMACIÓN DE PLURALES / Forming plurals

Se agrega *-s* a la forma singular en las palabras que terminan en vocal no acentuada o en *e* acentuada.

café   café**s**

plano   plano**s**

Se agrega *-es* a la forma singular cuando la palabra termina en consonante o en vocal acentuada.

campeón   campeon**es**

pedigrí   pedigrí**es**

Los sustantivos esdrújulos o graves que terminan en *–s* no varían en su forma plural.

la crisi**s**   las crisi**s**

la tesi**s**   las tesi**s**

el análisi**s**   los análisi**s**

Algunos sustantivos singulares pierden el acento cuando se transforman en plural.

régimen   reg**í**menes

carácter   car**a**cteres

PALABRAS EXTRANJERAS INCORPORADAS AL ESPAÑOL / Foreign Words Used in Spanish

Existen numerosas palabras extranjeras que se han incorporado al habla cotidiano y formal. En algunos casos se transfieren y en otros se "castellanizan", es decir se adapta la escritura. El aprendizaje de estas palabras requiere el uso de la memoria. Consulta el diccionario siempre que tengas dudas.

laissez-faire   Pekín

jazz   escáner

¿Qué es un criterio de evaluación?

El criterio de evaluación es una herramienta, generalmente en forma de tabla o cuadrícula, que te ayuda a evaluar tu trabajo. Los criterios de evaluación son especialmente útiles para asignaciones orales y de escritura.

Para que tú u otras personas puedan evaluar tu trabajo, el criterio de evaluación ofrece ciertas pautas específicas que tu trabajo debe seguir. En este sentido, el criterio de evaluación sirve de ayuda para que tú o un evaluador pueda indicar el nivel de satisfacción o de insuficiencia con que te ceñiste a las pautas. El criterio de evaluación se usa a menudo para evaluar la escritura en exámenes estandarizados.

Usar un criterio de evaluación te ahorrará tiempo, ayudará a centrar tu aprendizaje y mejorar tu trabajo. Por ejemplo, si sabes cuál será el criterio de evaluación antes de comenzar a escribir un ensayo persuasivo, estarás pendiente de las normas que rigen ese tipo de ensayo mientras lo escribes. Al evaluar tu ensayo antes de entregárselo al maestro, te centrarás en las áreas específicas que tu maestro quiere que domines, o en áreas que representan dificultades para ti. En vez de revisar tu trabajo al azar para ver qué debes mejorar o para corregir errores, identificarás de manera clara y útil los elementos específicos en que te debes concentrar.

¿Cómo se construye un criterio de evaluación?

Un criterio de evaluación se puede construir de diferentes maneras.

- Tu maestro puede asignarle un criterio de evaluación a una asignación específica.
- Tu maestro puede llevarte a un criterio de evaluación que tu libro de texto incluye.

- Tu maestro puede construir un criterio para una asignación específica junto con la clase.
- Tú y tus compañeros de clase pueden construir un criterio de evaluación juntos.
- Tú puedes crear tu propio criterio de evaluación para evaluar tu trabajo.

¿Cómo me ayudará usar un criterio de evaluación?

Un criterio de evaluación te ayudará a evaluar tu trabajo usando como base un puntaje. El puntaje puede variar según el criterio de evaluación, pero generalmente abarca de 6 puntos a 1 punto, de 5 a 1, ó de 4 a 1, donde 6, 5 ó 4 es el puntaje más alto, y 1 es el más bajo. Si alguien utiliza un criterio para evaluar tu trabajo, el criterio de evaluación le da al evaluador un rango claro donde puede ubicar tu trabajo. Si tú estás usando el criterio de evaluación por tu cuenta, te ayudará a mejorar tu trabajo.

¿Cuáles son los tipos de criterios de evaluación?

- Un criterio de evaluación integral incluye pautas generales que se pueden seguir en una variedad de asignaciones. Consulta la pág. 359 para ver un ejemplo del criterio de evaluación integral.
- Un criterio de evaluación analítica funciona específicamente con una asignación en particular. Los elementos que se evalúan se relacionan directamente con problemas importantes específicos de esa asignación. Consulta la pág. 357 para ver ejemplos de los criterios de evaluación analítica.

Evaluación en una escala de 4 puntos / 4-Point Rubric

La siguiente tabla de criterios analíticos es un ejemplo del criterio para evaluar un ensayo persuasivo. Lo ayudará a evaluar el enfoque, la organización, las ideas de apoyo y el desarrollo, y el uso de estilo y la gramática.

	Enfoque	Organización	Ideas de apoyo/Desarrollo	Estilo/Gramática
4	Demuestra una selección muy efectiva del vocabulario; se concentra claramente en la tarea.	Usa una estrategia de organización clara y consistente.	Presenta razones convincentes y bien desarrolladas para explicar su posición.	Usa transiciones; comete muy pocos errores de gramática.
3	Demuestra un buen uso del vocabulario; se concentra en la tarea de persuasión.	Usa una estrategia de organización clara con algunas inconsistencias.	Presenta dos o más razones relativamente desarrolladas para explicar su posición.	Usa algunas transiciones; comete pocos errores de gramática.
2	Muestra cierto uso del vocabulario; concentración mínima en la tarea de persuasión.	Usa una estrategia de organización inconsistente; la presentación no es lógica.	Presenta varias razones, pero pocas están desarrolladas; sólo desarrolla una razón.	Usa pocas transiciones; comete muchos errores de gramática.
1	Muestra falta de concentración en la tarea de persuasión.	No usa una estrategia de organización.	No presenta razones específicas o no las desarrolla.	No relaciona las ideas; comete muchos errores de gramática.

Evaluación en una escala de 5 puntos / 5-Point Rubric

Criterios de composición escrita	Puntaje				
Enfoque y coherencia: ¿Cuán bien se manifiesta su posición?	1	2	3	4	5
Organización: ¿Cuán organizado es su argumento o juicio?	1	2	3	4	5
Desarrollo de ideas: ¿Cuán persuasiva es su evidencia?	1	2	3	4	5
Convenciones: ¿Cuán correcto es su uso de cláusulas independientes?	1	2	3	4	5
Voz: ¿Cuán consistente es su estilo de composición escrita?	1	2	3	4	5

Evaluación en una escala de 6 puntos

La siguiente tabla de criterios analíticos es un ejemplo del criterio para evaluar un ensayo persuasivo. Lo ayudará a evaluar la presentación, la posición, la evidencia y los argumentos.

	Presentación	Posición	Evidencia	Argumentos
6	El ensayo trata clara y efectivamente de un asunto desde más de una perspectiva.	El ensayo establece claramente una posición bien fundamentada con respecto al tema.	La evidencia está organizada de manera lógica, está bien presentada y apoya la posición.	Responde a las dudas del lector y aclara sus discrepancias efectivamente.
5	La mayor parte del ensayo trata de un asunto desde más de una perspectiva.	El ensayo establece una posición con respecto al tema.	La mayoría de la evidencia está organizada de manera lógica, está bien presentada y apoya la posición.	Responde y aclara la mayoría de las dudas y discrepancias del lector.
4	El ensayo presenta de manera aceptable desde más de una perspectiva.	El ensayo presenta de manera aceptable una posición con respecto al tema.	Muchas partes de la evidencia apoyan la posición; parte de la evidencia está desorganizada.	Responde y aclara de manera aceptable muchas dudas y discrepancias del lector.
3	El ensayo trata de un asunto desde dos perspectivas, pero no presenta la segunda perspectiva claramente.	El ensayo presenta una posición, pero no se fundamenta bien.	La posición se apoya en muy poca evidencia; parte de la evidencia está desorganizada.	Responde y aclara algunas dudas y discrepancias del lector.
2	El ensayo trata de un asunto desde dos perspectivas, pero no presenta la segunda perspectiva.	El ensayo presenta una posición con respecto al tema, pero no se puede fundamentar.	Poca evidencia apoya la posición y lo que se incluye está desorganizado.	Responde y aclara pocas dudas y discrepancias del lector.
1	El ensayo no trata de un asunto desde más de una perspectiva.	El ensayo no presenta una posición con respecto al tema.	No hay evidencia que apoye la posición.	No responde las dudas del lector ni aclara sus discrepancias.

Muestra de los criterios de evaluación integral / Sample Holistic Rubric

Los criterios de evaluación integrales como los que siguen se usan, con frecuencia, para evaluar asignaciones de escritura de evaluaciones estandarizadas. Observa que el criterio de evaluación se centra en el enfoque, la organización, los detalles de apoyo y el uso del estilo y la gramática.

Puntos	Criterios
6 puntos	<ul><li>La escritura está bien centrada y se observa una buena comprensión del trabajo de escritura.</li><li>La escritura es completa, coherente y demuestra una progresión lógica de ideas.</li><li>Se desarrolla completamente la idea principal y los detalles de apoyo son específicos y sustanciales.</li><li>Se demuestra un dominio sólido del lenguaje y la escritura tal vez demuestra el uso de estrategias de escritura creativa características.</li><li>La estructura de las oraciones es variada, y la escritura solo incluye fragmentos incluidos con intención.</li><li>Casi no hay errores de estilo.</li></ul>
5 puntos	<ul><li>La escritura está bien centrada.</li><li>La escritura está bien organizada y demuestra una progresión lógica de ideas, aunque se observan algunas omisiones.</li><li>Se desarrolla completamente la idea principal y los detalles de apoyo son relevantes.</li><li>La estructura de las oraciones es variada, y la escritura solo incluye fragmentos incluidos con intención.</li><li>Se observa uso correcto del estilo.</li></ul>
4 puntos	<ul><li>La escritura está bien centrada, pero se observan detalles externos en ocasiones.</li><li>Se observa un patrón de organización claro, pero en ocasiones hay fallas.</li><li>La idea principal se apoya en detalles pero el desarrollo es tal vez inconsistente.</li><li>La estructura de las oraciones no es fragmentada pero demuestra poca variación.</li><li>Por lo general, se aplica correctamente el estilo.</li></ul>
3 puntos	<ul><li>La escritura está centrada, en su mayoría, pero detalles externos tal vez interfieren.</li><li>Se observa claramente un patrón de organización, pero la escritura no consta de una progresión lógica de ideas.</li><li>En general la idea principal se apoya bien en detalles, pero en ocasión los detalles son ilógicos.</li><li>En su mayoría la estructura de las oraciones es buena, pero casi no hay variación.</li><li>En general, el trabajo demuestra un conocimiento del estilo, pero hay algunos errores de ortografía.</li></ul>
2 puntos	<ul><li>La escritura está relacionada con la tarea pero no está bien centrada.</li><li>No se observa mucho un patrón de organización y hay poca cohesión de ideas.</li><li>Los detalles de apoyo de la idea principal son inadecuados, ilógicos o no existen.</li><li>La estructura de las oraciones no es variada y presenta errores graves.</li><li>Se observan muchos errores de ortografía y estilo.</li></ul>
1 punto	<ul><li>La escritura está muy poco relacionada con la tarea y no está bien centrada.</li><li>No se observa un patrón de organización o desarrollo.</li><li>El trabajo se observa fragmentado y no tiene una idea principal clara.</li><li>La estructura de las oraciones no es variada y presenta errores graves.</li><li>El significado se ve entorpecido por una mala selección del vocabulario y un pobre uso del lenguaje.</li><li>Se observan muchos errores ortográficos y de estilo.</li></ul>
No se puede evaluar	El trabajo se considera inevaluable si:<ul><li>La respuesta no está relacionada con la tarea o es simplemente una reproducción de la instrucción.</li><li>La respuesta ha sido copiada de un trabajo publicado.</li><li>El estudiante no escribe una respuesta.</li><li>La respuesta es ilegible.</li><li>Las palabras incluidas en la respuesta no expresan un significado.</li><li>No hay una cantidad suficiente de texto que se pueda evaluar.</li></ul>

Tarjetas de vocabulario / Vocabulary Flash Cards

Las tarjetas de vocabulario muestran una selección de las palabras de vocabulario de la Unidad 1. La parte delantera de cada tarjeta muestra la palabra en inglés. La parte trasera muestra la traducción en español y una definición de la palabra con ejemplos de oraciones en ambos idiomas. Recorta las tarjetas y úsalas para estudiar las palabras que quieres recordar.

denied	fervent	dreary
virtue	dainty	cultivated
largesse	prowess	tarry

negar: decir que algo no es verdad
Julio negó que se había quedado en casa ayer por la tarde.

denied: to say that something is not true
Julio denied that he stayed home yesterday afternoon.

ferviente: describe una creencia o un sentimiento fuerte
El abuelo de Amanda siente una ferviente aversión a las computadoras.

fervent: describes a strong belief or feeling
Amanda's grandfather has a fervent dislike for computers.

deprimente: tedioso; que te hace sentir triste o aburrido
El tiempo parecía especialmente deprimente.

dreary: dull; making you feel sad or bored
The weather seemed especially dreary.

virtud: el espíritu de bondad y moralidad
Su honestidad indicaba que era una persona de gran virtud.

virtue: moral goodness of character
Her honesty indicated that she was a person of great virtue.

delicado(a): refinado(a)
Ella caminaba de una manera muy delicada.

dainty: refined
She had a dainty way of walking.

cultivar: sembrar y cuidar de un cultivo en particular
El granjero cultivó uvas para hacer vino.

cultivated: to have planted and taken care of a particular crop
The farmer cultivated grapes to make wine.

generosidad: la nobleza de espíritu
Tamara demostró su generosidad al ayudar a otros durante su tiempo libre.

largesse: a nobility of spirit
Tamara showed largesse by spending her free time helping others.

proeza: una gran habilidad para hacer algo
Los atletas de las Olimpíadas realizan grandes proezas físicas.

prowess: a great skill at doing something
Athletes at the Olympics display great physical prowess.

aguardar: retrasar o ir lentamente a un lugar
La maestra le pidió a los niños que no aguardaran.

tarry: to delay or to be slow in going somewhere
The teacher asked the students not to tarry.

Tarjetas de vocabulario / Vocabulary Flash Cards

Usa las siguientes fichas en blanco como modelo para crear tus propias tarjetas de vocabulario. Escribe una palabra en la parte delantera; luego, escribe la traducción en español, una definición y tus propios ejemplos de oraciones en la parte trasera.

Lista de vocabulario plegable / Vocabulary Fold-A-List

Usa esta lista plegable para aumentar tu vocabulario en inglés. Las palabras en español son una muestra del vocabulario de la Unidad 1. Dobla la página por la línea punteada para comprobar tu conocimiento de su significado en inglés.

Palabra en español	English Word
compañeros(as)	companions
masivo(a)	massive
negar	denied
delicado(a)	dainty
virtud	virtue
engaño	prevarication
ferozmente	fiercely
horrorizado(a)	horrified
sepultar	interred

Dobla / Fold

Lista de vocabulario plegable / Vocabulary Fold-A-List

Usa esta lista de vocabulario plegable en blanco como modelo para crear tus propias listas y aumentar tu vocabulario en inglés. Escribe las palabras de vocabulario en español en la columna izquierda. Escribe la traducción en inglés en la columna derecha. Dobla la página por la línea punteada para comprobar tu conocimiento de las palabras en inglés.

Palabra en español	English Word
_____	_____
Palabra en español	English Word
_____	_____
Palabra en español	English Word
_____	_____
Palabra en español	English Word
_____	_____
Palabra en español	English Word
_____	_____
Palabra en español	English Word
_____	_____
Palabra en español	English Word
_____	_____

Dobla / Fold ←

Registro de cognados / Cognates Log

Los cognados son palabras para las que existe una palabra similar y con el mismo significado en otro idioma. La siguiente tabla muestra una selección de los cognados de la Unidad 1. Apunta los demás cognados que aparecen en las selecciones. Escribe la palabra en español en la columna izquierda y su cognado en inglés en la columna derecha. Dobla la página por la línea punteada para comprobar tu conocimiento de los cognados.

Palabra en español	English Cognate
celebrando	celebrating
banquetes	banquets
atacando	attacking
fama	fame
gloria	glory
Palabra en español	English Cognate
_____	_____
Palabra en español	English Cognate
_____	_____
Palabra en español	English Cognate
_____	_____
Palabra en español	English Cognate
_____	_____
Palabra en español	English Cognate
_____	_____

Dobla / Fold

Registro de cognados / Cognates Log

Usa la siguiente tabla como modelo para anotar los cognados que aparecen en las selecciones. Escribe la palabra en español en la columna izquierda y su cognado en inglés en la columna derecha. Dobla la página por la línea punteada para comprobar tu conocimiento de los cognados.

Palabra en español	English Cognate
_____	_____
Palabra en español	English Cognate
_____	_____
Palabra en español	English Cognate
_____	_____
Palabra en español	English Cognate
_____	_____
Palabra en español	English Cognate
_____	_____
Palabra en español	English Cognate
_____	_____
Palabra en español	English Cognate
_____	_____

Dobla / Fold ↵

CRÉDITOS DE ARTE Y FOTOGRAFÍA

Cover: *Big Ben*, Andre Derain, © 2005 Artists Rights Society (ARS), New York/ADAGP, Paris, Giraudon/Art Resource, NY; **2:** *Ships with Three Men, Fish*, The Bodleian Library, University of Oxford; **4:** *Susanna in Bath* (detail), Albrecht Altdorfer, Wasserholendes Mädchen, München, Alte Pinakothek, Munich. Photo: Blauel/Artothek; **7:** © Karen Loccisano; **16:** Snark/Art Resource, NY; **19:** *The Monk*, Arthur Szyk for The Canterbury Tales, Reproduced with permission of Alexandra Szyk Bracie and Irvin Ungar; **28:** The Pardoner, Arthur Szyk for The Canterbury Tales, Reproduced with permission of Alexandra Szyk Bracie and Irvin Ungar; **31:** *The Wife of Bath*, Arthur Szyk for The Canterbury Tales, Reproduced with permission of Alexandra Szyk Bracie and Irvin Ungar; **34:** Three Knights Returning from a Tournament. French miniature from "Recueil de Traités de Dévotion." Ms. 137/1687, fol. 144 r. c.1371-78, Giraudon/Art Resource, NY; **36:** Department of Printing and Graphic Arts, The Houghton Library, Harvard College Library; **45:** Corel Professional Photos CD-ROM™; **48:** Getty Images; **51:** Courtesy of the Library of Congress; **54:** Il Buon Pastore (The Good Shepherd), Early Christian, 4th century, Vatican Museum, Scala/Art Resource, New York; **56:** Corel Professional Photos CD-ROM™; **58:** *The Return of the Prodigal Son*, Lionello Spada/Erich Lessing/Art Resource, NY; **61:** Pearson Education/PH School Division; **64:** Pearson Education/PH School Division; **67:** Pearson Education/PH School Division; **70:** Pearson Education/PH School Division; **73:** Pearson Education/PH School Division; **82:** Corel Professional Photos CD-ROM™; **84:** Romilly Lockyer/Getty Images; **89:** Corel Professional Photos CD-ROM™; **92:** *Young Man Writing*, Joos van Craesbeeck (follower of), Musée des Beaux-Arts, Nantes, France, Giraudon/The Bridgeman Art Library, London/New York; **95:** istockphoto.com; **97:** © Chris Hellier/CORBIS; **104:** Private Collection/The Bridgeman Art Library International; **107:** The Granger Collection, New York; **110:** Bildarchiv Preussischer Kulturbesitz; **113:** The Granger Collection, New York; **118:** The Granger Collection, New York; **120:** The Granger Collection, New York; **123:** *The Barge*, 1895-1896, (detail), Aubrey Beardsley from "The Rape of the Lock," Smithers, 1896 from The Best of Beardsley, Collected and edited by R.A. Walker, © 1948 by The Bodley Head, Published in the U.S.A. by Excalibur Books, plate 63; **126:** The Granger Collection, New York; **128:** © British Museum; **131:** Lenore Weber/Omni-Photo Communications, Inc.; **134:** The Granger Collection, New York; **137:** © R.J. Erwin/Photo Researchers, Inc.; **140:** © Archive Photos; **143:** © Barson Collection/Archive Photos;

146: The Granger Collection, New York; **151:** *Storming of the Bastille, 14 July 1789*, Anonymous, Chateau, Versailles, France, Giraudon/Art Resource, NY; **154:** The Granger Collection, New York; **161:** Lord Byron, shaking the dust of England from his shoes, from The Poet's Corner pub. by William Heinemann, 1904 (engraving) by Max Beerbohm (1872–1956), Central Saint Martins College of Art and Design/Bridgeman Art Library, London/New York; **164:** Corel Professional Photos CD-ROM™; **167:** John Keats, 1821, Joseph Severn, by courtesy of the National Portrait Gallery, London; **169:** GREEK VASE, TERRACOTTA c. 460 B.C., Attributed to the Orchard Painter, Column Krater (called the "Orchard Vase"), Side A: Women Gathering Apples, The Metropolitan Museum of Art, Rogers Fund, 1907, (07.286.74) Photograph © 1984 The Metropolitan Museum of Art; **174:** istockphoto.com; **176:** Corel Professional Photos CD-ROM™; **181:** The Stages of Life, c.1835 (oil on canvas) by Caspar-David Friedrich (1774–1840), Museum der bildenden Künste, Leipzig/Bridgeman Art Library, London/New York; **183:** Superstock; **189:** *Antea, (Portrait of a Lady)*, Parmigianino, Museo Nazionale di Capodimonte, Naples/Scala/Art Resource, NY; **193:** Culver Pictures, Inc.; **196:** The Granger Collection, New York; **203:** Springer/CORBIS-Bettmann; **210:** Culver Pictures, Inc.; **212:** The Granger Collection, New York; **215:** © Gregory K. Scott/Photo Researchers, Inc.; **218:** Corel Professional Photos CD-ROM™; **220:** CORBIS-Bettmann; **223:** Corel Professional Photos CD-ROM™; **226:** Courtesy of the Library of Congress; **228:** Eric Meola/Getty Images; **230:** Chuck Carlton/Index Stock Photography, Inc.; **233:** istockphoto.com; **236:** Corel Professional Photos CD-ROM™; **243:** Emma Lee/Getty Images; **245:** *St. Patrick's Close*, Walter Osborne, National Gallery of Ireland; **251:** Culver Pictures, Inc.; **253:** Corel Professional Photos CD-ROM™; **256:** Photri; **259:** *Ox House, Shaftesbury*, 1932, John R. Biggs, Wood Engraving; **262:** Hulton-Deutsch Collection/CORBIS; **265:** © Orwell Archive; **272:** Pearson Education; **281:** © Richard A. Cooke III/Stone; **283:** *The Red House*, Carlton Murrell, Courtesy of the artist; **286:** © Bettmann/CORBIS; **291:** © D'Lynn Waldron; **294:** Ulrik Tofte/Getty Images; **296:** Glowimages/Getty Images; **299:** Corel Professional Photos CD-ROM™; **299:** © Jim Ballard/Stone; **302:** *Tombstones of Tiberius Julius Rufus and his son*, Petronius Rufus and their wives, Erich Lessing/Art Resource, NY; **305:** Artkey/CORBIS; **308:** Dinodia/Omni-Photo Communications, Inc.; **311:** © Orit Allush/Alamy; **314:** NASA; **317:** Tim Mosenfelder/CORBIS